SUECO

VOCABULÁRIO

PORTUGUÊS BRASILEIRO

PORTUGUÊS SUECO

Para alargar o seu léxico e apurar
as suas competências linguísticas

9000 palavras

Vocabulário Português Brasileiro-Sueco - 9000 palavras

Por Andrey Taranov

Os vocabulários da T&P Books destinam-se a ajudar a aprender, a memorizar, e a rever palavras estrangeiras. O dicionário é dividido em temas, cobrindo todas as principais esferas de atividades quotidianas, negócios, ciência, cultura, etc.

O processo de aprendizagem, utilizando os dicionários baseados em temáticas da T&P Books dá-lhe as seguintes vantagens:

- Informação de origem corretamente agrupada predetermina o sucesso em fases subsequentes da memorização de palavras
- Disponibilização de palavras derivadas da mesma raiz, o que permite a memorização de unidades de texto (em vez de palavras separadas)
- Pequenas unidades de palavras facilitam o processo de estabelecimento de vínculos associativos necessários para a consolidação do vocabulário
- O nível de conhecimento da língua pode ser estimado pelo número de palavras aprendidas

T&P Books Publishing
www.tpbooks.com

ISBN: 978-1-78767-307-6

Este livro também está disponível em formato E-book.
Por favor visite www.tpbooks.com ou as principais livrarias on-line.

VOCABULÁRIO SUECO
palavras mais úteis

Os vocabulários da T&P Books destinam-se a ajudar a aprender, a memorizar, e a rever palavras estrangeiras. O vocabulário contém mais de 9000 palavras de uso comum organizadas tematicamente.

O vocabulário contém as palavras mais comummente usadas
Recomendado como adicional para qualquer curso de línguas
Satisfaz as necessidades dos iniciados e dos alunos avançados de línguas estrangeiras
Conveniente para o uso diário, sessões de revisão e atividades de auto-teste
Permite avaliar o seu vocabulário

Características especias do vocabulário

· As palavras estão organizadas de acordo com o seu significado, e não por ordem alfabética
· As palavras são apresentadas em três colunas para facilitar os processos de revisão e auto-teste
· As palavras compostas são divididas em pequenos blocos para facilitar o processo de aprendizagem
· O vocabulário oferece uma transcrição simples e adequada de cada palavra estrangeira

O vocabulário contém 256 tópicos incluindo:

Conceitos básicos, Números, Cores, Meses, Estações do ano, Unidades de medida, Roupas & Acessórios, Alimentos & Nutrição, Restaurante, Membros da Família, Parentes, Caráter, Sentimentos, Emoções, Doenças, Cidade, Passeios, Compras, Dinheiro, Casa, Lar, Escritório, Trabalho no Escritório, Importação & Exportação, Marketing, Pesquisa de Emprego, Esportes, Educação, Computador, Internet, Ferramentas, Natureza, Países, Nacionalidades e muito mais ...

TABELA DE CONTEÚDOS

GUIA DE PRONUNCIAÇÃO

Letra	Exemplo Sueco	Alfabeto fonético T&P	Exemplo Português
Aa	bada	[ɑ], [ɑː]	amar
Bb	tabell	[b]	barril
Cc [1]	licens	[s]	sanita
Cc [2]	container	[k]	aquilo
Dd	andra	[d]	dentista
Ee	efter	[e]	metal
Ff	flera	[f]	safári
Gg [3]	gömma	[j]	Vietnã
Gg [4]	truga	[g]	gosto
Hh	handla	[h]	[h] aspirada
Ii	tillhöra	[iː], [ɪ]	cair
Jj	jaga	[j]	Vietnã
Kk [5]	keramisk	[ɕ]	shiatsu
Kk [6]	frisk	[k]	aquilo
Ll	tal	[l]	libra
Mm	medalj	[m]	magnólia
Nn	panik	[n]	natureza
Oo	tolv	[ɔ]	emboço
Pp	plommon	[p]	presente
Qq	squash	[k]	aquilo
Rr	spelregler	[r]	riscar
Ss	spara	[s]	sanita
Tt	tillhöra	[t]	tulipa
Uu	ungefär	[u], [ʉː]	coelho
Vv	overall	[v]	fava
Ww [7]	kiwi	[w]	página web
Xx	sax	[ks]	perplexo
Yy	manikyr	[y], [yː]	trabalho
Zz	zoolog	[s]	sanita
Åå	sångare	[ə]	milagre
Ää	tandläkare	[æ]	semana
Öö	kompositör	[ø]	orgulhoso

Combinações de letras

Ss [8]	sjösjuka	[ʃ]	mês
sk [9]	skicka	[ʃ]	mês
s [10]	först	[ʃ]	mês
Jj [11]	djärv	[j]	Vietnã
Lj [12]	ljus	[j]	Vietnã

Letra	Exemplo Sueco	Alfabeto fonético T&P	Exemplo Português
kj, tj	kjol	[ɕ]	shiatsu
ng	omkring	[ŋ]	alcançar

Comentários

* kj pronuncia-se como ☐
** ng transfere um som nasal
[1] antes de e, i, y
[2] noutras situações
[3] antes de e, i, ä, ö
[4] noutras situações
[5] antes de e, i, ä, ö
[6] noutras situações
[7] em estrangeirismos
[8] em sj, skj, stj
[9] antes de e, i, y, ä, ö acentuados
[10] na combinação rs
[11] em dj, hj, gj, kj
[12] no início de palavras

ABREVIATURAS
usadas no vocabulário

Abreviaturas do Português

adj	-	adjetivo
adv	-	advérbio
anim.	-	animado
conj.	-	conjunção
desp.	-	esporte
etc.	-	Etcetera
ex.	-	por exemplo
f	-	nome feminino
f pl	-	feminino plural
fem.	-	feminino
inanim.	-	inanimado
m	-	nome masculino
m pl	-	masculino plural
m, f	-	masculino, feminino
masc.	-	masculino
mat.	-	matemática
mil.	-	militar
pl	-	plural
prep.	-	preposição
pron.	-	pronome
sb.	-	sobre
sing.	-	singular
v aux	-	verbo auxiliar
vi	-	verbo intransitivo
vi, vt	-	verbo intransitivo, transitivo
vr	-	verbo reflexivo
vt	-	verbo transitivo

Abreviaturas do Sueco

pl	-	plural

Artigos do Sueco

den	-	gênero comum
det	-	neutro

| **en** | - | gênero comum |
| **ett** | - | neutro |

CONCEITOS BÁSICOS

Conceitos básicos. Parte 1

1. Pronomes

eu	jag	['ja:]
você	du	[dʉ:]
ele	han	['han]
ela	hon	['hʊn]
ele, ela (neutro)	det, den	[dɛ], [dɛn]
nós	vi	['vi]
vocês	ni	['ni]
eles, elas	de	[de:]

2. Cumprimentos. Saudações. Despedidas

Oi!	Hej!	['hɛj]
Olá!	Hej! Hallå!	['hɛj], [ha'lʲo:]
Bom dia!	God morgon!	[ˌgʊd 'mɔrgɔn]
Boa tarde!	God dag!	[ˌgʊd 'dag]
Boa noite!	God kväll!	[ˌgʊd 'kvɛlʲ]
cumprimentar (vt)	att hälsa	[at 'hɛlʲsa]
Oi!	Hej!	['hɛj]
saudação (f)	hälsning (en)	['hɛlʲsniŋ]
saudar (vt)	att hälsa	[at 'hɛlʲsa]
Como você está?	Hur står det till?	[hʉr sto: de 'tilʲ]
Como vai?	Hur är det?	[hʉr ɛr 'de:]
E aí, novidades?	Vad är nytt?	[vad æ:r 'nʏt]
Tchau!	Adjö! Hej då!	[a'jø:], [hɛj'do:]
Até logo!	Hej då!	[hɛj'do:]
Até breve!	Vi ses!	[vi ses]
Adeus!	Adjö! Farväl!	[a'jø:], [far'vɛ:lʲ]
despedir-se (dizer adeus)	att säga adjö	[at 'sɛ:ja a'jø:]
Até mais!	Hej då!	[hɛj'do:]
Obrigado! -a!	Tack!	['tak]
Muito obrigado! -a!	Tack så mycket!	['tak sɔ 'mʏkə]
De nada	Varsågod	['va:ʂo:gʊd]
Não tem de quê	Ingen orsak!	['iŋən 'ʊ:ʂak]
Não foi nada!	Ingen orsak!	['iŋən 'ʊ:ʂak]
Desculpa!	Ursäkta, ...	['ʉ:ˌʂɛkta ...]
Desculpe!	Ursäkta mig, ...	['ʉ:ˌʂɛkta mɛj ...]

desculpar (vt)	att ursäkta	[at 'ʉːˌsɛkta]
desculpar-se (vr)	att ursäkta sig	[at 'ʉːˌsɛkta sɛj]
Me desculpe	Jag ber om ursäkt	[ja ber ɔm 'ʉːˌsɛkt]
Desculpe!	Förlåt!	[fœː'lʲoːt]
perdoar (vt)	att förlåta	[at 'fœːˌlʲoːta]
Não faz mal	Det gör inget	[dɛ jør 'iŋet]
por favor	snälla	['snɛla]
Não se esqueça!	Glöm inte!	['glʲøːm 'intə]
Com certeza!	Naturligtvis!	[naˈtʉrligvis]
Claro que não!	Självklart inte!	['ɧɛlʲvklʲaʈ 'intə]
Está bem! De acordo!	OK! Jag håller med.	[ɔ'kej] , [ja 'hoːlʲer me]
Chega!	Det räcker!	[dɛ 'rɛkə]

3. Como se dirigir a alguém

Desculpe ...	Ursäkta, ...	['ʉːˌsɛkta ...]
senhor	herr	['hɛr]
senhora	frun	['frʉːn]
senhorita	fröken	['frøːkən]
jovem	unge man	['uŋə ˌman]
menino	pojke	['pɔjkə]
menina	flicka	['flika]

4. Números cardinais. Parte 1

zero	noll	['nɔlʲ]
um	ett	[ɛt]
dois	två	['tvoː]
três	tre	['treː]
quatro	fyra	['fyra]
cinco	fem	['fem]
seis	sex	['sɛks]
sete	sju	['ɧʉː]
oito	åtta	['ota]
nove	nio	['niːʊ]
dez	tio	['tiːʊ]
onze	elva	['ɛlʲva]
doze	tolv	['tɔlʲv]
treze	tretton	['trɛtton]
catorze	fjorton	['fjʊːʈɔn]
quinze	femton	['fɛmtɔn]
dezesseis	sexton	['sɛkstɔn]
dezessete	sjutton	['ɧʉːttɔn]
dezoito	arton	['aːʈɔn]
dezenove	nitton	['niːttɔn]
vinte	tjugo	['ɕʉgʊ]
vinte e um	tjugoett	['ɕʉgʊˌɛt]

vinte e dois	tjugotvå	['ɕʉgʉˌtvoː]
vinte e três	tjugotre	['ɕʉgʉˌtreː]
trinta	trettio	['trɛttiʉ]
trinta e um	trettioett	['trɛttiʉˌɛt]
trinta e dois	trettiotvå	['trɛttiʉˌtvoː]
trinta e três	trettiotre	['trɛttiʉˌtreː]
quarenta	fyrtio	['fœːʈiʉ]
quarenta e um	fyrtioett	['fœːʈiʉˌɛt]
quarenta e dois	fyrtiotvå	['fœːʈiʉˌtvoː]
quarenta e três	fyrtiotre	['fœːʈiʉˌtreː]
cinquenta	femtio	['fɛmtiʉ]
cinquenta e um	femtioett	['fɛmtiʉˌɛt]
cinquenta e dois	femtiotvå	['fɛmtiʉˌtvoː]
cinquenta e três	femtiotre	['fɛmtiʉˌtreː]
sessenta	sextio	['sɛkstiʉ]
sessenta e um	sextioett	['sɛkstiʉˌɛt]
sessenta e dois	sextiotvå	['sɛkstiʉˌtvoː]
sessenta e três	sextiotre	['sɛkstiʉˌtreː]
setenta	sjuttio	['ɧuttiʉ]
setenta e um	sjuttioett	['ɧuttiʉˌɛt]
setenta e dois	sjuttiotvå	['ɧuttiʉˌtvoː]
setenta e três	sjuttiotre	['ɧuttiʉˌtreː]
oitenta	åttio	['ottiʉ]
oitenta e um	åttioett	['ottiʉ'ɛt]
oitenta e dois	åttiotvå	['ottiʉˌtvoː]
oitenta e três	åttiotre	['ottiʉˌtreː]
noventa	nittio	['nittiʉ]
noventa e um	nittioett	['nittiʉˌɛt]
noventa e dois	nittiotvå	['nittiʉˌtvoː]
noventa e três	nittiotre	['nittiʉˌtreː]

5. Números cardinais. Parte 2

cem	hundra (ett)	['hundra]
duzentos	tvåhundra	['tvoːˌhundra]
trezentos	trehundra	['treˌhundra]
quatrocentos	fyrahundra	['fyraˌhundra]
quinhentos	femhundra	['femˌhundra]
seiscentos	sexhundra	['sɛksˌhundra]
setecentos	sjuhundra	['ɧʉːˌhundra]
oitocentos	åttahundra	['otaˌhundra]
novecentos	niohundra	['niʉˌhundra]
mil	tusen (ett)	['tʉːsən]
dois mil	tvåtusen	['tvoːˌtʉːsən]
três mil	tretusen	['treːˌtʉːsən]

17

dez mil	tiotusen	['tiːʊˌtɯːsən]
cem mil	hundratusen	['hundraˌtɯːsən]
um milhão	miljon (en)	[mi'ljʊn]
um bilhão	miljard (en)	[mi'ljaːɖ]

6. Números ordinais

primeiro (adj)	första	['fœːʂta]
segundo (adj)	andra	['andra]
terceiro (adj)	tredje	['trɛdjə]
quarto (adj)	fjärde	['fjæːɖə]
quinto (adj)	femte	['fɛmtə]

sexto (adj)	sjätte	['ɧæːtə]
sétimo (adj)	sjunde	['ɧundə]
oitavo (adj)	åttonde	['ottɔndə]
nono (adj)	nionde	['niːˌʊndə]
décimo (adj)	tionde	['tiːˌɔndə]

7. Números. Frações

fração (f)	bråk (ett)	['broːk]
um meio	en halv	[en 'halʲv]
um terço	en tredjedel	[en 'trɛdjəˌdelʲ]
um quarto	en fjärdedel	[en 'fjæːɖeˌdelʲ]

um oitavo	en åttondedel	[en 'otɔndeˌdelʲ]
um décimo	en tiondedel	[en 'tiːɔndeˌdelʲ]
dois terços	två tredjedelar	['tvoː 'trɛdjəˌdelʲar]
três quartos	tre fjärdedelar	[tre: 'fjæːɖeˌdelʲar]

8. Números. Operações básicas

subtração (f)	subtraktion (en)	[subtrak'ɧʊn]
subtrair (vi, vt)	att subtrahera	[at subtra'hera]
divisão (f)	division (en)	[divi'ɧʊn]
dividir (vt)	att dividera	[at divi'dera]

adição (f)	addition (en)	[adi'ɧʊn]
somar (vt)	att addera	[at a'deːra]
adicionar (vt)	att addera	[at a'deːra]
multiplicação (f)	multiplikation (en)	[mɯlʲtiplika'ɧʊn]
multiplicar (vt)	att multiplicera	[at mulʲtipli'sera]

9. Números. Diversos

| algarismo, dígito (m) | siffra (en) | ['sifra] |
| número (m) | tal (ett) | ['talʲ] |

numeral (m)	räkneord (ett)	['rɛkne͵uːd]
menos (m)	minus (ett)	['minus]
mais (m)	plus (ett)	['plʉs]
fórmula (f)	formel (en)	['fɔrmelʲ]

cálculo (m)	beräkning (en)	[be'rɛkniŋ]
contar (vt)	att räkna	[at 'rɛkna]
calcular (vt)	att beräkna	[at be'rɛkna]
comparar (vt)	att jämföra	[at 'jɛm͵føra]

Quanto?	Hur mycket?	[hʉr 'mʏkə]
Quantos? -as?	Hur många?	[hʉr 'mɔŋa]

soma (f)	summa (en)	['suma]
resultado (m)	resultat (ett)	[resulʲ'tat]
resto (m)	rest (en)	['rɛst]

alguns, algumas ...	flera	['flʲera]
poucos, poucas	få, inte många	['foː], ['intə ͵mɔŋa]
um pouco de ...	lite	['litə]
resto (m)	det övriga	[dɛ øv'riga]
um e meio	halvannan	[halʲ'vanan]
dúzia (f)	dussin (ett)	['dusin]

ao meio	i hälften	[i 'hɛlʲftən]
em partes iguais	jämnt	['jɛmnt]
metade (f)	halva (en)	['halʲ͵va]
vez (f)	gång (en)	['gɔŋ]

10. Os verbos mais importantes. Parte 1

abrir (vt)	att öppna	[at 'øpna]
acabar, terminar (vt)	att sluta	[at 'slʉːta]
aconselhar (vt)	att råda	[at 'roːda]
adivinhar (vt)	att gissa	[at 'jisa]
advertir (vt)	att varna	[at 'vaːɳa]

ajudar (vt)	att hjälpa	[at 'jɛlʲpa]
almoçar (vi)	att äta lunch	[at 'ɛːta ͵lʉnɕ]
alugar (~ um apartamento)	att hyra	[at 'hyra]
amar (pessoa)	att älska	[at 'ɛlʲska]
ameaçar (vt)	att hota	[at 'hʉta]

anotar (escrever)	att skriva ner	[at 'skriva ner]
apressar-se (vr)	att skynda sig	[at 'ɧʏnda sɛj]
arrepender-se (vr)	att beklaga	[at be'klʲaga]
assinar (vt)	att underteckna	[at 'undə͵tɛkna]
brincar (vi)	att skämta, att skoja	[at 'ɧɛmta], [at 'skɔja]

brincar, jogar (vi, vt)	att leka	[at 'lʲeka]
buscar (vt)	att söka ...	[at 'søːka ...]
caçar (vi)	att jaga	[at 'jaga]
cair (vi)	att falla	[at 'falʲa]
cavar (vt)	att gräva	[at 'grɛːva]

19

chamar (~ por socorro)	att tillkalla	[at 'tilˌkalʲa]
chegar (vi)	att ankomma	[at 'aŋˌkɔma]
chorar (vi)	att gråta	[at 'groːta]
começar (vt)	att begynna	[at be'jina]
comparar (vt)	att jämföra	[at 'jɛmˌføra]
concordar (dizer "sim")	att samtycka	[at 'samˌtʏka]

confiar (vt)	att lita på	[at 'lita pɔ]
confundir (equivocar-se)	att förväxla	[at før'vɛkslʲa]
conhecer (vt)	att känna	[at 'ɕɛna]
contar (fazer contas)	att räkna	[at 'rɛkna]
contar com ...	att räkna med ...	[at 'rɛkna me ...]
continuar (vt)	att fortsätta	[at 'fʊtˌsæta]

controlar (vt)	att kontrollera	[at kontrɔ'lʲera]
convidar (vt)	att inbjuda, att invitera	[at in'bjʉːda], [at invi'tera]
correr (vi)	att löpa, att springa	[at 'lʲøːpa], [at 'spriŋa]
criar (vt)	att skapa	[at 'skapa]
custar (vt)	att kosta	[at 'kɔsta]

11. Os verbos mais importantes. Parte 2

dar (vt)	att ge	[at je:]
dar uma dica	att ge en vink	[at je: en 'viŋk]
decorar (enfeitar)	att pryda	[at 'pryda]
defender (vt)	att försvara	[at fœː'ʂvara]
deixar cair (vt)	att tappa	[at 'tapa]

descer (para baixo)	att gå ned	[at 'go: ˌned]
desculpar (vt)	att ursäkta	[at 'ʉːˌʂɛkta]
desculpar-se (vr)	att ursäkta sig	[at 'ʉːˌʂɛkta sɛj]
dirigir (~ uma empresa)	att styra, att leda	[at 'styra], [at 'lʲeda]
discutir (notícias, etc.)	att diskutera	[at diskʉ'tera]

disparar, atirar (vi)	att skjuta	[at 'ɧʉːta]
dizer (vt)	att säga	[at 'sɛːja]
duvidar (vt)	att tvivla	[at 'tvivlʲa]
encontrar (achar)	att finna	[at 'fina]
enganar (vt)	att fuska	[at 'fʉska]

entender (vt)	att förstå	[at fœː'ʂtoː]
entrar (na sala, etc.)	att komma in	[at 'kɔma 'in]
enviar (uma carta)	att skicka	[at 'ɧika]
errar (enganar-se)	att göra fel	[at 'jøːra ˌfelʲ]
escolher (vt)	att välja	[at 'vɛlja]

esconder (vt)	att gömma	[at 'jœma]
escrever (vt)	att skriva	[at 'skriva]
esperar (aguardar)	att vänta	[at 'vɛnta]
esperar (ter esperança)	att hoppas	[at 'hɔpas]
esquecer (vt)	att glömma	[at 'glʲœma]

| estudar (vt) | att studera | [at stu'dera] |
| exigir (vt) | att kräva | [at 'krɛːva] |

existir (vi)	att existera	[at ɛksi'stera]
explicar (vt)	att förklara	[at før'klʲara]

falar (vi)	att tala	[at 'talʲa]
faltar (a la escuela, etc.)	att missa	[at 'misa]
fazer (vt)	att göra	[at 'jøːra]
ficar em silêncio	att tiga	[at 'tiga]
gabar-se (vr)	att skryta	[at 'skryta]

gostar (apreciar)	att gilla	[at 'jilʲa]
gritar (vi)	att skrika	[at 'skrika]
guardar (fotos, etc.)	att behålla	[at be'hoːlʲa]
informar (vt)	att informera	[at infor'mera]
insistir (vi)	att insistera	[at insi'stera]

insultar (vt)	att förolämpa	[at 'førʊˌlʲɛmpa]
interessar-se (vr)	att intressera sig	[at intrɛ'sera sɛj]
ir (a pé)	att gå	[at 'goː]
ir nadar	att bada	[at 'bada]
jantar (vi)	att äta kvällsmat	[at 'ɛːta 'kvɛlʲsˌmat]

12. Os verbos mais importantes. Parte 3

ler (vt)	att läsa	[at 'lʲɛːsa]
libertar, liberar (vt)	att befria	[at be'fria]
matar (vt)	att döda, att mörda	[at 'døːda], [at 'møːɖa]
mencionar (vt)	att omnämna	[at 'ɔmˌnɛmna]
mostrar (vt)	att visa	[at 'visa]

mudar (modificar)	att ändra	[at 'ɛndra]
nadar (vi)	att simma	[at 'sima]
negar-se a ... (vr)	att vägra	[at 'vɛgra]
objetar (vt)	att invända	[at 'inˌvɛnda]

observar (vt)	att observera	[at ɔbsɛr'vera]
ordenar (mil.)	att beordra	[at be'oːɖra]
ouvir (vt)	att höra	[at 'høːra]
pagar (vt)	att betala	[at be'talʲa]
parar (vi)	att stanna	[at 'stana]

parar, cessar (vt)	att sluta	[at 'slʉːta]
participar (vi)	att delta	[at 'dɛlʲta]
pedir (comida, etc.)	att beställa	[at be'stɛlʲa]
pedir (um favor, etc.)	att be	[at 'beː]
pegar (tomar)	att ta	[at ta]

pegar (uma bola)	att fånga	[at 'foŋa]
pensar (vi, vt)	att tänka	[at 'tɛŋka]
perceber (ver)	att märka	[at 'mæːrka]
perdoar (vt)	att förlåta	[at 'fœːˌl̩'oːta]
perguntar (vt)	att fråga	[at 'froːga]

permitir (vt)	att tillåta	[at 'tilʲoːta]
pertencer a ... (vi)	att tillhöra ...	[at 'tilʲˌhøːra ...]

planejar (vt)	att planera	[at plʲa'nera]
poder (~ fazer algo)	att kunna	[at 'kuna]
possuir (uma casa, etc.)	att besitta, att äga	[at be'sita], [at 'ɛ:ga]

preferir (vt)	att föredra	[at 'førədra]
preparar (vt)	att laga	[at 'lʲaga]
prever (vt)	att förutse	[at 'førʉt‚sə]
prometer (vt)	att lova	[at 'lʲova]
pronunciar (vt)	att uttala	[at 'ʉt‚talʲa]

propor (vt)	att föreslå	[at 'førə‚slʲo:]
punir (castigar)	att straffa	[at 'strafa]
quebrar (vt)	att bryta	[at 'bryta]
queixar-se de ...	att klaga	[at 'klʲaga]
querer (desejar)	att vilja	[at 'vilja]

13. Os verbos mais importantes. Parte 4

ralhar, repreender (vt)	att skälla	[at 'ʃɛlʲa]
recomendar (vt)	att rekommendera	[at rekɔmən'dera]
repetir (dizer outra vez)	att upprepa	[at 'uprepa]
reservar (~ um quarto)	att reservera	[at resɛr'vera]
responder (vt)	att svara	[at 'svara]

rezar, orar (vi)	att be	[at 'be:]
rir (vi)	att skratta	[at 'skrata]
roubar (vt)	att stjäla	[at 'ʃɛ:lʲa]
saber (vt)	att veta	[at 'veta]
sair (~ de casa)	att gå ut	[at 'go: ʉt]

salvar (resgatar)	att rädda	[at 'rɛda]
seguir (~ alguém)	att följa efter ...	[at 'følja 'ɛftər ...]
sentar-se (vr)	att sätta sig	[at 'sæta sɛj]
ser necessário	att vara behövd	[at 'vara be'hø:vd]

ser, estar	att vara	[at 'vara]
significar (vt)	att betyda	[at be'tyda]
sorrir (vi)	att småle	[at 'smo:lʲe]
subestimar (vt)	att underskatta	[at 'undə‚ʂkata]
surpreender-se (vr)	att bli förvånad	[at bli før'vo:nad]

tentar (~ fazer)	att pröva	[at 'prø:va]
ter (vt)	att ha	[at 'ha]
ter fome	att vara hungrig	[at 'vara 'huŋrig]

ter medo	att frukta	[at 'frʉkta]
ter sede	att vara törstig	[at 'vara 'tø:ʂtig]
tocar (com as mãos)	att röra	[at 'rø:ra]
tomar café da manhã	att äta frukost	[at 'ɛ:ta 'frʉ:kɔst]
trabalhar (vi)	att arbeta	[at 'ar‚beta]
traduzir (vt)	att översätta	[at 'ø:və‚sæta]

| unir (vt) | att förena | [at 'førena] |
| vender (vt) | att sälja | [at 'sɛlja] |

ver (vt)	att se	[at 'se:]
virar (~ para a direita)	att svänga	[at 'svɛŋa]
voar (vi)	att flyga	[at 'flʲyga]

14. Cores

cor (f)	färg (en)	['fæ:rj]
tom (m)	nyans (en)	[ny'ans]
tonalidade (m)	färgton (en)	['fæ:rjˌtʊn]
arco-íris (m)	regnbåge (en)	['rɛgnˌbo:gə]

branco (adj)	vit	['vit]
preto (adj)	svart	['sva:t]
cinza (adj)	grå	['gro:]

verde (adj)	grön	['grø:n]
amarelo (adj)	gul	['gʉ:lʲ]
vermelho (adj)	röd	['rø:d]

azul (adj)	blå	['blʲo:]
azul claro (adj)	ljusblå	['jʉ:sˌblʲo:]
rosa (adj)	rosa	['rɔsa]
laranja (adj)	orange	[ɔ'ranʃ]
violeta (adj)	violett	[viʊ'lʲet]
marrom (adj)	brun	['brʉ:n]

| dourado (adj) | guld- | ['gulʲd-] |
| prateado (adj) | silver- | ['silʲver-] |

bege (adj)	beige	['bɛʃ]
creme (adj)	cremefärgad	['krɛ:mˌfæ:rjad]
turquesa (adj)	turkos	[tur'ko:s]
vermelho cereja (adj)	körsbärsröd	['ɕø:ʂbæ:ʂˌrø:d]
lilás (adj)	lila	['lilʲa]
carmim (adj)	karmosinröd	[kar'mosinˌrø:d]

claro (adj)	ljus	['jʉ:s]
escuro (adj)	mörk	['mœ:rk]
vivo (adj)	klar	['klʲar]

de cor	färg-	['fæ:rj-]
a cores	färg-	['fæ:rj-]
preto e branco (adj)	svartvit	['sva:tˌvit]
unicolor (de uma só cor)	enfärgad	['ɛnˌfæ:rjad]
multicolor (adj)	mångfärgad	['mɔŋˌfæ:rjad]

15. Questões

Quem?	Vem?	['vem]
O que?	Vad?	['vad]
Onde?	Var?	['var]
Para onde?	Vart?	['va:t]

De onde?	Varifrån?	['varifro:n]
Quando?	När?	['næ:r]
Para quê?	Varför?	['va:fø:r]
Por quê?	Varför?	['va:fø:r]

Para quê?	För vad?	['før vad]
Como?	Hur?	['hʉ:r]
Qual (~ é o problema?)	Vilken?	['vilʲkən]
Qual (~ deles?)	Vilken?	['vilʲkən]

A quem?	Till vem?	[tilʲ 'vem]
De quem?	Om vem?	[ɔm 'vem]
Do quê?	Om vad?	[ɔm 'vad]
Com quem?	Med vem?	[me 'vem]

Quantos? -as?	Hur många?	[hʉr 'mɔŋa]
Quanto?	Hur mycket?	[hʉr 'mʏkə]
De quem? (masc.)	Vems?	['vɛms]

16. Preposições

com (prep.)	med	['me]
sem (prep.)	utan	['ʉtan]
a, para (exprime lugar)	till	['tilʲ]
sobre (ex. falar ~)	om	['ɔm]
antes de ...	för, inför	['fø:r], ['infø:r]
em frente de ...	framför	['framfø:r]

debaixo de ...	under	['undər]
sobre (em cima de)	över	['ø:vər]
em ..., sobre ...	på	[pɔ]
de, do (sou ~ Rio de Janeiro)	från	['frɔn]
de (feito ~ pedra)	av	[av]

| em (~ 3 dias) | om | ['ɔm] |
| por cima de ... | över | ['ø:vər] |

17. Palavras funcionais. Advérbios. Parte 1

Onde?	Var?	['var]
aqui	här	['hæ:r]
lá, ali	där	['dæ:r]

| em algum lugar | någonstans | ['no:gɔnˌstans] |
| em lugar nenhum | ingenstans | ['iŋənˌstans] |

| perto de ... | vid | ['vid] |
| perto da janela | vid fönstret | [vid 'fœnstrət] |

Para onde?	Vart?	['va:t]
aqui	hit	['hit]
para lá	dit	['dit]

daqui	härifrån	['hæ:ri̦fro:n]
de lá, dali	därifrån	['dæ:ri̦fro:n]
perto	nära	['næ:ra]
longe	långt	['lʲɔŋt]
perto de ...	nära	['næ:ra]
à mão, perto	i närheten	[i 'næ:r̦hetən]
não fica longe	inte långt	['intə 'lʲɔŋt]
esquerdo (adj)	vänster	['vɛnstər]
à esquerda	till vänster	[tilʲ 'vɛnstər]
para a esquerda	till vänster	[tilʲ 'vɛnstər]
direito (adj)	höger	['hø:gər]
à direita	till höger	[tilʲ 'hø:gər]
para a direita	till höger	[tilʲ 'hø:gər]
em frente	framtill	['framtilʲ]
da frente	främre	['frɛmrə]
adiante (para a frente)	framåt	['framo:t]
atrás de ...	bakom, baktill	['bakɔm], ['bak'tilʲ]
de trás	bakifrån	['baki̦fro:n]
para trás	tillbaka	[tilʲ'baka]
meio (m), metade (f)	mitt (en)	['mit]
no meio	i mitten	[i 'mitən]
do lado	från sidan	[frɔn 'sidan]
em todo lugar	överallt	['ø:vər̦alʲt]
por todos os lados	runt omkring	[runt ɔm'kriŋ]
de dentro	inifrån	['ini̦fro:n]
para algum lugar	någonstans	['no:gɔn̦stans]
diretamente	rakt, rakt fram	['rakt], ['rakt fram]
de volta	tillbaka	[tilʲ'baka]
de algum lugar	från var som helst	[frɔn va sɔm 'hɛlʲst]
de algum lugar	från någonstans	[frɔn 'no:gɔn̦stans]
em primeiro lugar	för det första	['før de 'fœ:ʂta]
em segundo lugar	för det andra	['før de 'andra]
em terceiro lugar	för det tredje	['før de 'trɛdjə]
de repente	plötsligt	['plʲøtslit]
no início	i början	[i 'bœrjan]
pela primeira vez	för första gången	['før 'fœ:ʂta 'gɔŋən]
muito antes de ...	långt innan ...	['lʲɔŋt 'inan ...]
de novo	på nytt	[pɔ 'nʏt]
para sempre	för gott	[før 'gɔt]
nunca	aldrig	['alʲdrig]
de novo	igen	['ijɛn]
agora	nu	['nʉ:]
frequentemente	ofta	['ɔfta]

então	då	['do:]
urgentemente	brådskande	['brɔˌskandə]
normalmente	vanligtvis	['vanˌlitvis]

a propósito, ...	förresten ...	[fœ:'rɛstən ...]
é possível	möjligen	['mœjligən]
provavelmente	sannolikt	[sanʊ'likt]
talvez	kanske	['kanŋə]
além disso, ...	dessutom ...	[des'ʉ:tʊm ...]
por isso ...	därför ...	['dæ:før ...]
apesar de ...	i trots av ...	[i 'trɔts av ...]
graças a ...	tack vare ...	['tak ˌvarə ...]

que (pron.)	vad	['vad]
que (conj.)	att	[at]
algo	något	['no:gɔt]
alguma coisa	något	['no:gɔt]
nada	ingenting	['iŋəntiŋ]

quem	vem	['vem]
alguém (~ que ...)	någon	['no:gɔn]
alguém (com ~)	någon	['no:gɔn]

ninguém	ingen	['iŋən]
para lugar nenhum	ingenstans	['iŋənˌstans]
de ninguém	ingens	['iŋəns]
de alguém	någons	['no:gɔns]

tão	så	['so:]
também (gostaria ~ de ...)	också	['ɔkso:]
também (~ eu)	också	['ɔkso:]

18. Palavras funcionais. Advérbios. Parte 2

Por quê?	Varför?	['va:fø:r]
por alguma razão	av någon anledning	[av 'no:gɔn 'anˌlʲedniŋ]
porque ...	därför att ...	['dæ:før at ...]
por qualquer razão	av någon anledning	[av 'no:gɔn 'anˌlʲedniŋ]

e (tu ~ eu)	och	['ɔ]
ou (ser ~ não ser)	eller	['ɛlʲer]
mas (porém)	men	['men]
para (~ a minha mãe)	för, till	['fø:r]

muito, demais	för, alltför	['fø:r], ['alʲtfø:r]
só, somente	bara, endast	['bara], ['ɛndast]
exatamente	precis, exakt	[prɛ'sis], [ɛk'sakt]
cerca de (~ 10 kg)	cirka	['sirka]

aproximadamente	ungefär	['uŋəˌfæ:r]
aproximado (adj)	ungefärlig	['uŋəˌfæ:lʲig]
quase	nästan	['nɛstan]
resto (m)	rest (en)	['rɛst]
o outro (segundo)	den andra	[dɛn 'andra]

outro (adj)	andre	['andrə]
cada (adj)	var	['var]
qualquer (adj)	vilken som helst	['vilʲkən sɔm 'hɛlʲst]
muito, muitos, muitas	mycken, mycket	['mʏkən], ['mʏkə]
muitas pessoas	många	['mɔŋa]
todos	alla	['alʲa]

em troca de ...	i gengäld för ...	[i 'jɛŋɛld ˌfør ...]
em troca	i utbyte	[i 'ʉtˌbytə]
à mão	för hand	[før 'hand]
pouco provável	knappast	['knapast]

provavelmente	sannolikt	[sanʊ'likt]
de propósito	med flit, avsiktligt	[me flit], ['avsiktlit]
por acidente	tillfälligtvis	['tilʲfɔlitvis]

muito	mycket	['mʏkə]
por exemplo	till exempel	[tilʲ ɛk'sɛmpəl]
entre	mellan	['mɛlʲan]
entre (no meio de)	bland	['blʲand]
tanto	så mycket	[sɔ 'mʏkə]
especialmente	särskilt	['sæːˌʂilʲt]

27

Conceitos básicos. Parte 2

19. Opostos

rico (adj)	rik	['rik]
pobre (adj)	fattig	['fatig]
doente (adj)	sjuk	['ɧʉːk]
bem (adj)	frisk	['frisk]
grande (adj)	stor	['stʊr]
pequeno (adj)	liten	['litən]
rapidamente	fort, snabbt	[fʊːt], ['snabt]
lentamente	långsamt	['lɭɔŋˌsamt]
rápido (adj)	snabb	['snab]
lento (adj)	långsam	['lɭɔŋˌsam]
alegre (adj)	glad	['glɭad]
triste (adj)	sorgmodig	['sɔrjˌmʊdig]
juntos (ir ~)	tillsammans	[tilɭ'samans]
separadamente	separat	[sepa'rat]
em voz alta (ler ~)	högt	['hœgt]
para si (em silêncio)	för sig själv	[før ˌsɛj 'ɧɛlɭv]
alto (adj)	hög	['høːg]
baixo (adj)	låg	['lɭoːg]
profundo (adj)	djup	['jʉːp]
raso (adj)	grund	['grʉnd]
sim	ja	['ja]
não	nej	['nɛj]
distante (adj)	fjärran	['fjæːran]
próximo (adj)	nära	['næːra]
longe	långt	['lɭɔŋt]
à mão, perto	i närheten	[i 'næːrˌhetən]
longo (adj)	lång	['lɭɔŋ]
curto (adj)	kort	['kɔːt]
bom (bondoso)	god	['gʊd]
mal (adj)	ond	['ʊnd]
casado (adj)	gift	['jift]

solteiro (adj)	ogift	[ʊ:'jift]
proibir (vt)	att förbjuda	[at før'bjɵ:da]
permitir (vt)	att tillåta	[at 'tilʲo:ta]
fim (m)	slut (ett)	['slɵ:t]
início (m)	början (en)	['bœrjan]
esquerdo (adj)	vänster	['vɛnstər]
direito (adj)	höger	['hø:gər]
primeiro (adj)	först	[fœ:şt]
último (adj)	sista	['sista]
crime (m)	brott (ett)	['brɔt]
castigo (m)	straff (ett)	['straf]
ordenar (vt)	att beordra	[at be'o:dra]
obedecer (vt)	att underordna sig	[at 'undər‚ɔ:dna sɛj]
reto (adj)	rak, rakt	['rak], ['rakt]
curvo (adj)	krokig	['krʊkig]
paraíso (m)	paradis (ett)	['para‚dis]
inferno (m)	helvete (ett)	['hɛlʲvetə]
nascer (vi)	att födas	[at 'fø:das]
morrer (vi)	att dö	[at 'dø:]
forte (adj)	stark	['stark]
fraco, débil (adj)	svag	['svag]
velho, idoso (adj)	gammal	['gamalʲ]
jovem (adj)	ung	['uŋ]
velho (adj)	gammal	['gamalʲ]
novo (adj)	ny	['ny]
duro (adj)	hård	['ho:d]
macio (adj)	mjuk	['mjɵ:k]
quente (adj)	varm	['varm]
frio (adj)	kall	['kalʲ]
gordo (adj)	tjock	['ɕøk]
magro (adj)	mager	['magər]
estreito (adj)	smal	['smalʲ]
largo (adj)	bred	['bred]
bom (adj)	bra	['brɔ:]
mau (adj)	dålig	['do:lig]
valente, corajoso (adj)	tapper	['tapər]
covarde (adj)	feg	['feg]

29

20. Dias da semana

segunda-feira (f)	måndag (en)	['mɔn,dag]
terça-feira (f)	tisdag (en)	['tis,dag]
quarta-feira (f)	onsdag (en)	['ʊns,dag]
quinta-feira (f)	torsdag (en)	['tʊ:ʂ,dag]
sexta-feira (f)	fredag (en)	['fre,dag]
sábado (m)	lördag (en)	['lʲø:dag]
domingo (m)	söndag (en)	['sœn,dag]

hoje	i dag	[i 'dag]
amanhã	i morgon	[i 'mɔrgɔn]
depois de amanhã	i övermorgon	[i 'ø:və,mɔrgɔn]
ontem	i går	[i 'go:r]
anteontem	i förrgår	[i 'fœ:r,go:r]

dia (m)	dag (en)	['dag]
dia (m) de trabalho	arbetsdag (en)	['arbets,dag]
feriado (m)	helgdag (en)	['hɛlj,dag]
dia (m) de folga	ledig dag (en)	['lʲedig ,dag]
fim (m) de semana	helg, veckohelg (en)	[hɛlj], ['vɛkɔ,hɛlj]

o dia todo	hela dagen	['helʲa 'dagən]
no dia seguinte	nästa dag	['nɛsta ,dag]
há dois dias	för två dagar sedan	[før ,tvo: 'dagar 'sedan]
na véspera	dagen innan	['dagən 'inan]
diário (adj)	daglig	['daglig]
todos os dias	varje dag	['varjə dag]

semana (f)	vecka (en)	['vɛka]
na semana passada	förra veckan	['fœ:ra 'vɛkan]
semana que vem	i nästa vecka	[i 'nɛsta 'vɛka]
semanal (adj)	vecko-	['vɛkɔ-]
toda semana	varje vecka	['varjə 'vɛka]
duas vezes por semana	två gångar i veckan	[tvo: 'gɔŋar i 'vɛkan]
toda terça-feira	varje tisdag	['varjə ,tisdag]

21. Horas. Dia e noite

manhã (f)	morgon (en)	['mɔrgɔn]
de manhã	på morgonen	[pɔ 'mɔrgɔnən]
meio-dia (m)	middag (en)	['mid,dag]
à tarde	på eftermiddagen	[pɔ 'ɛftə,midagən]

tardinha (f)	kväll (en)	[kvɛlʲ]
à tardinha	på kvällen	[pɔ 'kvɛlʲen]
noite (f)	natt (en)	['nat]
à noite	om natten	[ɔm 'natən]
meia-noite (f)	midnatt (en)	['mid,nat]

segundo (m)	sekund (en)	[se'kund]
minuto (m)	minut (en)	[mi'nʉ:t]
hora (f)	timme (en)	['timə]

meia hora (f)	halvtimme (en)	['halʲvˌtimə]
quarto (m) de hora	kvart (en)	['kvaːt̩]
quinze minutos	femton minuter	['fɛmtɔn mi'nɵːtər]
vinte e quatro horas	dygn (ett)	['dʏgn]
nascer (m) do sol	soluppgång (en)	['sɵlʲ ˌup'gɔŋ]
amanhecer (m)	gryning (en)	['gryniŋ]
madrugada (f)	tidig morgon (en)	['tidig 'mɔrgɔn]
pôr-do-sol (m)	solnedgång (en)	['sɵlʲ 'nedˌgɔŋ]
de madrugada	tidigt på morgonen	['tidit pɔ 'mɔrgɔnən]
esta manhã	i morse	[i 'mɔːʂə]
amanhã de manhã	i morgon bitti	[i 'mɔrgɔn 'biti]
esta tarde	i eftermiddag	[i 'ɛftəˌmidag]
à tarde	på eftermiddagen	[pɔ 'ɛftəˌmidagən]
amanhã à tarde	i morgon eftermiddag	[i 'mɔrgɔn 'ɛftəˌmidag]
esta noite, hoje à noite	i kväll	[i 'kvɛlʲ]
amanhã à noite	i morgon kväll	[i 'mɔrgɔn 'kvɛlʲ]
às três horas em ponto	precis klockan tre	[prɛ'sis 'klʲokan treː]
por volta das quatro	vid fyratiden	[vid 'fyraˌtidən]
às doze	vid klockan tolv	[vid 'klʲokan 'tɔlʲv]
em vinte minutos	om tjugo minuter	[ɔm 'ɕɵgɔ mi'nɵːtər]
em uma hora	om en timme	[ɔm en 'timə]
a tempo	i tid	[i 'tid]
... um quarto para	kvart i ...	['kvaːt̩ i ...]
dentro de uma hora	inom en timme	['inɔm en 'timə]
a cada quinze minutos	varje kvart	['varjə kvaːt̩]
as vinte e quatro horas	dygnet runt	['dʏgnet ˌrunt]

22. Meses. Estações

janeiro (m)	januari	['januˌari]
fevereiro (m)	februari	[fɛbrɵ'ari]
março (m)	mars	['maːʂ]
abril (m)	april	[a'prilʲ]
maio (m)	maj	['maj]
junho (m)	juni	['juːni]
julho (m)	juli	['juːli]
agosto (m)	augusti	[au'gusti]
setembro (m)	september	[sɛp'tɛmbər]
outubro (m)	oktober	[ɔk'tʉbər]
novembro (m)	november	[nɔ'vɛmbər]
dezembro (m)	december	[de'sɛmbər]
primavera (f)	vår (en)	['voːr]
na primavera	på våren	[pɔ 'voːrən]
primaveril (adj)	vår-	['voːr-]
verão (m)	sommar (en)	['sɔmar]

no verão	på sommaren	[po 'sɔmarən]
de verão	sommar-	['sɔmar-]
outono (m)	höst (en)	['høst]
no outono	på hösten	[po 'høstən]
outonal (adj)	höst-	['høst-]
inverno (m)	vinter (en)	['vintər]
no inverno	på vintern	[po 'vintərn]
de inverno	vinter-	['vintər-]
mês (m)	månad (en)	['mo:nad]
este mês	den här månaden	[dɛn hæ:r 'mo:nadən]
mês que vem	nästa månad	['nɛsta 'mo:nad]
no mês passado	förra månaden	['fœ:ra 'mo:nadən]
um mês atrás	för en månad sedan	['før en 'mo:nad 'sedan]
em um mês	om en månad	[ɔm en 'mo:nad]
em dois meses	om två månader	[ɔm tvo: 'mo:nadər]
todo o mês	en hel månad	[en helʲ 'mo:nad]
um mês inteiro	hela månaden	['helʲa 'mo:nadən]
mensal (adj)	månatlig	[mo'natlig]
mensalmente	månatligen	[mo'natligən]
todo mês	varje månad	['varjə ˌmo:nad]
duas vezes por mês	två gånger i månaden	[tvo: 'gɔŋər i 'mɔ:nadən]
ano (m)	år (ett)	['o:r]
este ano	i år	[i 'o:r]
ano que vem	nästa år	['nɛsta ˌo:r]
no ano passado	i fjol, förra året	[i 'fjulʲ], ['fœ:ra 'o:ret]
há um ano	för ett år sedan	['før et 'o:r 'sedan]
em um ano	om ett år	[ɔm et 'o:r]
dentro de dois anos	om två år	[ɔm tvo 'o:r]
todo o ano	ett helt år	[ɛt helʲt 'o:r]
um ano inteiro	hela året	['helʲa 'o:ret]
cada ano	varje år	['varjə 'o:r]
anual (adj)	årlig	['o:ḷig]
anualmente	årligen	['o:ḷigən]
quatro vezes por ano	fyra gånger om året	['fyra 'gɔŋər ɔm 'o:ret]
data (~ de hoje)	datum (ett)	['datum]
data (ex. ~ de nascimento)	datum (ett)	['datum]
calendário (m)	almanacka (en)	['alʲmanaka]
meio ano	halvår (ett)	['halʲv,o:r]
seis meses	halvår (ett)	['halʲv,o:r]
estação (f)	årstid (en)	['o:ʂ,tid]
século (m)	sekel (ett)	['sekəlʲ]

23. Tempo. Diversos

tempo (m)	tid (en)	['tid]
momento (m)	ögonblick (ett)	['ø:gɔnˌblik]

instante (m)	ögonblick (ett)	['øːɡɔn̩blik]
instantâneo (adj)	ögonblicklig	['øːɡɔn̩bliklig]
lapso (m) de tempo	tidsavsnitt (ett)	['tids̩avsnit]
vida (f)	liv (ett)	['liv]
eternidade (f)	evighet (en)	['evig̩het]

época (f)	epok (en)	[ɛ'pɔːk]
era (f)	era (en)	['era]
ciclo (m)	cykel (en)	['sykəlʲ]
período (m)	period (en)	[peri'ʊd]
prazo (m)	tid, period (en)	['tid], [peri'ʊd]

futuro (m)	framtid (en)	['fram̩tid]
futuro (adj)	framtida	['fram̩tida]
da próxima vez	nästa gång	['nɛsta ̩ɡɔŋ]
passado (m)	det förflutna	[dɛ 'førˌflʉːtna]
passado (adj)	förra	['fœːra]
na última vez	förra gången	['fœːra 'ɡɔŋən]
mais tarde	senare	['senarə]
depois de ...	efter	['ɛftər]
atualmente	nuförtiden	['nʉːˌfør'tidən]
agora	nu	['nʉː]
imediatamente	omedelbart	[ʊ'medəlʲˌbaːt]
em breve	snart	['snaːt]
de antemão	i förväg	[i 'førˌvɛːg]

há muito tempo	längesedan	['lʲɛŋə̩sedan]
recentemente	nyligen	['nyligən]
destino (m)	öde (ett)	['øːdə]
recordações (f pl)	minnen (pl)	['minən]
arquivo (m)	arkiv (ett)	[ar'kiv]
durante ...	under ...	['undər ...]
durante muito tempo	länge	['lʲɛŋə]
pouco tempo	inte länge	['intə 'lʲɛŋə]
cedo (levantar-se ~)	tidigt	['tidit]
tarde (deitar-se ~)	sent	['sɛnt]

para sempre	för alltid	['før 'alʲtid]
começar (vt)	att börja	[at 'bœrja]
adiar (vt)	att skjuta upp	[at 'ɧʉːta up]

ao mesmo tempo	samtidigt	['sam̩tidit]
permanentemente	alltid, ständigt	['alʲtid], ['stɛndit]
constante (~ ruído, etc.)	konstant	[kɔn'stant]
temporário (adj)	tillfällig, temporär	['tilʲˌfolig], [tempo'rɛr]

às vezes	ibland	['iblʲand]
raras vezes, raramente	sällan	['sɛlʲan]
frequentemente	ofta	['ɔfta]

24. Linhas e formas

| quadrado (m) | kvadrat (en) | [kva'drat] |
| quadrado (adj) | kvadratisk | [kva'dratisk] |

círculo (m)	cirkel (en)	['sirkəlʲ]
redondo (adj)	rund	['rund]
triângulo (m)	triangel (en)	['tri͵aŋəlʲ]
triangular (adj)	triangulär	[triaŋu'lʲæ:r]

oval (f)	oval (en)	[ʊ'valʲ]
oval (adj)	oval	[ʊ'valʲ]
retângulo (m)	rektangel (en)	['rɛk͵taŋəlʲ]
retangular (adj)	rätvinklig	['rɛt͵viŋklig]

pirâmide (f)	pyramid (en)	[pyra'mid]
losango (m)	romb (en)	['rɔmb]
trapézio (m)	trapets (en)	[tra'pets]
cubo (m)	kub (en)	['kʉ:b]
prisma (m)	prisma (en)	['prisma]

circunferência (f)	omkrets (en)	['ɔm͵krɛts]
esfera (f)	sfär (en)	['sfæ:r]
globo (m)	klot (ett)	['klʲɔt]
diâmetro (m)	diameter (en)	['dia͵metər]
raio (m)	radie (en)	['radiə]
perímetro (m)	perimeter (en)	[peri'metər]
centro (m)	medelpunkt (en)	['medəlʲ͵puŋkt]

horizontal (adj)	horisontal	[hʊrisɔn'talʲ]
vertical (adj)	lodrät, lod-	['lʲod͵rɛt], ['lʲod-]
paralela (f)	parallell (en)	[para'lʲɛlʲ]
paralelo (adj)	parallell	[para'lʲɛlʲ]

linha (f)	linje (en)	['linjə]
traço (m)	linje (en)	['linjə]
reta (f)	rät linje (en)	[rɛ:t 'linjə]
curva (f)	kurva (en)	['kurva]
fino (linha ~a)	tunn	['tun]
contorno (m)	kontur (en)	[kɔn'tʉ:r]

interseção (f)	skärningspunkt (en)	['ɧærniŋs͵punkt]
ângulo (m) reto	rät vinkel (en)	[rɛ:t 'viŋkəlʲ]
segmento (m)	segment (ett)	[seg'mɛnt]
setor (m)	sektor (en)	['sektʊr]
lado (de um triângulo, etc.)	sida (en)	['sida]
ângulo (m)	vinkel (en)	['viŋkəlʲ]

25. Unidades de medida

peso (m)	vikt (en)	['vikt]
comprimento (m)	längd (en)	[lʲɛŋd]
largura (f)	bredd (en)	['brɛd]
altura (f)	höjd (en)	['hœjd]
profundidade (f)	djup (ett)	['jʉ:p]
volume (m)	volym (en)	[vɔ'lʲym]
área (f)	yta, areal (en)	['yta], [are'alʲ]
grama (m)	gram (ett)	['gram]
miligrama (m)	milligram (ett)	['mili͵gram]

quilograma (m)	kilogram (ett)	[ɕiljɔ'gram]
tonelada (f)	ton (en)	['tʊn]
libra (453,6 gramas)	skålpund (ett)	['sko:lʲˌpund]
onça (f)	uns (ett)	['uns]
metro (m)	meter (en)	['metər]
milímetro (m)	millimeter (en)	['miliˌmetər]
centímetro (m)	centimeter (en)	[sɛnti'metər]
quilômetro (m)	kilometer (en)	[ɕiljɔ'metər]
milha (f)	mil (en)	['milʲ]
polegada (f)	tum (en)	['tum]
pé (304,74 mm)	fot (en)	['fʊt]
jarda (914,383 mm)	yard (en)	['jaːd]
metro (m) quadrado	kvadratmeter (en)	[kva'dratˌmetər]
hectare (m)	hektar (ett)	[hɛk'tar]
litro (m)	liter (en)	['litər]
grau (m)	grad (en)	['grad]
volt (m)	volt (en)	['volʲt]
ampère (m)	ampere (en)	[am'pɛr]
cavalo (m) de potência	hästkraft (en)	['hɛstˌkraft]
quantidade (f)	mängd, kvantitet (en)	['mɛŋt], [kwanti'tet]
um pouco de ...	få ..., inte många ...	['fo: ...], ['intə 'mɔŋa ...]
metade (f)	hälft (en)	['hɛlʲft]
dúzia (f)	dussin (ett)	['dusin]
peça (f)	stycke (ett)	['stʏkə]
tamanho (m), dimensão (f)	storlek (en)	['stʊ:lʲek]
escala (f)	skala (en)	['skalʲa]
mínimo (adj)	minimal	[mini'malʲ]
menor, mais pequeno	minst	['minst]
médio (adj)	medel	['medəlʲ]
máximo (adj)	maximal	[maksi'malʲ]
maior, mais grande	störst	['stø:ʂt]

26. Recipientes

pote (m) de vidro	glasburk (en)	['glʲasˌburk]
lata (~ de cerveja)	burk (en)	['burk]
balde (m)	hink (en)	['hiŋk]
barril (m)	tunna (en)	['tuna]
bacia (~ de plástico)	tvättfat (ett)	['tvætˌfat]
tanque (m)	tank (en)	['taŋk]
cantil (m) de bolso	plunta, fickflaska (en)	['plʉnta], ['fikˌflʲaska]
galão (m) de gasolina	dunk (en)	['du:ŋk]
cisterna (f)	tank (en)	['taŋk]
caneca (f)	mugg (en)	['mug]
xícara (f)	kopp (en)	['kop]

pires (m)	tefat (ett)	['te‚fat]
copo (m)	glas (ett)	['glʲas]
taça (f) de vinho	vinglas (ett)	['vin‚glʲas]
panela (f)	kastrull, gryta (en)	[ka'strulʲ], ['gryta]

| garrafa (f) | flaska (en) | ['flʲaska] |
| gargalo (m) | flaskhals (en) | ['flʲask‚halʲs] |

jarra (f)	karaff (en)	[ka'raf]
jarro (m)	kanna (en) med handtag	['kana me 'han‚tag]
recipiente (m)	behållare (en)	[be'ho:‖arə]
pote (m)	kruka (en)	['krʉka]
vaso (m)	vas (en)	['vas]

frasco (~ de perfume)	flakong (en)	[flʲa'kɔŋ]
frasquinho (m)	flaska (en)	['flʲaska]
tubo (m)	tub (en)	['tʉ:b]

saco (ex. ~ de açúcar)	säck (en)	['sɛk]
sacola (~ plastica)	påse (en)	['po:sə]
maço (de cigarros, etc.)	paket (ett)	[pa'ket]

caixa (~ de sapatos, etc.)	ask (en)	['ask]
caixote (~ de madeira)	låda (en)	['lʲo:da]
cesto (m)	korg (en)	['kɔrj]

27. Materiais

material (m)	material (ett)	[mate'rjalʲ]
madeira (f)	trä (ett)	['trɛ:]
de madeira	trä-	['trɛ:-]

| vidro (m) | glas (ett) | ['glʲas] |
| de vidro | av glas, glas- | [av glʲas], [glʲas-] |

| pedra (f) | sten (en) | ['sten] |
| de pedra | sten- | ['sten-] |

| plástico (m) | plast (en) | ['plʲast] |
| plástico (adj) | plast- | [plʲast-] |

| borracha (f) | gummi (ett) | ['gumi] |
| de borracha | gummi- | ['gumi-] |

| tecido, pano (m) | tyg (ett) | ['tyg] |
| de tecido | tyg- | ['tyg-] |

| papel (m) | papper (ett) | ['papər] |
| de papel | papper- | ['papər-] |

papelão (m)	papp, kartong (en)	['pap], [ka:'tɔŋ]
de papelão	papp-, kartong-	['pap-], [ka:'tɔŋ-]
polietileno (m)	polyetylen (en)	['polʲɛty‚lʲen]
celofane (m)	cellofan (en)	[sɛlʲʉ'fan]

linóleo (m)	linoleum (ett)	[li'noleum]
madeira (f) compensada	kryssfaner (ett)	['krys‚fa'nɛ:r]

porcelana (f)	porslin (ett)	[pɔ:'ʂlin]
de porcelana	av porslin	[av pɔ:'ʂlin]
argila (f), barro (m)	lera (en)	['lʲera]
de barro	ler-	['lʲer-]
cerâmica (f)	keramik (en)	[ɕera'mik]
de cerâmica	keramisk	[ɕe'ramisk]

28. Metais

metal (m)	metall (en)	[me'talʲ]
metálico (adj)	metall-	[me'talʲ-]
liga (f)	legering (en)	[lʲe'ge:riŋ]

ouro (m)	guld (ett)	['gulʲd]
de ouro	guld-	['gulʲd-]
prata (f)	silver (ett)	['silʲvər]
de prata	silver-	['silʲvər-]

ferro (m)	järn (ett)	['jæ:n̩]
de ferro	järn-	['jæ:n̩-]
aço (m)	stål (ett)	['sto:lʲ]
de aço (adj)	stål-	['sto:lʲ-]
cobre (m)	koppar (en)	['kopar]
de cobre	koppar-	['kopar-]

alumínio (m)	aluminium (ett)	[alʉ'mi:nium]
de alumínio	aluminium-	[alʉ'mi:nium-]
bronze (m)	brons (en)	['brɔns]
de bronze	brons-	['brɔns-]

latão (m)	mässing (en)	['mɛsiŋ]
níquel (m)	nickel (ett)	['nikəlʲ]
platina (f)	platina (en)	['plʲatina]
mercúrio (m)	kvicksilver (ett)	['kvik‚silʲvər]
estanho (m)	tenn (ett)	['tɛn]
chumbo (m)	bly (ett)	['blʲy]
zinco (m)	zink (en)	['siŋk]

O SER HUMANO

O ser humano. O corpo

29. Humanos. Conceitos básicos

ser (m) humano	människa (en)	['mɛniɲa]
homem (m)	man (en)	['man]
mulher (f)	kvinna (en)	['kvina]
criança (f)	barn (ett)	['baːɳ]
menina (f)	flicka (en)	['flika]
menino (m)	pojke (en)	['pɔjkə]
adolescente (m)	tonåring (en)	[tɔ'noːriŋ]
velho (m)	gammal man (en)	['gamalʲ ˌman]
velha (f)	gumma (en)	['guma]

30. Anatomia humana

organismo (m)	organism (en)	[ɔrga'nism]
coração (m)	hjärta (ett)	['jæːʈa]
sangue (m)	blod (ett)	['blʲʊd]
artéria (f)	artär (en)	[a'ʈæːr]
veia (f)	ven (en)	['veːn]
cérebro (m)	hjärna (en)	['jæːɳa]
nervo (m)	nerv (en)	['nɛrv]
nervos (m pl)	nerver (pl)	['nɛrvər]
vértebra (f)	ryggkota (en)	['rʏgˌkɔta]
coluna (f) vertebral	ryggrad (en)	['rʏgˌrad]
estômago (m)	magsäck (en)	['magˌsɛk]
intestinos (m pl)	tarmar, inälvor (pl)	['tarmar], [inɛlʲvʊr]
intestino (m)	tarm (en)	['tarm]
fígado (m)	lever (en)	['lʲevər]
rim (m)	njure (en)	['njʉːrə]
osso (m)	ben (ett)	['beːn]
esqueleto (m)	skelett (ett)	[ske'lʲet]
costela (f)	revben (ett)	['revˌbeːn]
crânio (m)	skalle (en)	['skalʲe]
músculo (m)	muskel (en)	['muskəlʲ]
bíceps (m)	biceps (en)	['bisɛps]
tríceps (m)	triceps (en)	['trisɛps]
tendão (m)	sena (en)	['seːna]
articulação (f)	led (en)	['lʲed]

pulmões (m pl)	lungor (pl)	['lʉŋʊr]
órgãos (m pl) genitais	könsorganen (pl)	['çœns ɔr'ganən]
pele (f)	hud (en)	['hʉ:d]

31. Cabeça

cabeça (f)	huvud (ett)	['hʉ:vʉd]
rosto, cara (f)	ansikte (ett)	['ansiktə]
nariz (m)	näsa (en)	['nɛ:sa]
boca (f)	mun (en)	['mu:n]

olho (m)	öga (ett)	['ø:ga]
olhos (m pl)	ögon (pl)	['ø:gɔn]
pupila (f)	pupill (en)	[pʉ'pilʲ]
sobrancelha (f)	ögonbryn (ett)	['ø:gɔnˌbryn]
cílio (f)	ögonfrans (en)	['ø:gɔnˌfrans]
pálpebra (f)	ögonlock (ett)	['ø:gɔnˌlʲɔk]

língua (f)	tunga (en)	['tuŋa]
dente (m)	tand (en)	['tand]
lábios (m pl)	läppar (pl)	['lʲɛpar]
maçãs (f pl) do rosto	kindben (pl)	['çindˌbe:n]
gengiva (f)	tandkött (ett)	['tandˌçœt]
palato (m)	gom (en)	['gʊm]

narinas (f pl)	näsborrar (pl)	['nɛ:sˌbɔrar]
queixo (m)	haka (en)	['haka]
mandíbula (f)	käke (en)	['çɛ:kə]
bochecha (f)	kind (en)	['çind]

testa (f)	panna (en)	['pana]
têmpora (f)	tinning (en)	['tiniŋ]
orelha (f)	öra (ett)	['ø:ra]
costas (f pl) da cabeça	nacke (en)	['nakə]
pescoço (m)	hals (en)	['halʲs]
garganta (f)	strupe, hals (en)	['strʉpə], ['halʲs]

cabelo (m)	hår (pl)	['ho:r]
penteado (m)	frisyr (en)	[fri'syr]
corte (m) de cabelo	klippning (en)	['klipniŋ]
peruca (f)	peruk (en)	[pe'rʉ:k]

bigode (m)	mustasch (en)	[mʉ'sta:ʃ]
barba (f)	skägg (ett)	['ʃɛg]
ter (~ barba, etc.)	att ha	[at 'ha]
trança (f)	fläta (en)	['flʲɛ:ta]
suíças (f pl)	polisonger (pl)	[pɔli'sɔŋər]

ruivo (adj)	rödhårig	['rø:dˌho:rig]
grisalho (adj)	grå	['gro:]
careca (adj)	skallig	['skalig]
calva (f)	flint (en)	['flint]
rabo-de-cavalo (m)	hästsvans (en)	['hɛstˌsvans]
franja (f)	lugg, pannlugg (en)	[lʉg], ['panˌlʉg]

32. Corpo humano

mão (f)	hand (en)	['hand]
braço (m)	arm (en)	['arm]
dedo (m)	finger (ett)	['fiŋər]
dedo (m) do pé	tå (en)	['to:]
polegar (m)	tumme (en)	['tumə]
dedo (m) mindinho	lillfinger (ett)	['lilʲfiŋər]
unha (f)	nagel (en)	['nagelʲ]
punho (m)	knytnäve (en)	['knʏt͵nɛ:və]
palma (f)	handflata (en)	['hand͵flʲata]
pulso (m)	handled (en)	['hand͵lʲed]
antebraço (m)	underarm (en)	['undər͵arm]
cotovelo (m)	armbåge (en)	['arm͵bo:gə]
ombro (m)	skuldra (en)	['skulʲdra]
perna (f)	ben (ett)	['be:n]
pé (m)	fot (en)	['fʊt]
joelho (m)	knä (ett)	['knɛ:]
panturrilha (f)	vad (ett)	['vad]
quadril (m)	höft (en)	['hœft]
calcanhar (m)	häl (en)	['hɛ:lʲ]
corpo (m)	kropp (en)	['krɔp]
barriga (f), ventre (m)	mage (en)	['magə]
peito (m)	bröst (ett)	['brœst]
seio (m)	bröst (ett)	['brœst]
lado (m)	sida (en)	['sida]
costas (dorso)	rygg (en)	['rʏg]
região (f) lombar	ländrygg (en)	['lʲɛnd͵rʏg]
cintura (f)	midja (en)	['midja]
umbigo (m)	navel (en)	['navelʲ]
nádegas (f pl)	stjärtar, skinkor (pl)	['ɧæ:͵tar], ['ɧiŋkʊr]
traseiro (m)	bak (en)	['bak]
sinal (m), pinta (f)	leverfläck (ett)	['lʲevər͵flɛk]
sinal (m) de nascença	födelsemärke (ett)	['fø:dəlʲsə͵mæ:rkə]
tatuagem (f)	tatuering (en)	[tatʉ'eriŋ]
cicatriz (f)	ärr (ett)	['ær]

Vestuário & Acessórios

33. Roupa exterior. Casacos

roupa (f)	kläder (pl)	['klʲɛ:dər]
roupa (f) exterior	ytterkläder	['ytə‚klʲɛ:dər]
roupa (f) de inverno	vinterkläder (pl)	['vintə‚klʲɛ:dər]
sobretudo (m)	rock, kappa (en)	['rɔk], ['kapa]
casaco (m) de pele	päls (en)	['pɛlʲs]
jaqueta (f) de pele	pälsjacka (en)	['pɛlʲs‚jaka]
casaco (m) acolchoado	dunjacka (en)	['dʉ:n‚jaka]
casaco (m), jaqueta (f)	jacka (en)	['jaka]
impermeável (m)	regnrock (en)	['rɛgn‚rɔk]
a prova d'água	vattentät	['vatən‚tɛt]

34. Vestuário de homem & mulher

camisa (f)	skjorta (en)	['ɧu:ʈa]
calça (f)	byxor (pl)	['byksʊr]
jeans (m)	jeans (en)	['jins]
paletó, terno (m)	kavaj (en)	[ka'vaj]
terno (m)	kostym (en)	[kɔs'tym]
vestido (ex. ~ de noiva)	klänning (en)	['klʲɛniŋ]
saia (f)	kjol (en)	['ɕø:lʲ]
blusa (f)	blus (en)	['blʉ:s]
casaco (m) de malha	stickad tröja (en)	['stikad 'trøja]
casaco, blazer (m)	dräktjacka, kavaj (en)	['drɛkt 'jaka], ['kavaj]
camiseta (f)	T-shirt (en)	['ti: ʃɔ:ʈ]
short (m)	shorts (en)	['ʃɔ:ts]
training (m)	träningsoverall (en)	['trɛ:niŋs ɔve'rɔ:lʲ]
roupão (m) de banho	morgonrock (en)	['mɔrgɔn‚rɔk]
pijama (m)	pyjamas (en)	[py'jamas]
suéter (m)	sweater, tröja (en)	['svitər], ['trøja]
pulôver (m)	pullover (en)	[pu'lʲɔ:vər]
colete (m)	väst (en)	['vɛst]
fraque (m)	frack (en)	['frak]
smoking (m)	smoking (en)	['smɔkiŋ]
uniforme (m)	uniform (en)	[uni'fɔrm]
roupa (f) de trabalho	arbetskläder (pl)	['arbets‚klʲɛ:dər]
macacão (m)	overall (en)	['ɔve‚rɔ:lʲ]
jaleco (m), bata (f)	rock (en)	['rɔk]

41

35. Vestuário. Roupa interior

roupa (f) íntima	underkläder (pl)	['undə‚klʲɛ:dər]
cueca boxer (f)	underbyxor (pl)	['undə‚byksʊr]
calcinha (f)	trosor (pl)	['trʊsʊr]
camiseta (f)	undertröja (en)	['undə‚trøja]
meias (f pl)	sockor (pl)	['sɔkʊr]

camisola (f)	nattlinne (ett)	['nat‚linə]
sutiã (m)	behå (en)	[be'ho:]
meias longas (f pl)	knästrumpor (pl)	['knɛ:‚strumpʊr]
meias-calças (f pl)	strumpbyxor (pl)	['strump‚byksʊr]
meias (~ de nylon)	strumpor (pl)	['strumpʊr]
maiô (m)	baddräkt (en)	['bad‚drɛkt]

36. Adereços de cabeça

chapéu (m), touca (f)	hatt (en)	['hat]
chapéu (m) de feltro	hatt (en)	['hat]
boné (m) de beisebol	baseballkeps (en)	['bejsbɔlʲ keps]
boina (~ italiana)	keps (en)	['keps]

boina (ex. ~ basca)	basker (en)	['baskər]
capuz (m)	luva, kapuschong (en)	['lʉ:va], [kapʉ'ʃɔ:ŋ]
chapéu panamá (m)	panamahatt (en)	['panama‚hat]
touca (f)	luva (en)	['lʉ:va]

lenço (m)	sjalett (en)	[ʃa'lʲet]
chapéu (m) feminino	hatt (en)	['hat]

capacete (m) de proteção	hjälm (en)	['jɛlʲm]
bibico (m)	båtmössa (en)	['bɔt‚mœsa]
capacete (m)	hjälm (en)	['jɛlʲm]

chapéu-coco (m)	plommonstop (ett)	['plʲumɔn‚stʊp]
cartola (f)	hög hatt, cylinder (en)	['hø:g ‚hat], [sy'lindər]

37. Calçado

calçado (m)	skodon (pl)	['skʊdʊn]
botinas (f pl), sapatos (m pl)	skor (pl)	['skʊr]
sapatos (de salto alto, etc.)	damskor (pl)	['dam‚skʊr]
botas (f pl)	stövlar (pl)	['støvlʲar]
pantufas (f pl)	tofflor (pl)	['tɔflʲʊr]

tênis (~ Nike, etc.)	tennisskor (pl)	['tɛnis‚skʊr]
tênis (~ Converse)	canvas skor (pl)	['kanvas ‚skʊr]
sandálias (f pl)	sandaler (pl)	[san'dalʲer]

sapateiro (m)	skomakare (en)	['skʊ‚makarə]
salto (m)	klack (en)	['klʲak]

par (m)	par (ett)	['par]
cadarço (m)	skosnöre (ett)	['skʊˌsnø:rə]
amarrar os cadarços	att snöra	[at 'snø:ra]
calçadeira (f)	skohorn (ett)	['skʊˌhʊ:ɳ]
graxa (f) para calçado	skokräm (en)	['skʊˌkrɛm]

38. Têxtil. Tecidos

algodão (m)	bomull (en)	['bʊˌmulʲ]
de algodão	bomull-	['bʊˌmulʲ-]
linho (m)	lin (ett)	['lin]
de linho	lin	['lin]

seda (f)	siden (ett)	['sidən]
de seda	siden-	['sidən-]
lã (f)	ull (en)	['ulʲ]
de lã	ull-	['ulʲ-]

veludo (m)	sammet (en)	['samet]
camurça (f)	mocka (en)	['mɔka]
veludo (m) cotelê	manchester (en)	['manˌɕestər]

nylon (m)	nylon (ett)	[ny'lʲɔn]
de nylon	nylon-	[ny'lʲɔn-]
poliéster (m)	polyester (en)	[polʲy'ɛstər]
de poliéster	polyester-	[polʲy'ɛstər-]

couro (m)	läder, skinn (ett)	['lʲɛ:dər], ['ɧin]
de couro	läder-, av läder	['lʲɛ:dər-], [av 'lʲɛ:dər]
pele (f)	päls (en)	['pɛlʲs]
de pele	päls-	['pɛlʲs-]

39. Acessórios pessoais

luva (f)	handskar (pl)	['hanskar]
mitenes (f pl)	vantar (pl)	['vantar]
cachecol (m)	halsduk (en)	['halʲsˌdʉ:k]

óculos (m pl)	glasögon (pl)	['glʲasˌø:gon]
armação (f)	båge (en)	['bo:gə]
guarda-chuva (m)	paraply (ett)	[para'plʲy]
bengala (f)	käpp (en)	['ɕɛp]
escova (f) para o cabelo	hårborste (en)	['ho:rˌbo:ʂtə]
leque (m)	solfjäder (en)	['sʊlʲˌfjɛ:dər]

gravata (f)	slips (en)	['slips]
gravata-borboleta (f)	fluga (en)	['flʉ:ga]
suspensórios (m pl)	hängslen (pl)	['hɛŋslʲən]
lenço (m)	näsduk (en)	['nɛsˌdʉk]

| pente (m) | kam (en) | ['kam] |
| fivela (f) para cabelo | hårklämma (ett) | ['ho:rˌklʲɛma] |

| grampo (m) | hårnål (en) | ['ho:ˌŋo:lʲ] |
| fivela (f) | spänne (ett) | ['spɛnə] |

| cinto (m) | bälte (ett) | ['bɛlʲtə] |
| alça (f) de ombro | rem (en) | ['rem] |

bolsa (f)	väska (en)	['vɛska]
bolsa (feminina)	damväska (en)	['damˌvɛska]
mochila (f)	ryggsäck (en)	['rʏgˌsɛk]

40. Vestuário. Diversos

moda (f)	mode (ett)	['mʊdə]
na moda (adj)	modern	[mʊ'dɛ:ŋ]
estilista (m)	modedesigner (en)	['mʊdə de'sajnər]

colarinho (m)	krage (en)	['kragə]
bolso (m)	ficka (en)	['fika]
de bolso	fick-	['fik-]
manga (f)	ärm (en)	['æ:rm]
ganchinho (m)	hängband (ett)	['hɛŋ band]
bragueta (f)	gylf (en)	['gylʲf]

zíper (m)	blixtlås (ett)	['blikstˌlʲo:s]
colchete (m)	knäppning (en)	['knɛpniŋ]
botão (m)	knapp (en)	['knap]
botoeira (casa de botão)	knapphål (ett)	['knapˌho:lʲ]
soltar-se (vr)	att lossna	[at 'lʲɔsna]

costurar (vi)	att sy	[at sy]
bordar (vt)	att brodera	[at brʊ'dera]
bordado (m)	broderi (ett)	[brʊde'ri:]
agulha (f)	synål (en)	['syˌno:lʲ]
fio, linha (f)	tråd (en)	['tro:d]
costura (f)	söm (en)	['sø:m]

sujar-se (vr)	att smutsa ned sig	[at 'smutsa ned sɛj]
mancha (f)	fläck (en)	['flʲɛk]
amarrotar-se (vr)	att bli skrynklig	[at bli 'skrʏŋklig]
rasgar (vt)	att riva	[at 'riva]
traça (f)	mal (en)	['malʲ]

41. Cuidados pessoais. Cosméticos

pasta (f) de dente	tandkräm (en)	['tandˌkrɛm]
escova (f) de dente	tandborste (en)	['tandˌbɔ:ʂtə]
escovar os dentes	att borsta tänderna	[at 'bɔ:ʂta 'tɛndɛ:ŋa]

gilete (f)	hyvel (en)	['hyvəlʲ]
creme (m) de barbear	rakkräm (en)	['rakˌkrɛm]
barbear-se (vr)	att raka sig	[at 'raka sɛj]
sabonete (m)	tvål (en)	['tvo:lʲ]

xampu (m)	schampo (ett)	['ɦam‚pʊ]
tesoura (f)	sax (en)	['saks]
lixa (f) de unhas	nagelfil (en)	['nagəlʲ‚filʲ]
corta-unhas (m)	nageltång (en)	['nagəlʲ‚tɔŋ]
pinça (f)	pincett (en)	[pin'sɛt]

cosméticos (m pl)	kosmetika (en)	[kɔs'mɛtika]
máscara (f)	ansiktsmask (en)	[an'sikts‚mask]
manicure (f)	manikyr (en)	[mani'kyr]
fazer as unhas	att få manikyr	[at fo: mani'kyr]
pedicure (f)	pedikyr (en)	[pedi'kyr]

bolsa (f) de maquiagem	kosmetikväska (en)	[kɔsmɛ'tik‚vɛska]
pó (de arroz)	puder (ett)	['pʉ:dər]
pó (m) compacto	puderdosa (en)	['pʉ:dɛ‚d̪o:sa]
blush (m)	rouge (ett)	['ru:ʃ]

perfume (m)	parfym (en)	[par'fym]
água-de-colônia (f)	eau de toilette (en)	['ɔ:detua‚lʲet]
loção (f)	rakvatten (ett)	['rak‚vatən]
colônia (f)	eau de cologne (en)	['ɔ:dekɔ‚lʲɔŋʲ]

sombra (f) de olhos	ögonskugga (en)	['ø:gɔn‚skuga]
delineador (m)	ögonpenna (en)	['ø:gɔn‚pɛna]
máscara (f), rímel (m)	mascara (en)	[ma'skara]

batom (m)	läppstift (ett)	['lʲɛp‚stift]
esmalte (m)	nagellack (ett)	['nagəlʲ‚lʲak]
laquê (m), spray fixador (m)	hårspray (en)	['ho:r‚sprɛj]
desodorante (m)	deodorant (en)	[deʊdʊ'rant]

creme (m)	kräm (en)	['krɛm]
creme (m) de rosto	ansiktskräm (en)	[an'sikts‚krɛm]
creme (m) de mãos	handkräm (en)	['hand‚krɛm]
creme (m) antirrugas	anti-rynkor kräm (en)	['anti‚rʏŋkʊr 'krɛm]
creme (m) de dia	dagkräm (en)	['dag‚krɛm]
creme (m) de noite	nattkräm (en)	['nat‚krɛm]
de dia	dag-	['dag-]
da noite	natt-	['nat-]

absorvente (m) interno	tampong (en)	[tam'pɔŋ]
papel (m) higiênico	toalettpapper (ett)	[tʊa'lʲet‚papər]
secador (m) de cabelo	hårtork (en)	['ho:‚tʊrk]

42. Joalheria

joias (f pl)	smycken (pl)	['smʏkən]
precioso (adj)	ädel-	['ɛ:dəl-]
marca (f) de contraste	stämpel (en)	['stɛmpəlʲ]

anel (m)	ring (en)	['riŋ]
aliança (f)	vigselring (en)	['vigsəlʲ‚riŋ]
pulseira (f)	armband (ett)	['arm‚band]
brincos (m pl)	örhängen (pl)	['ø:r‚hɛŋən]

45

colar (m)	halsband (ett)	['halʲsˌband]
coroa (f)	krona (en)	['krʊna]
colar (m) de contas	halsband (ett)	['halʲsˌband]

diamante (m)	diamant (en)	[dia'mant]
esmeralda (f)	smaragd (en)	[sma'ragd]
rubi (m)	rubin (en)	[rʉ'biːn]
safira (f)	safir (en)	[sa'fir]
pérola (f)	pärlor (pl)	['pæː[ʲuːr]
âmbar (m)	rav, bärnsten (en)	['rav], ['bæːnʃtən]

43. Relógios de pulso. Relógios

relógio (m) de pulso	armbandsur (ett)	['armbandsˌʉːr]
mostrador (m)	urtavla (en)	['ʉːˌtavlʲa]
ponteiro (m)	visare (en)	['visarə]
bracelete (em aço)	armband (ett)	['armˌband]
bracelete (em couro)	armband (ett)	['armˌband]

pilha (f)	batteri (ett)	[batɛ'riː]
acabar (vi)	att bli urladdad	[at bli 'ʉːˌlʲadad]
trocar a pilha	att byta batteri	[at 'byta batɛ'riː]
estar adiantado	att gå för fort	[at 'goː før 'foːt]
estar atrasado	att gå för långsamt	[at 'goː før 'lʲɔŋˌsamt]

relógio (m) de parede	väggklocka (en)	['vɛgˌklʲɔka]
ampulheta (f)	sandklocka (en)	['sandˌklʲɔka]
relógio (m) de sol	solklocka (en)	['sʊlʲˌklʲɔka]
despertador (m)	väckarklocka (en)	['vɛkarˌklʲɔka]
relojoeiro (m)	urmakare (en)	['ʉrˌmakarə]
reparar (vt)	att reparera	[at repa'rera]

Alimentação. Nutrição

44. Comida

carne (f)	kött (ett)	['ɕœt]
galinha (f)	höna (en)	['hø:na]
frango (m)	kyckling (en)	['ɕykliŋ]
pato (m)	anka (en)	['aŋka]
ganso (m)	gås (en)	['go:s]
caça (f)	vilt (ett)	['vilʲt]
peru (m)	kalkon (en)	[kalʲˈkʊn]

carne (f) de porco	fläsk (ett)	['flʲɛsk]
carne (f) de vitela	kalvkött (en)	['kalʲv͵ɕœt]
carne (f) de carneiro	lammkött (ett)	['lʲam͵ɕœt]
carne (f) de vaca	oxkött, nötkött (ett)	['ʊks͵ɕœt], ['nø:t͵ɕœt]
carne (f) de coelho	kanin (en)	[ka'nin]

linguiça (f), salsichão (m)	korv (en)	['kɔrv]
salsicha (f)	wienerkorv (en)	['viŋɛr͵kɔrv]
bacon (m)	bacon (ett)	['bɛjkɔn]
presunto (m)	skinka (en)	['ɧiŋka]
pernil (m) de porco	skinka (en)	['ɧiŋka]

patê (m)	paté (en)	[pa'te]
fígado (m)	lever (en)	['lʲever]
guisado (m)	köttfärs (en)	['ɕœt͵fæ:ʂ]
língua (f)	tunga (en)	['tuŋa]

ovo (m)	ägg (ett)	['ɛg]
ovos (m pl)	ägg (pl)	['ɛg]
clara (f) de ovo	äggvita (en)	['ɛg͵vi:ta]
gema (f) de ovo	äggula (en)	['ɛg͵ʉ:lʲa]

peixe (m)	fisk (en)	['fisk]
mariscos (m pl)	fisk och skaldjur	['fisk ɔ 'skalʲju:r]
crustáceos (m pl)	kräftdjur (pl)	['krɛftju:r]
caviar (m)	kaviar (en)	['kav͵jar]

caranguejo (m)	krabba (en)	['kraba]
camarão (m)	räka (en)	['rɛ:ka]
ostra (f)	ostron (ett)	['ʊstrʊn]
lagosta (f)	languster (en)	[lʲaŋ'guster]
polvo (m)	bläckfisk (en)	['blʲɛk͵fisk]
lula (f)	bläckfisk (en)	['blʲɛk͵fisk]

esturjão (m)	stör (en)	['stø:r]
salmão (m)	lax (en)	['lʲaks]
halibute (m)	hälleflundra (en)	['hɛlʲe͵flʲundra]
bacalhau (m)	torsk (en)	['tɔ:ʂk]

cavala, sarda (f)	makrill (en)	['makrilʲ]
atum (m)	tonfisk (en)	['tʊnˌfisk]
enguia (f)	ål (en)	['oːlʲ]

truta (f)	öring (en)	['øːriŋ]
sardinha (f)	sardin (en)	[saˈdʲiːn]
lúcio (m)	gädda (en)	['jɛda]
arenque (m)	sill (en)	['silʲ]

pão (m)	bröd (ett)	['brøːd]
queijo (m)	ost (en)	['ʊst]
açúcar (m)	socker (ett)	['sɔkər]
sal (m)	salt (ett)	['salʲt]

arroz (m)	ris (ett)	['ris]
massas (f pl)	pasta (en), makaroner (pl)	['pasta], [makaˈrʊnər]
talharim, miojo (m)	nudlar (pl)	['nʉːdlʲar]

manteiga (f)	smör (ett)	['smœːr]
óleo (m) vegetal	vegetabilisk olja (en)	[vegetaˈbilisk 'ɔlja]
óleo (m) de girassol	solrosolja (en)	['sʊlʲrʊsˌɔlja]
margarina (f)	margarin (ett)	[margaˈrin]

| azeitonas (f pl) | oliver (pl) | [ʊˈliver] |
| azeite (m) | olivolja (en) | [ʊˈlivˌɔlja] |

leite (m)	mjölk (en)	['mjœlʲk]
leite (m) condensado	kondenserad mjölk (en)	[kɔndɛnˈserad ˌmjœlʲk]
iogurte (m)	yoghurt (en)	['joːgʉːt]
creme (m) azedo	gräddfil, syrad grädden (en)	['grɛdfilʲ], [syrad 'gredən]
creme (m) de leite	grädde (en)	['grɛdə]

| maionese (f) | majonnäs (en) | [majɔˈnɛs] |
| creme (m) | kräm (en) | ['krɛm] |

grãos (m pl) de cereais	gryn (en)	['gryn]
farinha (f)	mjöl (ett)	['mjøːlʲ]
enlatados (m pl)	konserv (en)	[kɔnˈsɛrv]

flocos (m pl) de milho	cornflakes (pl)	['koːnˌflɛjks]
mel (m)	honung (en)	['hɔnuŋ]
geleia (m)	sylt, marmelad (en)	['sylʲt], [marmeˈlʲad]
chiclete (m)	tuggummi (ett)	['tugˌgumi]

45. Bebidas

água (f)	vatten (ett)	['vatən]
água (f) potável	dricksvatten (ett)	['driksˌvatən]
água (f) mineral	mineralvatten (ett)	[mineˈralʲˌvatən]

sem gás (adj)	icke kolsyrat	['ikə 'kɔlʲˌsyrat]
gaseificada (adj)	kolsyrat	['kɔlʲˌsyrat]
com gás	kolsyrat	['kɔlʲˌsyrat]

| gelo (m) | is (en) | ['is] |
| com gelo | med is | [me 'is] |

não alcoólico (adj)	alkoholfri	[alˡkʊ'hɔlˡˌfri:]
refrigerante (m)	alkoholfri dryck (en)	[alˡkʊ'hɔlˡfri 'drʏk]
refresco (m)	läskedryck (en)	['lɛskəˌdrik]
limonada (f)	lemonad (en)	[lˡemɔ'nad]

bebidas (f pl) alcoólicas	alkoholhaltiga drycker (pl)	[alˡkʊ'hɔlˡˌhalˡtiga 'drʏkər]
vinho (m)	vin (ett)	['vin]
vinho (m) branco	vitvin (ett)	['vitˌvin]
vinho (m) tinto	rödvin (ett)	['rø:dˌvin]

licor (m)	likör (en)	[li'kø:r]
champanhe (m)	champagne (en)	[ɧam'panˡ]
vermute (m)	vermouth (en)	['vɛrmut]

uísque (m)	whisky (en)	['viski]
vodca (f)	vodka (en)	['vodka]
gim (m)	gin (ett)	['dʒin]
conhaque (m)	konjak (en)	['kɔnˡak]
rum (m)	rom (en)	['rɔm]

café (m)	kaffe (ett)	['kafə]
café (m) preto	svart kaffe (ett)	['sva:ʈ 'kafə]
café (m) com leite	kaffe med mjölk (ett)	['kafə me mjœlˡk]
cappuccino (m)	cappuccino (en)	['kaputʃinʊ]
café (m) solúvel	snabbkaffe (ett)	['snabˌkafə]

leite (m)	mjölk (en)	['mjœlˡk]
coquetel (m)	cocktail (en)	['kɔktɛjlˡ]
batida (f), milkshake (m)	milkshake (en)	['milˡkˌʃɛjk]

suco (m)	juice (en)	['ju:s]
suco (m) de tomate	tomatjuice (en)	[tʊ'matˌju:s]
suco (m) de laranja	apelsinjuice (en)	[apɛlˡ'sinˌju:s]
suco (m) fresco	nypressad juice (en)	['nʏˌprɛsad 'ju:s]

cerveja (f)	öl (ett)	['ø:lˡ]
cerveja (f) clara	ljust öl (ett)	['jʉ:stˌø:lˡ]
cerveja (f) preta	mörkt öl (ett)	['mœːrkt ˌø:lˡ]

chá (m)	te (ett)	['te:]
chá (m) preto	svart te (ett)	['sva:ʈ ˌte:]
chá (m) verde	grönt te (ett)	['grœnt te:]

46. Vegetais

| vegetais (m pl) | grönsaker (pl) | ['grø:nˌsakər] |
| verdura (f) | grönsaker (pl) | ['grø:nˌsakər] |

tomate (m)	tomat (en)	[tʊ'mat]
pepino (m)	gurka (en)	['gurka]
cenoura (f)	morot (en)	['mʊˌrʊt]

batata (f)	potatis (en)	[pʊ'tatis]
cebola (f)	lök (en)	['lʲøːk]
alho (m)	vitlök (en)	['vitˌlʲøːk]
couve (f)	kål (en)	['koːlʲ]
couve-flor (f)	blomkål (en)	['blʲʊmˌkoːlʲ]
couve-de-bruxelas (f)	brysselkål (en)	['brʏsɛlʲˌkoːlʲ]
brócolis (m pl)	broccoli (en)	['brɔkɔli]
beterraba (f)	rödbeta (en)	['røːdˌbeta]
berinjela (f)	aubergine (en)	[ɔbɛr'ʒin]
abobrinha (f)	squash, zucchini (en)	['skvɔːɕ], [su'kini]
abóbora (f)	pumpa (en)	['pumpa]
nabo (m)	rova (en)	['rʊva]
salsa (f)	persilja (en)	[pɛ'ɕilja]
endro, aneto (m)	dill (en)	['dilʲ]
alface (f)	sallad (en)	['salʲad]
aipo (m)	selleri (en)	['sɛlʲeri]
aspargo (m)	sparris (en)	['sparis]
espinafre (m)	spenat (en)	[spe'nat]
ervilha (f)	ärter (pl)	['æːʈər]
feijão (~ soja, etc.)	bönor (pl)	['bønʊr]
milho (m)	majs (en)	['majs]
feijão (m) roxo	böna (en)	['bøna]
pimentão (m)	peppar (en)	['pɛpar]
rabanete (m)	rädisa (en)	['rɛːdisa]
alcachofra (f)	kronärtskocka (en)	['krʊnæːʈˌskɔka]

47. Frutos. Nozes

fruta (f)	frukt (en)	['frʉkt]
maçã (f)	äpple (ett)	['ɛplʲe]
pera (f)	päron (ett)	['pæːrɔn]
limão (m)	citron (en)	[si'trʊn]
laranja (f)	apelsin (en)	[apɛlʲ'sin]
morango (m)	jordgubbe (en)	['jʊːdˌɡubə]
tangerina (f)	mandarin (en)	[manda'rin]
ameixa (f)	plommon (ett)	['plʲʊmɔn]
pêssego (m)	persika (en)	['pɛɕika]
damasco (m)	aprikos (en)	[apri'kʊs]
framboesa (f)	hallon (ett)	['halʲɔn]
abacaxi (m)	ananas (en)	['ananas]
banana (f)	banan (en)	['banan]
melancia (f)	vattenmelon (en)	['vatənˌme'lʲʊn]
uva (f)	druva (en)	['drʉːva]
ginja (f)	körsbär (ett)	['ɕøːʂˌbæːr]
cereja (f)	fågelbär (ett)	['foːɡəlʲˌbæːr]
melão (m)	melon (en)	[me'lʲʊn]
toranja (f)	grapefrukt (en)	['ɡrɛjpˌfrʉkt]

abacate (m)	avokado (en)	[avɔ'kadʊ]
mamão (m)	papaya (en)	[pa'paja]
manga (f)	mango (en)	['maŋgʊ]
romã (f)	granatäpple (en)	[gra'nat̞ɛplʲe]

groselha (f) vermelha	röda vinbär (ett)	['rø:da 'vinbæ:r]
groselha (f) negra	svarta vinbär (ett)	['sva:ta 'vinbæ:r]
groselha (f) espinhosa	krusbär (ett)	['krɵ:s̞bæ:r]
mirtilo (m)	blåbär (ett)	['blʲo:̞bæ:r]
amora (f) silvestre	björnbär (ett)	['bjø:ɳbæ:r]

passa (f)	russin (ett)	['rusin]
figo (m)	fikon (ett)	['fikɔn]
tâmara (f)	dadel (en)	['dadəlʲ]

amendoim (m)	jordnöt (en)	['jʊ:d̞nø:t]
amêndoa (f)	mandel (en)	['mandəlʲ]
noz (f)	valnöt (en)	['valʲ̞nø:t]
avelã (f)	hasselnöt (en)	['hasəlʲ̞nø:t]
coco (m)	kokosnöt (en)	['kʊkʊs̞nø:t]
pistaches (m pl)	pistaschnötter (pl)	['pistaʃ̞nœtər]

48. Pão. Bolaria

pastelaria (f)	konditorivaror (pl)	[kɔnditʊ'ri:̞varʊr]
pão (m)	bröd (ett)	['brø:d]
biscoito (m), bolacha (f)	småkakor (pl)	['smo:kakʊr]

chocolate (m)	choklad (en)	[ʃɔk'lʲad]
de chocolate	choklad-	[ʃɔk'lʲad-]
bala (f)	konfekt, karamell (en)	[kɔn'fɛkt], [kara'mɛlʲ]
doce (bolo pequeno)	kaka, bakelse (en)	['kaka], ['bakəlʲsə]
bolo (m) de aniversário	tårta (en)	['to:ta]

| torta (f) | paj (en) | ['paj] |
| recheio (m) | fyllning (en) | ['fylʲniŋ] |

geleia (m)	sylt (en)	['sylʲt]
marmelada (f)	marmelad (en)	[marme'lʲad]
wafers (m pl)	våffle (en)	['vɔflʲe]
sorvete (m)	glass (en)	['glʲas]
pudim (m)	pudding (en)	['pudiŋ]

49. Pratos cozinhados

prato (m)	rätt (en)	['ræt]
cozinha (~ portuguesa)	kök (ett)	['çø:k]
receita (f)	recept (ett)	[re'sɛpt]
porção (f)	portion (en)	[pɔ:'ʈʰʊn]

| salada (f) | sallad (en) | ['salʲad] |
| sopa (f) | soppa (en) | ['sɔpa] |

caldo (m)	buljong (en)	[bu'ljɔŋ]
sanduíche (m)	smörgås (en)	['smœr̩go:s]
ovos (m pl) fritos	stekt ägg (en)	['stɛkt ˌɛg]

hambúrguer (m)	hamburgare (en)	['hamburgarə]
bife (m)	biffstek (en)	['bifˌstɛk]

acompanhamento (m)	tillbehör (ett)	['tilˈbeˌhør]
espaguete (m)	spagetti	[spa'gɛti]
purê (m) de batata	potatismos (ett)	[pʊ'tatisˌmʊs]
pizza (f)	pizza (en)	['pitsa]
mingau (m)	gröt (en)	['grø:t]
omelete (f)	omelett (en)	[ɔməˈlʲet]

fervido (adj)	kokt	['kʊkt]
defumado (adj)	rökt	['rœkt]
frito (adj)	stekt	['stɛkt]
seco (adj)	torkad	['tɔrkad]
congelado (adj)	fryst	['frʏst]
em conserva (adj)	sylt-	['sylʲt-]

doce (adj)	söt	['sø:t]
salgado (adj)	salt	['salʲt]
frio (adj)	kall	['kalʲ]
quente (adj)	het, varm	['het], ['varm]
amargo (adj)	bitter	['bitər]
gostoso (adj)	läcker	['lʲɛkər]

cozinhar em água fervente	att koka	[at 'kʊka]
preparar (vt)	att laga	[at 'lʲaga]
fritar (vt)	att steka	[at 'steka]
aquecer (vt)	att värma upp	[at 'væ:rma up]

salgar (vt)	att salta	[at 'salʲta]
apimentar (vt)	att peppra	[at 'pepra]
ralar (vt)	att riva	[at 'riva]
casca (f)	skal (ett)	['skalʲ]
descascar (vt)	att skala	[at 'skalʲa]

50. Especiarias

sal (m)	salt (ett)	['salʲt]
salgado (adj)	salt	['salʲt]
salgar (vt)	att salta	[at 'salʲta]

pimenta-do-reino (f)	svartpeppar (en)	['sva:tˌpɛpar]
pimenta (f) vermelha	rödpeppar (en)	['rø:dˌpɛpar]
mostarda (f)	senap (en)	['se:nap]
raiz-forte (f)	pepparrot (en)	['pɛpaˌrʊt]

condimento (m)	krydda (en)	['krʏda]
especiaria (f)	krydda (en)	['krʏda]
molho (~ inglês)	sås (en)	['so:s]
vinagre (m)	ättika (en)	['ætika]

anis estrelado (m)	anis (en)	['anis]
manjericão (m)	basilika (en)	[ba'silika]
cravo (m)	nejlika (en)	['nɛjlika]
gengibre (m)	ingefära (en)	['iŋə,fæːra]
coentro (m)	koriander (en)	[kɔri'andər]
canela (f)	kanel (en)	[ka'nelʲ]

gergelim (m)	sesam (en)	['sesam]
folha (f) de louro	lagerblad (ett)	['lʲagər,blʲad]
páprica (f)	paprika (en)	['paprika]
cominho (m)	kummin (en)	['kumin]
açafrão (m)	saffran (en)	['safran]

51. Refeições

comida (f)	mat (en)	['mat]
comer (vt)	att äta	[at 'ɛːta]

café (m) da manhã	frukost (en)	['frʉːkɔst]
tomar café da manhã	att äta frukost	[at 'ɛːta 'frʉːkɔst]
almoço (m)	lunch (en)	['lʉnɕ]
almoçar (vi)	att äta lunch	[at 'ɛːta ˌlʉnɕ]
jantar (m)	kvällsmat (en)	['kvɛlʲs,mat]
jantar (vi)	att äta kvällsmat	[at 'ɛːta 'kvɛlʲs,mat]

apetite (m)	aptit (en)	['aptit]
Bom apetite!	Smaklig måltid!	['smaklig 'moːlʲtid]

abrir (~ uma lata, etc.)	att öppna	[at 'øpna]
derramar (~ líquido)	att spilla	[at 'spilʲa]
derramar-se (vr)	att spillas ut	[at 'spilʲas ʉt]

ferver (vi)	att koka	[at 'kʊka]
ferver (vt)	att koka	[at 'kʊka]
fervido (adj)	kokt	['kʊkt]
esfriar (vt)	att avkyla	[at 'av,ɕylʲa]
esfriar-se (vr)	att avkylas	[at 'av,ɕylʲas]

sabor, gosto (m)	smak (en)	['smak]
fim (m) de boca	bismak (en)	['bismak]

emagrecer (vi)	att vara på diet	[at 'vara pɔ di'et]
dieta (f)	diet (en)	[di'et]
vitamina (f)	vitamin (ett)	[vita'min]
caloria (f)	kalori (en)	[kalʲo'riː]
vegetariano (m)	vegetarian (en)	[vegetiri'an]
vegetariano (adj)	vegetarisk	[vege'tarisk]

gorduras (f pl)	fett (ett)	['fɛt]
proteínas (f pl)	proteiner (pl)	[prote'iːnər]
carboidratos (m pl)	kolhydrater (pl)	['kɔlʲhy,dratər]
fatia (~ de limão, etc.)	skiva (en)	['ɧiva]
pedaço (~ de bolo)	bit (en)	['bit]
migalha (f), farelo (m)	smula (en)	['smʉlʲa]

52. Por a mesa

colher (f)	sked (en)	['ʂed]
faca (f)	kniv (en)	['kniv]
garfo (m)	gaffel (en)	['gafəlʲ]
xícara (f)	kopp (en)	['kop]
prato (m)	tallrik (en)	['talʲrik]
pires (m)	tefat (ett)	['te̞fat]
guardanapo (m)	servett (en)	[sɛrˈvɛt]
palito (m)	tandpetare (en)	['tandˌpetarə]

53. Restaurante

restaurante (m)	restaurang (en)	[rɛstɔˈraŋ]
cafeteria (f)	kafé (ett)	[kaˈfe:]
bar (m), cervejaria (f)	bar (en)	['bar]
salão (m) de chá	tehus (ett)	['te:ˌhʉs]
garçom (m)	servitör (en)	[sɛrviˈtø:r]
garçonete (f)	servitris (en)	[sɛrviˈtris]
barman (m)	bartender (en)	['ba:ˌʈendər]
cardápio (m)	meny (en)	[meˈny]
lista (f) de vinhos	vinlista (en)	['vinˌlista]
reservar uma mesa	att reservera bord	[at resɛrˈvera bʊːɖ]
prato (m)	rätt (en)	['ræt]
pedir (vt)	att beställa	[at beˈstɛlʲa]
fazer o pedido	att beställa	[at beˈstɛlʲa]
aperitivo (m)	aperitif (en)	[aperiˈtif]
entrada (f)	förrätt (en)	['fœːræt]
sobremesa (f)	dessert (en)	[dɛˈsɛːr]
conta (f)	nota (en)	['nʊta]
pagar a conta	att betala notan	[at beˈtalʲa 'nʊtan]
dar o troco	att ge tillbaka växel	[at je: tilʲˈbaka 'vɛksəlʲ]
gorjeta (f)	dricks (en)	['driks]

Família, parentes e amigos

54. Informação pessoal. Formulários

nome (m)	namn (ett)	['namn]
sobrenome (m)	efternamn (ett)	['ɛftə‚namn]
data (f) de nascimento	födelsedatum (ett)	['føːdəlˈsə‚datum]
local (m) de nascimento	födelseort (en)	['føːdəlˈsəˌɔːt]
nacionalidade (f)	nationalitet (en)	[natɧʉnaliˈtet]
lugar (m) de residência	bostadsort (en)	['bostadsˌɔːt]
país (m)	land (ett)	['lˈand]
profissão (f)	yrke (ett), profession (en)	['yrkə], [prɔfeˈɧʉn]
sexo (m)	kön (ett)	['ɕøːn]
estatura (f)	höjd (en)	['hœjd]
peso (m)	vikt (en)	['vikt]

55. Membros da família. Parentes

mãe (f)	mor (en)	['mʊr]
pai (m)	far (en)	['far]
filho (m)	son (en)	['sɔn]
filha (f)	dotter (en)	['dɔtər]
caçula (f)	yngsta dotter (en)	['yŋsta 'dɔtər]
caçula (m)	yngste son (en)	['yŋstə sɔn]
filha (f) mais velha	äldsta dotter (en)	['ɛlˈsta 'dɔtər]
filho (m) mais velho	äldste son (en)	['ɛlˈstə 'sɔn]
irmão (m)	bror (en)	['brʊr]
irmão (m) mais velho	storebror (en)	['stʊrə‚brʊr]
irmão (m) mais novo	lillebror (en)	['lilˈe‚brʊr]
irmã (f)	syster (en)	['systər]
irmã (f) mais velha	storasyster (en)	['stʊra‚systər]
irmã (f) mais nova	lillasyster (en)	['lilˈa‚systər]
primo (m)	kusin (en)	[kʉ'siːn]
prima (f)	kusin (en)	[kʉ'siːn]
mamãe (f)	mamma (en)	['mama]
papai (m)	pappa (en)	['papa]
pais (pl)	föräldrar (pl)	[førˈɛlˈdrar]
criança (f)	barn (ett)	['baːɳ]
crianças (f pl)	barn (pl)	['baːɳ]
avó (f)	mormor, farmor (en)	['mʊrmʊr], ['farmʊr]
avô (m)	morfar, farfar (en)	['mʊrfar], ['farfar]
neto (m)	barnbarn (ett)	['baːɳˌbaːɳ]

| neta (f) | barnbarn (ett) | ['baːn̩ˌbaːn̩] |
| netos (pl) | barnbarn (pl) | ['baːn̩ˌbaːn̩] |

tio (m)	farbror, morbror (en)	['farˌbrʊr], ['mʊrˌbrʊr]
tia (f)	faster, moster (en)	['fastər], ['mʊstər]
sobrinho (m)	brorson, systerson (en)	['brʊrˌsɔn], ['sʏstəˌsɔn]
sobrinha (f)	brorsdotter, systerdotter (en)	['brʊːsˌdɔtər], ['sʏstəˌdɔtər]

sogra (f)	svärmor (en)	['svæːrˌmʊr]
sogro (m)	svärfar (en)	['svæːrˌfar]
genro (m)	svärson (en)	['svæːˌsɔn]
madrasta (f)	styvmor (en)	['styvˌmʊr]
padrasto (m)	styvfar (en)	['styvˌfar]

criança (f) de colo	spädbarn (ett)	['spɛːdˌbaːn̩]
bebê (m)	spädbarn (ett)	['spɛːdˌbaːn̩]
menino (m)	baby, bäbis (en)	['bɛːbi], ['bɛːbis]

mulher (f)	hustru (en)	['hʉstrʉ]
marido (m)	man (en)	['man]
esposo (m)	make, äkta make (en)	['makə], ['ɛkta ˌmakə]
esposa (f)	hustru (en)	['hʉstrʉ]

casado (adj)	gift	['jift]
casada (adj)	gift	['jift]
solteiro (adj)	ogift	[ʊ:'jift]
solteirão (m)	ungkarl (en)	['ʊŋˌkarl]
divorciado (adj)	frånskild	['froːnˌɧilʲd]
viúva (f)	änka (en)	['ɛŋka]
viúvo (m)	änkling (en)	['ɛŋkliŋ]

parente (m)	släkting (en)	['slʲɛktiŋ]
parente (m) próximo	nära släkting (en)	['næːra 'slʲɛktiŋ]
parente (m) distante	fjärran släkting (en)	['fjæːran 'slʲɛktiŋ]
parentes (m pl)	släktingar (pl)	['slʲɛktiŋar]

órfão (m), órfã (f)	föräldralöst barn (ett)	[førˈɛlʲdralʲœst 'baːn̩]
tutor (m)	förmyndare (en)	['førˌmʏndarə]
adotar (um filho)	att adoptera	[at adɔp'tera]
adotar (uma filha)	att adoptera	[at adɔp'tera]

56. Amigos. Colegas de trabalho

amigo (m)	vän (en)	['vɛːn]
amiga (f)	väninna (en)	[vɛːˈnina]
amizade (f)	vänskap (en)	['vɛnˌskap]
ser amigos	att vara vänner	[at 'vara 'vɛnər]

amigo (m)	vän (en)	['vɛːn]
amiga (f)	väninna (en)	[vɛːˈnina]
parceiro (m)	partner (en)	['paːʈnər]
chefe (m)	chef (en)	['ɧef]
superior (m)	överordnad (en)	['øːvərˌɔːdnat]

proprietário (m)	ägare (en)	['ɛ:garə]
subordinado (m)	underordnad (en)	['undər‚ɔ:dnat]
colega (m, f)	kollega (en)	[kɔ'lʲe:ga]

conhecido (m)	bekant (en)	[be'kant]
companheiro (m) de viagem	resekamrat (en)	['resə‚kam'rat]
colega (m) de classe	klasskamrat (en)	['klʲas‚kam'rat]

vizinho (m)	granne (en)	['granə]
vizinha (f)	granne (en)	['granə]
vizinhos (pl)	grannar (pl)	['granar]

57. Homem. Mulher

mulher (f)	kvinna (en)	['kvina]
menina (f)	tjej, flicka (en)	[ɕej], ['flika]
noiva (f)	brud (en)	['brʉ:d]

bonita, bela (adj)	vacker	['vakər]
alta (adj)	lång	['lʲɔŋ]
esbelta (adj)	slank	['slʲaŋk]
baixa (adj)	kort	['kɔ:t]

| loira (f) | blondin (en) | [blʲɔn'din] |
| morena (f) | brunett (en) | [brʉ'nɛt] |

de senhora	dam-	['dam-]
virgem (f)	jungfru (en)	['jʉŋfrʉ:]
grávida (adj)	gravid	[gra'vid]

homem (m)	man (en)	['man]
loiro (m)	blond man (en)	['blʲɔnd man]
moreno (m)	brunhårig (en)	['brʉn‚ho:rig]
alto (adj)	lång	['lʲɔŋ]
baixo (adj)	kort	['kɔ:t]

rude (adj)	ohövlig	[ʊ:'høvlig]
atarracado (adj)	undersätsig	['undə‚sœtsig]
robusto (adj)	robust	[rʊ'bust]
forte (adj)	stark	['stark]
força (f)	styrka (en)	['styrka]

gordo (adj)	tjock	['ɕøk]
moreno (adj)	mörkhyad	['mœ:rk‚hyad]
esbelto (adj)	slank	['slʲaŋk]
elegante (adj)	elegant	[ɛlʲe'gant]

58. Idade

idade (f)	ålder (en)	['ɔlʲdər]
juventude (f)	ungdom (en)	['uŋ‚dʊm]
jovem (adj)	ung	['uŋ]

mais novo (adj)	yngre	['yŋrə]
mais velho (adj)	äldre	['ɛlʲdrə]

jovem (m)	yngling (en)	['yŋliŋ]
adolescente (m)	tonåring (en)	[tɔ'noːriŋ]
rapaz (m)	grabb (en)	['grab]

velho (m)	gammal man (en)	['gamalʲ ˌman]
velha (f)	gumma (en)	['guma]

adulto	vuxen	['vuksən]
de meia-idade	medelålders	['medelʲˌɔldɛʂ]
idoso, de idade (adj)	äldre	['ɛlʲdrə]
velho (adj)	gammal	['gamalʲ]

aposentadoria (f)	pension (en)	[pan'ɧʊn]
aposentar-se (vr)	att gå i pension	[at 'goː i pan'ɧʊn]
aposentado (m)	pensionär (en)	[panɧʊ'næːr]

59. Crianças

criança (f)	barn (ett)	['baːɳ]
crianças (f pl)	barn (pl)	['baːɳ]
gêmeos (m pl), gêmeas (f pl)	tvillingar (pl)	['tviliŋar]

berço (m)	vagga (en)	['vaga]
chocalho (m)	skallra (en)	['skalʲra]
fralda (f)	blöja (en)	['blʲœja]

chupeta (f), bico (m)	napp (en)	['nap]
carrinho (m) de bebê	barnvagn (en)	['baːɳˌvagn]
jardim (m) de infância	dagis (ett), förskola (en)	['dagis], ['fœːˌʂkʊlʲa]
babysitter, babá (f)	barnflicka (en)	['baːɳˌflika]

infância (f)	barndom (en)	['baːɳˌdʊm]
boneca (f)	docka (en)	['dɔka]
brinquedo (m)	leksak (en)	['lʲekˌsak]
jogo (m) de montar	byggleksak (en)	['bɣglʲekˌsak]

bem-educado (adj)	väluppfostrad	['vɛlʲˌup'fʊstrad]
malcriado (adj)	ouppfostrad	['ɔupˌfostrad]
mimado (adj)	bortskämd	['bɔːtʃɛːmd]

ser travesso	att vara stygg	[at 'vara stɣg]
travesso, traquinas (adj)	okynnig	[ʊ'ɕɣnig]
travessura (f)	okynnighet (en)	[ʊ'ɕɣnigˌhet]
criança (f) travessa	okynnig barn (en)	[ʊ'ɕɣnig 'baːɳ]

obediente (adj)	lydig	['lʲydig]
desobediente (adj)	olydig	[ʊ'lʲydig]

dócil (adj)	foglig	['foglʲig]
inteligente (adj)	klok	['klʲʊk]
prodígio (m)	underbarn (ett)	['undəˌbaːɳ]

60. Casais. Vida de família

beijar (vt)	att kyssa	[at 'ɕysa]
beijar-se (vr)	att kyssas	[at 'ɕysas]
família (f)	familj (en)	[fa'milj]
familiar (vida ~)	familje-	[fa'miljə-]
casal (m)	par (ett)	['par]
matrimônio (m)	äktenskap (ett)	['ɛktən,skap]
lar (m)	hemmets härd (en)	['hɛməts hæ:d]
dinastia (f)	dynasti (en)	[dynas'ti]

encontro (m)	date, träff (en)	['dɛjt], ['trɛf]
beijo (m)	kyss (en)	['ɕys]

amor (m)	kärlek (en)	['ɕæːｌｌek]
amar (pessoa)	att älska	[at 'ɛｌｓka]
amado, querido (adj)	älskling	['ɛｌｓkliŋ]

ternura (f)	ömhet (en)	['øm,het]
afetuoso (adj)	öm	['ø:m]
fidelidade (f)	trohet (en)	['trʊ,het]
fiel (adj)	trogen	['trʊgən]
cuidado (m)	omsorg (en)	['ɔm,sorj]
carinhoso (adj)	omtänksam	['ɔm,tɛŋksam]

recém-casados (pl)	de nygifta	[de 'ny,jifta]
lua (f) de mel	smekmånad (en)	['smek,mɔ:nad]
casar-se (com um homem)	att gifta sig	[at 'jifta sɛj]
casar-se (com uma mulher)	att gifta sig	[at 'jifta sɛj]

casamento (m)	bröllop (ett)	['brœｌｏp]
bodas (f pl) de ouro	guldbröllop (ett)	['gulｄ,brœｌｏp]
aniversário (m)	årsdag (en)	['o:ʂ,dag]

amante (m)	älskare (en)	['ɛｌｓkarə]
amante (f)	älskarinna (en)	[ɛｌｓka'rina]

adultério (m), traição (f)	otrohet (en)	[ʊ:'trʊhet]
cometer adultério	att vara otrogen	[at 'vara ʊ:'trʊgən]
ciumento (adj)	svartsjuk	['sva:t,ɧɵ:k]
ser ciumento, -a	att vara svartsjuk	[at 'vara 'sva:t,ɧɵ:k]
divórcio (m)	skilsmässa (en)	['ɧilｓ,mɛsa]
divorciar-se (vr)	att skilja sig	[at 'ɧilja sɛj]

brigar (discutir)	att gräla	[at 'grɛ:ｌａ]
fazer as pazes	att försona sig	[at fœ:'ʂʊna sɛj]
juntos (ir ~)	tillsammans	[tilｌ'samans]
sexo (m)	sex (ett)	['sɛks]

felicidade (f)	lycka (en)	['lｊyka]
feliz (adj)	lycklig	['lｊyklig]
infelicidade (f)	olycka (en)	[ʊ:'lｊyka]
infeliz (adj)	olycklig	[ʊ:'lｊyklig]

Caráter. Sentimentos. Emoções

61. Sentimentos. Emoções

sentimento (m)	känsla (en)	['ɕɛnslʲa]
sentimentos (m pl)	känslor (pl)	['ɕɛnslʲʊr]
sentir (vt)	att känna	[at 'ɕɛna]
fome (f)	hunger (en)	['huŋər]
ter fome	att vara hungrig	[at 'vara 'huŋrig]
sede (f)	törst (en)	['tø:ʂt]
ter sede	att vara törstig	[at 'vara 'tø:ʂtig]
sonolência (f)	sömnighet (en)	['sœmnigˌhet]
estar sonolento	att vara sömnig	[at 'vara 'sœmnig]
cansaço (m)	trötthet (en)	['trœtˌhet]
cansado (adj)	trött	['trœt]
ficar cansado	att bli trött	[at bli 'trœt]
humor (m)	humör (ett)	[hʉ'mœ:r]
tédio (m)	leda (en)	['lʲeda]
entediar-se (vr)	att ha tråkigt	[at ha 'tro:kit]
reclusão (isolamento)	avstängdhet (en)	['avstɛŋdˌhet]
isolar-se (vr)	att isolera sig	[at isʉ'lʲera sɛj]
preocupar (vt)	att bekymra, att oroa	[at be'ɕymra], [at 'ʊ:rʊa]
estar preocupado	att bekymra sig	[at be'ɕymra sɛj]
preocupação (f)	bekymmer (pl)	[be'ɕymər]
ansiedade (f)	oro (en)	['ʊrʊ]
preocupado (adj)	bekymrad	[be'ɕymrad]
estar nervoso	att vara nervös	[at 'vara nɛr'vø:s]
entrar em pânico	att råka i panik	[at 'ro:ka i pa'nik]
esperança (f)	hopp (ett)	['hɔp]
esperar (vt)	att hoppas	[at 'hɔpas]
certeza (f)	säkerhet (en)	['sɛ:kərˌhet]
certo, seguro de ...	säker	['sɛ:kər]
indecisão (f)	osäkerhet (en)	[ʊ:'sɛ:kərhet]
indeciso (adj)	osäker	[ʊ:'sɛ:kər]
bêbado (adj)	full	['fulʲ]
sóbrio (adj)	nykter	['nʏktər]
fraco (adj)	svag	['svag]
feliz (adj)	lyckad	['lʲykad]
assustar (vt)	att skrämma	[at 'skrɛma]
fúria (f)	raseri (ett)	[rase'ri:]
ira, raiva (f)	raseri (ett)	[rase'ri:]
depressão (f)	depression (en)	[deprɛ'ʃʊn]
desconforto (m)	obehag (ett)	['ʊbeˌhag]

conforto (m)	komfort (en)	[kɔm'fɔːt]
arrepender-se (vr)	att beklaga	[at be'klʲaga]
arrependimento (m)	beklagande (ett)	[be'klʲagandə]
azar (m), má sorte (f)	otur (en)	[ʊ:'tɵr]
tristeza (f)	sorg (en)	['sɔrj]

vergonha (f)	skam (en)	['skam]
alegria (f)	glädje (en)	['glʲɛdjə]
entusiasmo (m)	entusiasm (en)	[æntusi'asm]
entusiasta (m)	entusiast (en)	[æntusi'ast]
mostrar entusiasmo	att visa entusiasm	[at 'visa æntusi'asm]

62. Caráter. Personalidade

caráter (m)	karaktär (en)	[karak'tæːr]
falha (f) de caráter	karaktärsbrist (en)	[karak'tæː:ʂ,brist]
mente (f)	sinne (ett)	['sinə]
razão (f)	förstånd (ett)	[fœ:'ʂtɔnd]

consciência (f)	samvete (ett)	['samvetə]
hábito, costume (m)	vana (en)	['vana]
habilidade (f)	förmåga (en)	[før'mo:ga]
saber (~ nadar, etc.)	att kunna	[at 'kuna]

paciente (adj)	tålmodig	[tɔ:lʲ'mʊdig]
impaciente (adj)	otålig	[ʊ:'to:lig]
curioso (adj)	nyfiken	['ny,fikən]
curiosidade (f)	nyfikenhet (en)	['ny,fikənhet]

modéstia (f)	blygsamhet (en)	['blʲygsam,het]
modesto (adj)	blygsam	['blʲygsam]
imodesto (adj)	oblyg	[ʊ:'blʲyg]

preguiça (f)	lättja (en)	['lʲætja]
preguiçoso (adj)	lat	['lʲat]
preguiçoso (m)	latmask (en)	['lʲat,mask]

astúcia (f)	list (en)	['list]
astuto (adj)	listig	['listig]
desconfiança (f)	misstro (en)	['mis,trʊ]
desconfiado (adj)	misstrogen	['mis,trʊgən]

generosidade (f)	generositet (en)	[ɧenerɔsi'tet]
generoso (adj)	generös	[ɧene'rø:s]
talentoso (adj)	talangfull	[ta'lʲaŋ,fulʲ]
talento (m)	talang (en)	[ta'lʲaŋ]

corajoso (adj)	modig	['mʊdig]
coragem (f)	mod (ett)	['mʊd]
honesto (adj)	ärlig	['æ:lʲig]
honestidade (f)	ärlighet (en)	['æ:lʲig,het]

prudente, cuidadoso (adj)	försiktig	[fœ:'ʂiktig]
valoroso (adj)	modig	['mʊdig]

| sério (adj) | allvarlig | [alⁱ'va:[ig] |
| severo (adj) | sträng | ['strɛŋ] |

decidido (adj)	beslutsam	[be'slʉ:tsam]
indeciso (adj)	obeslutsam	['ʊbe‚slʉ:tsam]
tímido (adj)	blyg	['blⁱyg]
timidez (f)	blyghet (en)	['blⁱyg‚het]

confiança (f)	tillit (en)	['tilⁱit]
confiar (vt)	att tro	[at 'trʊ]
crédulo (adj)	tillitsfull	['tilits‚fulⁱ]

sinceramente	uppriktigt	['up‚riktit]
sincero (adj)	uppriktig	['up‚riktig]
sinceridade (f)	uppriktighet (en)	['up‚riktighet]
aberto (adj)	öppen	['øpən]

calmo (adj)	stilla	['stilⁱa]
franco (adj)	uppriktig	['up‚riktig]
ingênuo (adj)	naiv	[na'i:v]
distraído (adj)	förströdd	[fœ:'ʂtrœd]
engraçado (adj)	rolig	['rʊlig]

ganância (f)	girighet (en)	['jiri‚het]
ganancioso (adj)	girig	['jirig]
avarento, sovina (adj)	snål	['sno:lⁱ]
mal (adj)	ond	['ʊnd]
teimoso (adj)	hårdnackad	['ho:d‚nakad]
desagradável (adj)	obehaglig	['ʊbe‚haglig]

egoísta (m)	egoist (en)	[ɛgʊ'ist]
egoísta (adj)	egoistisk	[ɛgʊ'istisk]
covarde (m)	ynkrygg (en)	['yŋkrɤg]
covarde (adj)	feg	['feg]

63. O sono. Sonhos

dormir (vi)	att sova	[at 'sɔva]
sono (m)	sömn (en)	['sœmn]
sonho (m)	dröm (en)	['drø:m]
sonhar (ver sonhos)	att drömma	[at 'drœma]
sonolento (adj)	sömnig	['sœmnig]

cama (f)	säng (en)	['sɛŋ]
colchão (m)	madrass (en)	[mad'ras]
cobertor (m)	täcke (ett)	['tɛkə]
travesseiro (m)	kudde (en)	['kudə]
lençol (m)	lakan (ett)	['lⁱakan]

insônia (f)	sömnlöshet (en)	['sœmnlⁱøs‚het]
sem sono (adj)	sömnlös	['sœmn‚lⁱø:s]
sonífero (m)	sömnpille (ett)	['sœmn‚pilⁱe]
tomar um sonífero	att ta ett sömnpille	[at ta ɛt 'sœmn‚pilⁱe]
estar sonolento	att vara sömnig	[at 'vara 'sœmnig]

bocejar (vi)	att gäspa	[at 'jɛspa]
ir para a cama	att gå till sängs	[at 'goː tilʲ 'sɛŋs]
fazer a cama	att bädda	[at 'bɛda]
adormecer (vi)	att falla i sömn	[at 'falʲa i 'sœmn]

pesadelo (m)	mardröm (en)	['maːdˌrøm]
ronco (m)	snarkning (en)	['snarkniŋ]
roncar (vi)	att snarka	[at 'snarka]

despertador (m)	väckarklocka (en)	['vɛkarˌklʲɔka]
acordar, despertar (vt)	att väcka	[at 'vɛka]
acordar (vi)	att vakna	[at 'vakna]
levantar-se (vr)	att gå upp	[at 'goː 'up]
lavar-se (vr)	att tvätta sig	[at 'tvæta sɛj]

64. Humor. Riso. Alegria

humor (m)	humor (en)	['hʉːmʊr]
senso (m) de humor	sinne (ett) för humor	['sinə før 'hʉːmʊr]
divertir-se (vr)	att ha roligt	[at ha 'rʊlit]
alegre (adj)	glad, munter	['glʲad], ['muntər]
diversão (f)	uppsluppenhet (en)	['upˌslupənhet]

sorriso (m)	leende (ett)	['lʲeəndə]
sorrir (vi)	att småle	[at 'smoːlʲe]
começar a rir	att börja skratta	[at 'bœrja 'skrata]
rir (vi)	att skratta	[at 'skrata]
riso (m)	skratt (ett)	['skrat]

anedota (f)	anekdot (en)	[anɛk'dɔt]
engraçado (adj)	rolig	['rʊlig]
ridículo, cômico (adj)	lustig, löjlig	['lʉːstig], ['lʲœjlig]

brincar (vi)	att skämta, att skoja	[at 'ʃɛmta], [at 'skɔja]
piada (f)	skämt, skoj (ett)	['ʃɛmt], ['skɔj]
alegria (f)	glädje (en)	['glʲɛdjə]
regozijar-se (vr)	att glädja sig	[at 'glʲɛdja sɛj]
alegre (adj)	glad	['glʲad]

65. Discussão, conversação. Parte 1

comunicação (f)	kommunikation (en)	[kɔmʉnika'ʃʊn]
comunicar-se (vr)	att kommunicera	[at kɔmʉni'sera]

conversa (f)	samtal (ett)	['samtalʲ]
diálogo (m)	dialog (en)	[dia'lʲɔg]
discussão (f)	diskussion (en)	[diskʉ'ʃʊn]
debate (m)	debatt (en)	[de'bat]
debater (vt)	att diskutera	[at diskʉ'tera]

interlocutor (m)	samtalspartner (en)	['samtalʲs 'paːtnər]
tema (m)	ämne (ett)	['ɛmnə]

ponto (m) de vista	synpunkt (en)	['syn,puŋkt]
opinião (f)	mening (en)	['meniŋ]
discurso (m)	tal (ett)	['talʲ]

discussão (f)	diskussion (en)	[diskɯ'ɧʊn]
discutir (vt)	att dryfta, att diskutera	[at 'dryfta], [at diskɯ'tera]
conversa (f)	samtal (ett)	['samtalʲ]
conversar (vi)	att samtala	[at 'samtalʲa]
reunião (f)	möte (ett)	['møːtə]
encontrar-se (vr)	att mötas	[at 'møːtas]

provérbio (m)	ordspråk (ett)	['ʊːd̪ˌsproːk]
ditado, provérbio (m)	ordstäv (ett)	['ʊːd̪ˌstɛːv]
adivinha (f)	gåta (en)	['goːta]
dizer uma adivinha	att utgöra en gåta	[at 'ɯtjøːra en 'goːta]
senha (f)	lösenord (ett)	['lʲøːsən,ʊːd̪]
segredo (m)	hemlighet (en)	['hɛmlig,het]

juramento (m)	ed (en)	['ɛd]
jurar (vi)	att svära	[at 'svæːra]
promessa (f)	löfte (ett)	['lʲœftə]
prometer (vt)	att lova	[at 'lʲova]

conselho (m)	råd (ett)	['roːd]
aconselhar (vt)	att råda	[at 'roːda]
seguir o conselho	att följa råd	[at 'følja rad]
escutar (~ os conselhos)	att hörsamma	[at 'høːrˌsama]

novidade, notícia (f)	nyhet (en)	['nyhet]
sensação (f)	sensation (en)	[sɛnsa'ɧʊn]
informação (f)	upplysningar (pl)	['up,lysniŋar]
conclusão (f)	slutsats (en)	['slɯːtsats]
voz (f)	röst, stämma (en)	['rœst], ['stɛma]
elogio (m)	komplimang (en)	[kɔmpli'maŋ]
amável, querido (adj)	älskvärd	['ɛlʲskˌvæːd]

palavra (f)	ord (ett)	['ʊːd]
frase (f)	fras (en)	['fras]
resposta (f)	svar (ett)	['svar]
verdade (f)	sanning (en)	['saniŋ]
mentira (f)	lögn (en)	['lʲœgn]

pensamento (m)	tanke (en)	['taŋkə]
ideia (f)	idé (en)	[i'deː]
fantasia (f)	fantasi (en)	[fanta'siː]

66. Discussão, conversação. Parte 2

estimado, respeitado (adj)	respekterad	[rɛspɛk'terad]
respeitar (vt)	att respektera	[at rɛspɛk'tera]
respeito (m)	respekt (en)	[rɛ'spɛkt]
Estimado ..., Caro ...	Ärade ...	['æːradə ...]
apresentar (alguém a alguém)	att introducera	[at introdɯ'sera]

conhecer (vt)	att göra bekantskap med	[at 'jø:ra be'kant‚skap me]
intenção (f)	avsikt (en)	['avsikt]
tencionar (~ fazer algo)	att ha för avsikt	[at 'ha før 'avsikt]
desejo (de boa sorte)	önskan (en)	['ønskan]
desejar (ex. ~ boa sorte)	att önska	[at 'ønska]
surpresa (f)	överraskning (en)	['ø:ve‚rɔskniŋ]
surpreender (vt)	att förvåna	[at før'vo:na]
surpreender-se (vr)	att bli förvånad	[at bli før'vo:nad]
dar (vt)	att ge	[at je:]
pegar (tomar)	att ta	[at ta]
devolver (vt)	att ge tillbaka	[at je: til'baka]
retornar (vt)	att returnera	[at retur'nera]
desculpar-se (vr)	att ursäkta sig	[at 'u:‚sɛkta sɛj]
desculpa (f)	ursäkt (en)	['u:‚sɛkt]
perdoar (vt)	att förlåta	[at 'fœ:‚l'o:ta]
falar (vi)	att tala	[at 'tal'a]
escutar (vt)	att lyssna	[at 'l'ysna]
ouvir até o fim	att höra på	[at 'hø:ra pɔ]
entender (compreender)	att förstå	[at fœ:'ʂto:]
mostrar (vt)	att visa	[at 'visa]
olhar para ...	att titta	[at 'tita]
chamar (alguém para ...)	att kalla	[at 'kal'a]
perturbar, distrair (vt)	att distrahera	[at distra'hera]
perturbar (vt)	att störa	[at 'stø:ra]
entregar (~ em mãos)	att överlämna	[at 'ø:ve‚l'ɛmna]
pedido (m)	begäran (en)	[be'jæ:ran]
pedir (ex. ~ ajuda)	att begära	[at 'bejæ:ra]
exigência (f)	krav (ett)	['krav]
exigir (vt)	att kräva	[at 'krɛ:va]
insultar (chamar nomes)	att reta	[at 'reta]
zombar (vt)	att håna	[at 'ho:na]
zombaria (f)	hån (ett)	['ho:n]
alcunha (f), apelido (m)	öknamn (ett)	['ø:k‚namn]
insinuação (f)	insinuation (en)	[insinʉa'ɧʊn]
insinuar (vt)	att insinuera	[at insinʉ'era]
querer dizer	att betyda	[at be'tyda]
descrição (f)	beskrivning (en)	[bɛ'skrivniŋ]
descrever (vt)	att beskriva	[at be'skriva]
elogio (m)	beröm (ett)	[be'rø:m]
elogiar (vt)	att berömma	[at be'rœma]
desapontamento (m)	besvikelse (en)	[bɛ'svikəl'sə]
desapontar (vt)	att göra besviken	[at 'jø:ra bɛ'svikən]
desapontar-se (vr)	att bli besviken	[at bli bɛ'svikən]
suposição (f)	antagande (ett)	[aŋ'tagandə]
supor (vt)	att anta, att förmoda	[at 'anta], [at før'mʊda]

advertência (f)	varning (en)	['vaːɳiŋ]
advertir (vt)	att varna	[at 'vaːɳa]

67. Discussão, conversação. Parte 3

convencer (vt)	att övertala	[at 'øːvəˌtalʲa]
acalmar (vt)	att lugna	[at 'lʉgna]

silêncio (o ~ é de ouro)	tystnad (en)	['tʏstnad]
ficar em silêncio	att tiga	[at 'tiga]
sussurrar (vt)	att viska	[at 'viska]
sussurro (m)	viskning (en)	['viskniŋ]

francamente	uppriktigt	['upˌriktit]
na minha opinião ...	enligt min mening ...	['ɛnlit min 'meniŋ ...]

detalhe (~ da história)	detalj (en)	[de'talj]
detalhado (adj)	detaljerad	[deta'ljɛrad]
detalhadamente	i detalj	[i de'talj]

dica (f)	vink (en)	['viŋk]
dar uma dica	att ge en vink	[at jeː en 'viŋk]

olhar (m)	blick (en)	['blik]
dar uma olhada	att kasta en blick	[at 'kasta en 'blik]
fixo (olhada ~a)	stel	['stɛlʲ]
piscar (vi)	att blinka	[at 'bliŋka]
piscar (vt)	att blinka	[at 'bliŋka]
acenar com a cabeça	att nicka	[at 'nika]

suspiro (m)	suck (en)	['suk]
suspirar (vi)	att sucka	[at 'suka]
estremecer (vi)	att rysa	[at 'rysa]
gesto (m)	gest (en)	['ɧɛst]
tocar (com as mãos)	att röra	[at 'røːra]
agarrar (~ pelo braço)	att greppa	[at 'grɛpa]
bater de leve	att klappa	[at 'klʲapa]

Cuidado!	Se upp!	['se up]
Sério?	Verkligen?	['vɛrkligən]
Tem certeza?	Är du säker?	[ær dʉ 'sɛːkər]
Boa sorte!	Lycka till!	['lʲyka tilʲ]
Entendi!	Det är klart!	[dɛ æːr 'klʲaːt]
Que pena!	Det är synd!	[dɛ æːr 'sʏnd]

68. Acordo. Recusa

consentimento (~ mútuo)	samtycke (ett)	['samˌtʏkə]
consentir (vi)	att samtycka	[at 'samˌtʏka]
aprovação (f)	godkännande (ett)	['gʊdˌɕɛnandə]
aprovar (vt)	att godkänna	[at 'gʊdˌɕɛna]
recusa (f)	avslag (ett)	['avˌslʲag]

negar-se a ...	att vägra	[at 'vɛgra]
Ótimo!	Utmärkt!	['ʉt‚mæːrkt]
Tudo bem!	Okej!	[ɔ'kej]
Está bem! De acordo!	OK! Jag håller med.	[ɔ'kej] , [ja 'hoːlʲer me]

proibido (adj)	förbjuden	[før'bjʉːdən]
é proibido	det är förbjudet	[dɛ æːr før'bjʉːdət]
é impossível	det är omöjligt	[dɛ æːr ʉ'mœjlit]
incorreto (adj)	felaktig, oriktig	['felʲ‚aktig], ['ʊ‚riktig]

rejeitar (~ um pedido)	att avslå	[at 'av‚slʲoː]
apoiar (vt)	att stödja	[at 'stœdja]
aceitar (desculpas, etc.)	att acceptera	[at aksɛp'tera]

confirmar (vt)	att bekräfta	[at be'krɛfta]
confirmação (f)	bekräftelse (en)	[be'krɛftəlʲsə]
permissão (f)	tillåtelse (en)	['til‚lʲoːtəlʲsə]
permitir (vt)	att tillåta	[at 'tilʲoːta]
decisão (f)	beslut (ett)	[be'slʉːt]
não dizer nada	att tiga	[at 'tiga]

condição (com uma ~)	betingelse (en)	[be'tiŋəlʲsə]
pretexto (m)	förevändning (en)	[førə‚vɛndniŋ]
elogio (m)	beröm (ett)	[be'røːm]
elogiar (vt)	att berömma	[at be'rœma]

69. Sucesso. Boa sorte. Insucesso

êxito, sucesso (m)	framgång (en)	['framgɔŋ]
com êxito	med framgång	[me 'framgɔŋ]
bem sucedido (adj)	framgångsrik, lyckad	['fram‚gɔŋsrik], ['lʲykad]

sorte (fortuna)	tur, lycka (en)	[tʉːr], ['lʲyka]
Boa sorte!	Lycka till!	['lʲyka tilʲ]
de sorte	tursam, lyckad	['tʉːʂam], ['lʲykad]
sortudo, felizardo (adj)	tursam	['tʉːʂam]

fracasso (m)	misslyckande, fiasko (ett)	['mis‚lʲykandə], [fi'askʊ]
pouca sorte (f)	otur (en)	[ʊː'tʉr]
azar (m), má sorte (f)	otur (en)	[ʊː'tʉr]

mal sucedido (adj)	misslyckad	['mis‚lʲykad]
catástrofe (f)	katastrof (en)	[kata'strɔf]

orgulho (m)	stolthet (en)	['stɔlʲt‚het]
orgulhoso (adj)	stolt	['stɔlʲt]
estar orgulhoso, -a	att vara stolt	[at 'vara 'stɔlʲt]

vencedor (m)	segrare (en)	['sɛg‚rarə]
vencer (vi, vt)	att vinna	[at 'vina]
perder (vt)	att förlora	[at fœː'lʲʊra]
tentativa (f)	försök (ett)	['fœː‚ʂøːk]
tentar (vt)	att pröva, att försöka	[at 'prøːva], [at fœː'ʂøːka]
chance (m)	chans (en)	['ʃans]

70. Conflitos. Emoções negativas

grito (m)	skrik (ett)	['skrik]
gritar (vi)	att skrika	[at 'skrika]
começar a gritar	att börja skrika	[at 'bœrja 'skrika]

discussão (f)	gräl (ett)	['grɛːlʲ]
brigar (discutir)	att gräla	[at 'grɛːlʲa]
escândalo (m)	skandal (en)	[skan'dalʲ]
criar escândalo	att göra skandal	[at 'jøːra skan'dalʲ]
conflito (m)	konflikt (en)	[kɔn'flikt]
mal-entendido (m)	missförstånd (ett)	['misfœːˌstɔnd]

insulto (m)	förolämpning (en)	[førʊ'lʲɛmpniŋ]
insultar (vt)	att förolämpa	[at 'førʊˌlʲɛmpa]
insultado (adj)	förolämpad	[førʊ'lʲɛmpad]
ofensa (f)	förnärmelse (en)	[fœːˈnæːrməlʲsə]
ofender (vt)	att förnärma	[at fœːˈnæːrma]
ofender-se (vr)	att bli förnärmad	[at bli fœːˈnæːrmad]

indignação (f)	indignation (en)	[indigna'ɧʊn]
indignar-se (vr)	att bli indignerad	[at bli indi'nʲerad]
queixa (f)	klagomål (ett)	['klʲagʊˌmoːlʲ]
queixar-se (vr)	att klaga	[at 'klʲaga]

desculpa (f)	ursäkt (en)	['ʉːˌsɛkt]
desculpar-se (vr)	att ursäkta sig	[at 'ʉːˌsɛkta sɛj]
pedir perdão	att be om förlåtelse	[at 'be ɔm fœːˈlʲɔtəlʲsə]

crítica (f)	kritik (en)	[kri'tik]
criticar (vt)	att kritisera	[at kriti'sera]
acusação (f)	anklagelse (en)	['aŋˌklʲagəlʲsə]
acusar (vt)	att anklaga	[at 'aŋˌklʲaga]

vingança (f)	hämnd (en)	['hɛmnd]
vingar (vt)	att hämnas	[at 'hɛmnas]
vingar-se de	att hämnas	[at 'hɛmnas]

desprezo (m)	förakt (ett)	[fø'rakt]
desprezar (vt)	att förakta	[at fø'rakta]
ódio (m)	hat (ett)	['hat]
odiar (vt)	att hata	[at 'hata]

nervoso (adj)	nervös	[nɛr'vøːs]
estar nervoso	att vara nervös	[at 'vara nɛr'vøːs]
zangado (adj)	arg, vred	[arj], ['vred]
zangar (vt)	att göra arg	[at 'jøːra arj]

humilhação (f)	förödmjukelse (en)	['førœdˌmjʉːkəlʲsə]
humilhar (vt)	att förödmjuka	[at 'førœdˌmjʉːka]
humilhar-se (vr)	att förödmjuka sig	[at 'førœdˌmjʉːka sɛj]

choque (m)	chock (en)	['ɧɔk]
chocar (vt)	att chocka	[at 'ɧɔka]
aborrecimento (m)	knipa (en)	['knipa]

desagradável (adj)	obehaglig	['ʊbeˌhaglig]
medo (m)	rädsla (en)	['rɛdslʲa]
terrível (tempestade, etc.)	fruktansvärd	['frʉktansˌvæːd]
assustador (ex. história ~a)	skrämmande	['skrɛmandə]
horror (m)	fasa, skräck (en)	['fasa], ['skrɛk]
horrível (crime, etc.)	förfärlig	[før'fæːlʲig]
começar a tremer	att begynna att rysa	[at be'jina at 'rysa]
chorar (vi)	att gråta	[at 'groːta]
começar a chorar	att börja gråta	[at 'bœrja 'groːta]
lágrima (f)	tår (en)	['toːr]
falta (f)	skuld (en)	['skʉlʲd]
culpa (f)	skuldkänsla (en)	['skʉlʲdˌçɛnslʲa]
desonra (f)	skam, vanära (en)	[skam], ['va'næːra]
protesto (m)	protest (en)	[prʊ'tɛst]
estresse (m)	stress (en)	['strɛs]
perturbar (vt)	att störa	[at 'støːra]
zangar-se com ...	att vara arg	[at 'vara arj]
zangado (irritado)	arg, vred	[arj], ['vred]
terminar (vt)	att avbryta	[at 'avˌbryta]
praguejar	att svära	[at 'svæːra]
assustar-se	att bli skrämd	[at bli 'skrɛmd]
golpear (vt)	att slå	[at 'slʲoː]
brigar (na rua, etc.)	att slåss	[at 'slʲɔs]
resolver (o conflito)	att lösa	[at 'lʲøːsa]
descontente (adj)	missnöjd	['misˌnœjd]
furioso (adj)	rasande	['rasandə]
Não está bem!	Det är inte bra!	[dɛ æːr 'intə bra]
É ruim!	Det är dåligt!	[dɛ æːr 'doːlit]

Medicina

71. Doenças

Português	Sueco	Pronúncia
doença (f)	sjukdom (en)	['ɧʉːkˌdʊm]
estar doente	att vara sjuk	[at 'vara 'ɧʉːk]
saúde (f)	hälsa, sundhet (en)	['hɛlʲsa], ['sundˌhet]
nariz (m) escorrendo	snuva (en)	['snʉːva]
amigdalite (f)	halsfluss, angina (en)	['halʲsˌflʉs], [aŋ'gina]
resfriado (m)	förkylning (en)	[før'ɕylʲniŋ]
ficar resfriado	att bli förkyld	[at bli før'ɕylʲd]
bronquite (f)	bronkit (en)	[broŋ'kit]
pneumonia (f)	lunginflammation (en)	['lʉŋˌinflʲama'ɧʊn]
gripe (f)	influensa (en)	[inflʉ'ɛnsa]
míope (adj)	närsynt	['næːˌsʏnt]
presbita (adj)	långsynt	['lʲɔŋˌsʏnt]
estrabismo (m)	skelögdhet (en)	['ɧelʲøgdˌhet]
estrábico, vesgo (adj)	skelögd	['ɧelʲˌøgd]
catarata (f)	grå starr (en)	['groː 'star]
glaucoma (m)	grön starr (en)	['grøːn 'star]
AVC (m), apoplexia (f)	stroke (en), hjärnslag (ett)	['stroːk], ['jæːnˌslʲag]
ataque (m) cardíaco	infarkt (en)	[in'farkt]
enfarte (m) do miocárdio	hjärtinfarkt (en)	['jæːʈ in'farkt]
paralisia (f)	förlamning (en)	[fœ'ːlʲamniŋ]
paralisar (vt)	att förlama	[at fœ'ːlʲama]
alergia (f)	allergi (en)	[alʲer'gi]
asma (f)	astma (en)	['astma]
diabetes (f)	diabetes (en)	[dia'betəs]
dor (f) de dente	tandvärk (en)	['tandˌvæːrk]
cárie (f)	karies (en)	['karies]
diarreia (f)	diarré (en)	[dia're:]
prisão (f) de ventre	förstoppning (en)	[fœ'ːʂtopniŋ]
desarranjo (m) intestinal	magbesvär (ett)	['mag‚be'svɛːr]
intoxicação (f) alimentar	matförgiftning (en)	['matˌførʲjiftniŋ]
intoxicar-se	att få matförgiftning	[at fo: 'matˌførʲjiftniŋ]
artrite (f)	artrit (en)	[a'ʈrit]
raquitismo (m)	rakitis (en)	[ra'kitis]
reumatismo (m)	reumatism (en)	[revma'tism]
arteriosclerose (f)	åderförkalkning (en)	['oːdɛrførˌkalʲkniŋ]
gastrite (f)	gastrit (en)	[ga'strit]
apendicite (f)	appendicit (en)	[apɛndi'sit]

| colecistite (f) | cholecystit (en) | [holəsys'tit] |
| úlcera (f) | magsår (ett) | ['mag,so:r] |

sarampo (m)	mässling (en)	['mɛsˌliŋ]
rubéola (f)	röda hund (en)	['rø:da 'hund]
icterícia (f)	gulsot (en)	['gʉ:lʲˌsʉt]
hepatite (f)	hepatit (en)	[hepa'tit]

esquizofrenia (f)	schizofreni (en)	[skitsɔfre'ni:]
raiva (f)	rabies (en)	['rɑbies]
neurose (f)	neuros (en)	[nev'rɔs]
contusão (f) cerebral	hjärnskakning (en)	['jæ:n̩ˌskakniŋ]

câncer (m)	cancer (en)	['kansər]
esclerose (f)	skleros (en)	[sklʲe'rɔs]
esclerose (f) múltipla	multipel skleros (en)	[mʉlʲ'tipəlʲ sklʲe'rɔs]

alcoolismo (m)	alkoholism (en)	[alʲkʊhɔ'lizm]
alcoólico (m)	alkoholist (en)	[alʲkʊhɔ'list]
sífilis (f)	syfilis (en)	['syfilis]
AIDS (f)	AIDS	['ɛjds]

tumor (m)	tumör (en)	[tʉ'mø:r]
maligno (adj)	elakartad	['ɛlʲakˌa:ʈad]
benigno (adj)	godartad	['gʊdˌa:ʈad]

febre (f)	feber (en)	['febər]
malária (f)	malaria (en)	[ma'lʲaria]
gangrena (f)	kallbrand (en)	['kalʲˌbrand]
enjoo (m)	sjösjuka (en)	['ɧø:ˌɧʉ:ka]
epilepsia (f)	epilepsi (en)	[epilʲep'si:]

epidemia (f)	epidemi (en)	[ɛpide'mi:]
tifo (m)	tyfus (en)	['tyfʉs]
tuberculose (f)	tuberkulos (en)	[tʉbɛrkʉ'lʲɔs]
cólera (f)	kolera (en)	['kʊlʲera]
peste (f) bubônica	pest (en)	['pɛst]

72. Sintomas. Tratamentos. Parte 1

sintoma (m)	symptom (ett)	[sʏmp'tɔm]
temperatura (f)	temperatur (en)	[tɛmpəra'tʉ:r]
febre (f)	hög temperatur (en)	['hø:g tɛmpəra'tʉ:r]
pulso (m)	puls (en)	['pulʲs]

vertigem (f)	yrsel, svindel (en)	['y:səlʲ], ['svindəlʲ]
quente (testa, etc.)	varm	['varm]
calafrio (m)	rysning (en)	['rʏsniŋ]
pálido (adj)	blek	['blʲek]

tosse (f)	hosta (en)	['hʊsta]
tossir (vi)	att hosta	[at 'hʊsta]
espirrar (vi)	att nysa	[at 'nysa]
desmaio (m)	svimning (en)	['svimniŋ]

desmaiar (vi)	att svimma	[at 'svima]
mancha (f) preta	blåmärke (ett)	['blʲoːˌmæːrkə]
galo (m)	bula (en)	['bʉːlʲa]
machucar-se (vr)	att slå sig	[at 'slʲoː sɛj]
contusão (f)	blåmärke (ett)	['blʲoːˌmæːrkə]
machucar-se (vr)	att slå sig	[at 'slʲoː sɛj]

mancar (vi)	att halta	[at 'halʲta]
deslocamento (f)	vrickning (en)	['vrikniŋ]
deslocar (vt)	att förvrida	[at før'vrida]
fratura (f)	brott (ett), fraktur (en)	['brɔt], [frak'tʉːr]
fraturar (vt)	att få en fraktur	[at foː en frak'tʉːr]

corte (m)	skärsår (ett)	['ɧæːˌʂoːr]
cortar-se (vr)	att skära sig	[at 'ɧæːra sɛj]
hemorragia (f)	blödning (en)	['blʲœdniŋ]

queimadura (f)	brännsår (ett)	['brɛnˌsoːr]
queimar-se (vr)	att bränna sig	[at 'brɛna sɛj]

picar (vt)	att sticka	[at 'stika]
picar-se (vr)	att sticka sig	[at 'stika sɛj]
lesionar (vt)	att skada	[at 'skada]
lesão (m)	skada (en)	['skada]
ferida (f), ferimento (m)	sår (ett)	['soːr]
trauma (m)	trauma (en)	['travma]

delirar (vi)	att tala i feberyra	[at 'talʲa i 'febəryra]
gaguejar (vi)	att stamma	[at 'stama]
insolação (f)	solsting (ett)	['sʊlʲˌstiŋ]

73. Sintomas. Tratamentos. Parte 2

dor (f)	värk, smärta (en)	['væːrk], ['smɛʈa]
farpa (no dedo, etc.)	sticka (en)	['stika]

suor (m)	svett (en)	['svɛt]
suar (vi)	att svettas	[at 'svɛtas]
vômito (m)	kräkning (en)	['krɛkniŋ]
convulsões (f pl)	kramper (pl)	['krampər]

grávida (adj)	gravid	[gra'vid]
nascer (vi)	att födas	[at 'føːdas]
parto (m)	förlossning (en)	[fœː'lʲosnin]
dar à luz	att föda	[at 'føːda]
aborto (m)	abort (en)	[a'bɔːt]

respiração (f)	andning (en)	['andniŋ]
inspiração (f)	inandning (en)	['inˌandniŋ]
expiração (f)	utandning (en)	['ʉtˌandniŋ]
expirar (vi)	att andas ut	[at 'andas ʉt]
inspirar (vi)	att andas in	[at 'andas in]
inválido (m)	handikappad person (en)	['handiˌkapad pɛ'ʂun]
aleijado (m)	krympling (en)	['krʏmpliŋ]

drogado (m)	narkoman (en)	[narkʊ'man]
surdo (adj)	döv	['døːv]
mudo (adj)	stum	['stuːm]
surdo-mudo (adj)	dövstum	['døːvˌstuːm]

louco, insano (adj)	mentalsjuk, galen	['mentalˈɧʉːk], ['galˑen]
louco (m)	dåre, galning (en)	['doːrə], ['galˑniɲ]
louca (f)	dåre, galning (en)	['doːrə], ['galˑniɲ]
ficar louco	att bli sinnessjuk	[at bli 'sinɛsˌɧʉːk]

gene (m)	gen (en)	['jen]
imunidade (f)	immunitet (en)	[imʉni'teːt]
hereditário (adj)	ärftlig	['æːrftlig]
congênito (adj)	medfödd	['medˌfœd]

vírus (m)	virus (ett)	['viːrʉs]
micróbio (m)	mikrob (en)	[mi'krɔb]
bactéria (f)	bakterie (en)	[bak'teriə]
infecção (f)	infektion (en)	[infɛk'ɧʊn]

74. Sintomas. Tratamentos. Parte 3

| hospital (m) | sjukhus (ett) | ['ɧʉːkˌhʉs] |
| paciente (m) | patient (en) | [pasi'ent] |

diagnóstico (m)	diagnos (en)	[dia'gnɔs]
cura (f)	kur (en)	['kʉːr]
tratamento (m) médico	behandling (en)	[be'handliɲ]
curar-se (vr)	att bli behandlad	[at bli be'handlˑad]
tratar (vt)	att behandla	[at be'handlˑa]
cuidar (pessoa)	att sköta	[at 'ɧøːta]
cuidado (m)	vård (en)	['voːɖ]

operação (f)	operation (en)	[ɔpera'ɧʊn]
enfaixar (vt)	att förbinda	[at før'binda]
enfaixamento (m)	förbindning (en)	[før'bindniɲ]

vacinação (f)	vaccination (en)	[vaksina'ɧʊn]
vacinar (vt)	att vaksinera	[at vaksi'nera]
injeção (f)	injektion (en)	[injɛk'ɧʊn]
dar uma injeção	att ge en spruta	[at je: en 'sprʉta]

ataque (~ de asma, etc.)	anfall (ett), attack (en)	['anfalˑ], [a'tak]
amputação (f)	amputation (en)	[ampʉta'ɧʊn]
amputar (vt)	att amputera	[at ampʉ'tera]
coma (f)	koma (ett)	['kɔma]
estar em coma	att ligga i koma	[at 'liga i 'kɔma]
reanimação (f)	intensivavdelning (en)	[intɛn'sivˌav'dɛlˑniɲ]

recuperar-se (vr)	att återhämta sig	[at 'oːterˌhɛmta sɛj]
estado (~ de saúde)	tillstånd (ett)	['tilˑˌstɔnd]
consciência (perder a ~)	medvetande (ett)	['medˌvetandə]
memória (f)	minne (ett)	['minə]
tirar (vt)	att dra ut	[at 'dra ʉt]

| obturação (f) | plomb (en) | ['plɔmb] |
| obturar (vt) | att plombera | [at plɔm'bera] |

| hipnose (f) | hypnos (en) | [hʏp'nɔs] |
| hipnotizar (vt) | att hypnotisera | [at 'hʏpnɔti̩sera] |

75. Médicos

médico (m)	läkare (en)	['lʲɛːkarə]
enfermeira (f)	sjuksköterska (en)	['ʄʉːkˌʄøːtɛʂka]
médico (m) pessoal	personlig läkare (en)	[pɛ'ʂʉnlig 'lʲɛːkarə]

dentista (m)	tandläkare (en)	['tandˌlʲɛːkarə]
oculista (m)	ögonläkare (en)	['øːgɔnˌlʲɛːkarə]
terapeuta (m)	terapeut (en)	[tera'pɛft]
cirurgião (m)	kirurg (en)	[ɕi'rʉrg]

psiquiatra (m)	psykiater (en)	[syki'atər]
pediatra (m)	barnläkare (en)	['baːɳˌlʲɛːkarə]
psicólogo (m)	psykolog (en)	[sykʊ'lʲɔg]
ginecologista (m)	gynekolog (en)	[ginekʊ'lʲɔg]
cardiologista (m)	kardiolog (en)	[kaːdiʊ'lʲɔg]

76. Medicina. Drogas. Acessórios

medicamento (m)	medicin (en)	[medi'sin]
remédio (m)	medel (ett)	['medəlʲ]
receitar (vt)	att ordinera	[at oːdi'nera]
receita (f)	recept (ett)	[re'sɛpt]

comprimido (m)	tablett (en)	[tab'lʲet]
unguento (m)	salva (en)	['salʲva]
ampola (f)	ampull (en)	[am'pulʲ]
solução, preparado (m)	mixtur (en)	[miks'tʉːr]
xarope (m)	sirap (en)	['sirap]
cápsula (f)	piller (ett)	['pilʲer]
pó (m)	pulver (ett)	['pulʲvər]

atadura (f)	gasbinda (en)	['gasˌbinda]
algodão (m)	vadd (en)	['vad]
iodo (m)	jod (en)	['jʊd]

curativo (m) adesivo	plåster (ett)	['plʲɔstər]
conta-gotas (m)	pipett (en)	[pi'pɛt]
termômetro (m)	termometer (en)	[tɛrmʊ'metər]
seringa (f)	spruta (en)	['sprʉta]

| cadeira (f) de rodas | rullstol (en) | ['rʉlʲˌstʊlʲ] |
| muletas (f pl) | kryckor (pl) | ['krʏkʊr] |

| analgésico (m) | smärtstillande medel (ett) | ['smæːtˌstilʲande 'medəlʲ] |
| laxante (m) | laxermedel (ett) | ['lʲaksər 'medəlʲ] |

álcool (m)	sprit (en)	['sprit]
ervas (f pl) medicinais	läkeväxter (pl)	['lʲɛkə͵vɛkstər]
de ervas (chá ~)	ört-	['ø:t-]

77. Fumar. Produtos tabágicos

tabaco (m)	tobak (en)	['tʊbak]
cigarro (m)	cigarett (en)	[siga'rɛt]
charuto (m)	cigarr (en)	[si'gar]
cachimbo (m)	pipa (en)	['pipa]
maço (~ de cigarros)	paket (ett)	[pa'ket]

fósforos (m pl)	tändstickor (pl)	['tɛnd͵stikʊr]
caixa (f) de fósforos	tändsticksask (en)	['tɛndstiks͵ask]
isqueiro (m)	tändare (en)	['tɛndarə]
cinzeiro (m)	askkopp (en), askfat (ett)	['askop], ['askfat]
cigarreira (f)	cigarettetui (ett)	[siga'rɛt etʉ'i:]

| piteira (f) | munstycke (ett) | ['mun͵stʏkə] |
| filtro (m) | filter (ett) | ['filʲtər] |

fumar (vi, vt)	att röka	[at 'rø:ka]
acender um cigarro	att tända en cigarett	[at 'tɛnda en siga'rɛt]
tabagismo (m)	rökning (en)	['rœkniŋ]
fumante (m)	rökare (en)	['rø:karə]

bituca (f)	stump, fimp (en)	['stump], [fimp]
fumaça (f)	rök (en)	['rø:k]
cinza (f)	aska (en)	['aska]

75

HABITAT HUMANO

Cidade

78. Cidade. Vida na cidade

cidade (f)	stad (en)	['stad]
capital (f)	huvudstad (en)	['hʉːvʉdˌstad]
aldeia (f)	by (en)	['by]
mapa (m) da cidade	stadskarta (en)	['stadsˌkaːʈa]
centro (m) da cidade	centrum (ett)	['sɛntrum]
subúrbio (m)	förort (en)	['førˌʊːʈ]
suburbano (adj)	förorts-	['førˌʊːʈs-]
periferia (f)	utkant (en)	['ʉtˌkant]
arredores (m pl)	omgivningar (pl)	['ɔmˌjiːvniŋar]
quarteirão (m)	kvarter (ett)	[kvaˈʈər]
quarteirão (m) residencial	bostadskvarter (ett)	['bʊstadsˌkvaːˈʈər]
tráfego (m)	trafik (en)	[traˈfik]
semáforo (m)	trafikljus (ett)	[traˈfikˌjʉːs]
transporte (m) público	offentlig transport (en)	[ɔˈfɛntli transˈpɔːʈ]
cruzamento (m)	korsning (en)	['kɔːʂniŋ]
faixa (f)	övergångsställe (ett)	['øːvɛrgɔŋsˌstɛlˡe]
túnel (m) subterrâneo	gångtunnel (en)	['gɔŋˌtunəlˡ]
cruzar, atravessar (vt)	att gå över	[at 'goː 'øːvər]
pedestre (m)	fotgängare (en)	['fʊtˌjenarə]
calçada (f)	trottoar (en)	[trɔtʊˈar]
ponte (f)	bro (en)	['brʊ]
margem (f) do rio	kaj (en)	['kaj]
fonte (f)	fontän (en)	[fɔnˈtɛn]
alameda (f)	allé (en)	[aˈlˡeː]
parque (m)	park (en)	['park]
bulevar (m)	boulevard (en)	[bʊlˡeˈvaːɖ]
praça (f)	torg (ett)	['tɔrj]
avenida (f)	aveny (en)	[aveˈny]
rua (f)	gata (en)	['gata]
travessa (f)	sidogata (en)	['sidʊˌgata]
beco (m) sem saída	återvändsgränd (en)	['oːtərvɛnsˌgrɛnd]
casa (f)	hus (ett)	['hʉs]
edifício, prédio (m)	byggnad (en)	['bʏgnad]
arranha-céu (m)	skyskrapa (en)	['ɧyˌskrapa]
fachada (f)	fasad (en)	[faˈsad]
telhado (m)	tak (ett)	['tak]

janela (f)	fönster (ett)	['fœnstər]
arco (m)	båge (en)	['boːgə]
coluna (f)	kolonn (en)	[kʊ'lʲɔn]
esquina (f)	knut (en)	['knʉt]

vitrine (f)	skyltfönster (ett)	['ɦylʲt‚fœnstər]
letreiro (m)	skylt (en)	['ɦylʲt]
cartaz (do filme, etc.)	affisch (en)	[a'fiːʃ]
cartaz (m) publicitário	reklamplakat (ett)	[rɛ'klʲam‚plʲa'kat]
painel (m) publicitário	reklamskylt (en)	[rɛ'klʲam‚ɦylʲt]

lixo (m)	sopor, avfall (ett)	['sʊpʊr], ['avfalʲ]
lata (f) de lixo	soptunna (en)	['sʊp‚tuna]
jogar lixo na rua	att skräpa ner	[at 'skrɛːpa ner]
aterro (m) sanitário	soptipp (en)	['sʊp‚tip]

orelhão (m)	telefonkiosk (en)	[telʲe'fɔn‚çøsk]
poste (m) de luz	lyktstolpe (en)	['lʲyk‚stɔlʲpə]
banco (m)	bänk (ett)	['bɛŋk]

polícia (m)	polis (en)	[pʊ'lis]
polícia (instituição)	polis (en)	[pʊ'lis]
mendigo, pedinte (m)	tiggare (en)	['tigarə]
desabrigado (m)	hemlös (ett)	['hɛmlʲøːs]

79. Instituições urbanas

loja (f)	affär, butik (en)	[a'fæːr], [bu'tik]
drogaria (f)	apotek (ett)	[apʊ'tek]
ótica (f)	optiker (en)	['ɔptikər]
centro (m) comercial	köpcenter (ett)	['çøːp‚sɛntɛr]
supermercado (m)	snabbköp (ett)	['snab‚çøːp]

padaria (f)	bageri (ett)	[bage'riː]
padeiro (m)	bagare (en)	['bagarə]
pastelaria (f)	konditori (ett)	[kɔnditʊ'riː]
mercearia (f)	speceriaffär (en)	[spese'ri a'fæːr]
açougue (m)	slaktare butik (en)	['slʲaktarə bu'tik]

fruteira (f)	grönsakshandel (en)	['grøːnsaks‚handəlʲ]
mercado (m)	marknad (en)	['marknad]

cafeteria (f)	kafé (ett)	[ka'feː]
restaurante (m)	restaurang (en)	[rɛstɔ'raŋ]
bar (m)	pub (en)	['pub]
pizzaria (f)	pizzeria (en)	[pitse'ria]

salão (m) de cabeleireiro	frisersalong (en)	['frisər sa‚lʲɔŋ]
agência (f) dos correios	post (en)	['pɔst]
lavanderia (f)	kemtvätt (en)	['çemtvæt]
estúdio (m) fotográfico	fotoateljé (en)	['fʊtʉ ate‚lje:]

sapataria (f)	skoaffär (en)	['skʊːa‚fæːr]
livraria (f)	bokhandel (en)	['bʊk‚handəlʲ]

loja (f) de artigos esportivos	sportaffär (en)	['spɔːt a'fæːr]
costureira (m)	klädreparationer (en)	['klʲɛd 'repara,ɧunər]
aluguel (m) de roupa	kläduthyrning (en)	['klʲɛd ʉ'tyːɳɪŋ]
videolocadora (f)	filmuthyrning (en)	['filʲm ʉ'tyːɳɪŋ]

circo (m)	cirkus (en)	['sirkʉs]
jardim (m) zoológico	zoo (ett)	['sʊː]
cinema (m)	biograf (en)	[biʊ'graf]
museu (m)	museum (ett)	[mʉ'seum]
biblioteca (f)	bibliotek (ett)	[bibliʊ'tek]

teatro (m)	teater (en)	[te'atər]
ópera (f)	opera (en)	['ʊpera]
boate (casa noturna)	nattklubb (en)	['nat,klʉb]
cassino (m)	kasino (ett)	[ka'sinʊ]

mesquita (f)	moské (en)	[mʊs'keː]
sinagoga (f)	synagoga (en)	['syna,gɔga]
catedral (f)	katedral (en)	[katɛ'dralʲ]
templo (m)	tempel (ett)	['tɛmpəlʲ]
igreja (f)	kyrka (en)	['ɕyrka]

faculdade (f)	institut (ett)	[insti'tʉt]
universidade (f)	universitet (ett)	[univɛɕi'tet]
escola (f)	skola (en)	['skʊlʲa]

prefeitura (f)	prefektur (en)	[prefɛk'tʉːr]
câmara (f) municipal	rådhus (en)	['rɔd,hʉs]
hotel (m)	hotell (ett)	[hʊ'tɛlʲ]
banco (m)	bank (en)	['baŋk]

embaixada (f)	ambassad (en)	[amba'sad]
agência (f) de viagens	resebyrå (en)	['reseby,rɔː]
agência (f) de informações	informationsbyrå (en)	[informa'ɧʉns by,rɔː]
casa (f) de câmbio	växelkontor (ett)	['vɛksəlʲ kɔn'tʊr]

metrô (m)	tunnelbana (en)	['tunəlʲ,bana]
hospital (m)	sjukhus (ett)	['ɧʉːk,hʉs]

posto (m) de gasolina	bensinstation (en)	[bɛn'sin,sta'ɧʊn]
parque (m) de estacionamento	parkeringsplats (en)	[par'keriŋs,plʲats]

80. Sinais

letreiro (m)	skylt (en)	['ɧylʲt]
aviso (m)	inskrift (en)	['in,skrift]
cartaz, pôster (m)	poster, löpsedel (en)	['pɔster], ['løp,sedəlʲ]
placa (f) de direção	vägvisare (en)	['vɛːg,visarə]
seta (f)	pil (en)	['pilʲ]

aviso (advertência)	varning (en)	['vaːɳɪŋ]
sinal (m) de aviso	varningsskylt (en)	['vaːɳɪŋs ,ɧylʲt]
avisar, advertir (vt)	att varna	[at 'vaːɳa]
dia (m) de folga	fridag (en)	['fri,dag]

| horário (~ dos trens, etc.) | tidtabell (en) | ['tid ta'bɛlʲ] |
| horário (m) | öppettider (pl) | ['øpetˌti:dər] |

BEM-VINDOS!	VÄLKOMMEN!	['vɛlʲˌkɔmən]
ENTRADA	INGÅNG	['inˌgɔŋ]
SAÍDA	UTGÅNG	['ʉtˌgɔŋ]

EMPURRE	TRYCK	['trʏk]
PUXE	DRAG	['drag]
ABERTO	ÖPPET	['øpet]
FECHADO	STÄNGT	['stɛŋt]

| MULHER | DAMER | ['damər] |
| HOMEM | HERRAR | ['hɛ'rar] |

DESCONTOS	RABATT	[ra'bat]
SALDOS, PROMOÇÃO	REA	['rea]
NOVIDADE!	NYHET!	['nyhet]
GRÁTIS	GRATIS	['gratis]

ATENÇÃO!	OBS!	['ɔbs]
NÃO HÁ VAGAS	FUIIBOKAT	['fulʲˌbʉkat]
RESERVADO	RESERVERAT	[resɛr'verat]

ADMINISTRAÇÃO	ADMINISTRATION	[administra'ɧʉn]
SOMENTE PESSOAL	ENDAST PERSONAL	['ɛndast pɛʂʉ'nalʲ]
AUTORIZADO		

CUIDADO CÃO FEROZ	VARNING FÖR HUNDEN	['va:ɳiŋ før 'hundən]
PROIBIDO FUMAR!	RÖKNING FÖRBJUDEN	['rœkniŋ før'bjʉ:dən]
NÃO TOCAR	FÅR EJ VIDRÖRAS!	['fo:r ej 'vidrø:ras]

PERIGOSO	FARLIG	['fa:lʲig]
PERIGO	FARA	['fara]
ALTA TENSÃO	HÖGSPÄNNING	['hø:gˌspɛniŋ]
PROIBIDO NADAR	BADNING FÖRBJUDEN	['badniŋ før'bjʉ:dən]
COM DEFEITO	UR FUNKTION	['ʉr fuŋk'ɧʉn]

INFLAMÁVEL	BRANDFARLIG	['brandˌfa:lʲig]
PROIBIDO	FÖRBJUD	[før'bjʉ:d]
ENTRADA PROIBIDA	TIIITRÄDE FÖRBJUDET	['tilʲtrɛ:də før'bjʉ:det]
CUIDADO TINTA FRESCA	NYMÅLAT	['nyˌmo:lʲat]

81. Transportes urbanos

ônibus (m)	buss (en)	['bus]
bonde (m) elétrico	spårvagn (en)	['spo:rˌvagn]
trólebus (m)	trådbuss (en)	['tro:dˌbus]
rota (f), itinerário (m)	rutt (en)	['rut]
número (m)	nummer (ett)	['numər]

ir de ... (carro, etc.)	att åka med ...	[at 'o:ka me ...]
entrar no ...	att stiga på ...	[at 'stiga pɔ ...]
descer do ...	att stiga av ...	[at 'stiga 'av ...]

parada (f)	hållplats (en)	['ho:lʲˌplats]
próxima parada (f)	nästa hållplats (en)	['nɛsta 'hɔ:lʲˌplats]
terminal (m)	slutstation (en)	['slʉtˌsta'ɧʉn]
horário (m)	tidtabell (en)	['tid ta'bɛlʲ]
esperar (vt)	att vänta	[at 'vɛnta]

| passagem (f) | biljett (en) | [bi'lʲet] |
| tarifa (f) | biljettpris (ett) | [bi'lʲetˌpris] |

bilheteiro (m)	kassör (en)	[ka'sø:r]
controle (m) de passagens	biljettkontroll (en)	[bi'lʲet kɔn'trolʲ]
revisor (m)	kontrollant (en)	[kɔntrɔ'lʲant]

atrasar-se (vr)	att komma för sent	[at 'kɔma før 'sɛnt]
perder (o autocarro, etc.)	att komma för sent till ...	[at 'kɔma før 'sɛnt tilʲ ...]
estar com pressa	att skynda sig	[at 'ɧynda sɛj]

táxi (m)	taxi (en)	['taksi]
taxista (m)	taxichaufför (en)	['taksi ɧɔ'fø:r]
de táxi (ir ~)	med taxi	[me 'taksi]
ponto (m) de táxis	taxihållplats (en)	['taksi 'ho:lʲˌplʲats]
chamar um táxi	att ringa efter taxi	[at 'riŋa ˌɛftə 'taksi]
pegar um táxi	att ta en taxi	[at ta en 'taksi]

tráfego (m)	trafik (en)	[tra'fik]
engarrafamento (m)	trafikstopp (ett)	[tra'fikˌstɔp]
horas (f pl) de pico	rusningstid (en)	['rusniŋsˌtid]
estacionar (vi)	att parkera	[at par'kera]
estacionar (vt)	att parkera	[at par'kera]
parque (m) de estacionamento	parkeringsplats (en)	[par'keriŋsˌplʲats]

metrô (m)	tunnelbana (en)	['tunəlʲˌbana]
estação (f)	station (en)	[sta'ɧʉn]
ir de metrô	att ta tunnelbanan	[at ta 'tunəlʲˌbanan]
trem (m)	tåg (ett)	['to:g]
estação (f) de trem	tågstation (en)	['to:gˌsta'ɧʉn]

82. Turismo

monumento (m)	monument (ett)	[mɔnu'mɛnt]
fortaleza (f)	fästning (en)	['fɛstniŋ]
palácio (m)	palats (ett)	[pa'lʲats]
castelo (m)	borg (en)	['bɔrj]
torre (f)	torn (ett)	['tu:ɳ]
mausoléu (m)	mausoleum (ett)	[mausʉ'lʲeum]

arquitetura (f)	arkitektur (en)	[arkitɛk'tʉ:r]
medieval (adj)	medeltida	['medəlʲˌtida]
antigo (adj)	gammal	['gamalʲ]
nacional (adj)	nationell	[natɧʉ'nɛlʲ]
famoso, conhecido (adj)	berömd	[be'rœmd]

| turista (m) | turist (en) | [tu'rist] |
| guia (pessoa) | guide (en) | ['gajd] |

excursão (f)	utflykt (en)	['ʉtˌfliˈykt]
mostrar (vt)	att visa	[at 'visa]
contar (vt)	att berätta	[at be'ræta]

encontrar (vt)	att hitta	[at 'hita]
perder-se (vr)	att gå vilse	[at 'go: 'vilˈsə]
mapa (~ do metrô)	karta (en)	['ka:ʈa]
mapa (~ da cidade)	karta (en)	['ka:ʈa]

lembrança (f), presente (m)	souvenir (en)	[suvɛ'ni:r]
loja (f) de presentes	souvenirbutik (en)	[suvɛ'ni:r bu'tik]
tirar fotos, fotografar	att fotografera	[at futugra'fera]
fotografar-se (vr)	att bli fotograferad	[at bli futugra'ferad]

83. Compras

comprar (vt)	att köpa	[at 'çø:pa]
compra (f)	inköp (ett)	['inˌçø:p]
fazer compras	att shoppa	[at 'ʃɔpa]
compras (f pl)	shopping (en)	['ʃɔpiŋ]

| estar aberta (loja) | att vara öppen | [at 'vara 'øpən] |
| estar fechada | att vara stängd | [at 'vara stɛŋd] |

calçado (m)	skodon (pl)	['skʊdʊn]
roupa (f)	kläder (pl)	['kliˈɛ:dər]
cosméticos (m pl)	kosmetika (en)	[kɔs'mɛtika]
alimentos (m pl)	matvaror (pl)	['matˌvarʊr]
presente (m)	gåva, present (en)	['go:va], [pre'sɛnt]

| vendedor (m) | försäljare (en) | [fœ:'ʂɛljarə] |
| vendedora (f) | försäljare (en) | [fœ:'ʂɛljarə] |

caixa (f)	kassa (en)	['kasa]
espelho (m)	spegel (en)	['spegəlʲ]
balcão (m)	disk (en)	['disk]
provador (m)	provrum (ett)	['prʊvˌru:m]

provar (vt)	att prova	[at 'prʊva]
servir (roupa, caber)	att passa	[at 'pasa]
gostar (apreciar)	att gilla	[at 'jilʲa]

preço (m)	pris (ett)	['pris]
etiqueta (f) de preço	prislapp (en)	['prisˌlʲap]
custar (vt)	att kosta	[at 'kɔsta]
Quanto?	Hur mycket?	[hʉr 'mykə]
desconto (m)	rabatt (en)	[ra'bat]

não caro (adj)	billig	['bilig]
barato (adj)	billig	['bilig]
caro (adj)	dyr	['dyr]
É caro	Det är dyrt	[dɛ æː:r 'dy:ʈ]
aluguel (m)	uthyrning (en)	['ʉtˌhyɳiŋ]
alugar (roupas, etc.)	att hyra	[at 'hyra]

crédito (m)	kredit (en)	[kre'dit]
a crédito	på kredit	[pɔ kre'dit]

84. Dinheiro

dinheiro (m)	pengar (pl)	['pɛŋar]
câmbio (m)	växling (en)	['vɛksliŋ]
taxa (f) de câmbio	kurs (en)	['kuːʂ]
caixa (m) eletrônico	bankomat (en)	[baŋkʉ'mat]
moeda (f)	mynt (ett)	['mʏnt]

dólar (m)	dollar (en)	['dɔlʲar]
euro (m)	euro (en)	['ɛvrɔ]

lira (f)	lire (en)	['lirə]
marco (m)	mark (en)	['mark]
franco (m)	franc (en)	['fran]
libra (f) esterlina	pund sterling (ett)	['puŋ stɛr'liŋ]
iene (m)	yen (en)	['jɛn]

dívida (f)	skuld (en)	['skʉlʲd]
devedor (m)	gäldenär (en)	[jɛlʲdɛ'næːr]
emprestar (vt)	att låna ut	[at 'lʲoːna ʉt]
pedir emprestado	att låna	[at 'lʲoːna]

banco (m)	bank (en)	['baŋk]
conta (f)	konto (ett)	['kɔntʉ]
depositar (vt)	att sätta in	[at 'sæta in]
depositar na conta	att sätta in på kontot	[at 'sæta in pɔ 'kɔntʉt]
sacar (vt)	att ta ut från kontot	[at ta ʉt frɔn 'kɔntʉt]

cartão (m) de crédito	kreditkort (ett)	[kre'dit ̗kɔːt]
dinheiro (m) vivo	kontanter (pl)	[kɔn'tantər]
cheque (m)	check (en)	['ɕɛk]
passar um cheque	att skriva en check	[at 'skriva en 'ɕɛk]
talão (m) de cheques	checkbok (en)	['ɕɛk ̗bʉk]

carteira (f)	plånbok (en)	['plʲoːn ̗bʉk]
niqueleira (f)	börs (en)	['bøːʂ]
cofre (m)	säkerhetsskåp (ett)	['sɛːkərhets ̗skoːp]

herdeiro (m)	arvinge (en)	['arviŋə]
herança (f)	arv (ett)	['arv]
fortuna (riqueza)	förmögenhet (en)	[før'møgən ̗het]

arrendamento (m)	hyra (en)	['hyra]
aluguel (pagar o ~)	hyra (en)	['hyra]
alugar (vt)	att hyra	[at 'hyra]

preço (m)	pris (ett)	['pris]
custo (m)	kostnad (en)	['kɔstnad]
soma (f)	summa (en)	['suma]
gastar (vt)	att lägga ut	[at 'lʲɛga ʉt]
gastos (m pl)	utgifter (pl)	['ʉt ̗jiftər]

economizar (vi)	att spara	[at 'spara]
econômico (adj)	sparsam	['spa:ʂam]

pagar (vt)	att betala	[at be'talɪa]
pagamento (m)	betalning (en)	[be'talɪnɪŋ]
troco (m)	växel (en)	['vɛksəlʲ]

imposto (m)	skatt (en)	['skat]
multa (f)	bot (en)	['bʊt]
multar (vt)	att bötfälla	[at 'bøt̩fɛlʲa]

85. Correios. Serviço postal

agência (f) dos correios	post (en)	['pɔst]
correio (m)	post (en)	['pɔst]
carteiro (m)	brevbärare (en)	['brev̩bæ:rarə]
horário (m)	öppettider (pl)	['øpet̩ti:dər]

carta (f)	brev (ett)	['brev]
carta (f) registada	rekommenderat brev (ett)	[rekɔmən'derat brev]
cartão (m) postal	postkort (ett)	['pɔst̩kɔ:t]
telegrama (m)	telegram (ett)	[telʲe'gram]
encomenda (f)	postpaket (ett)	['pɔst pa̩ket]
transferência (f) de dinheiro	pengaöverföring (en)	['pɛŋa̩øvə'fø:rɪŋ]

receber (vt)	att ta emot	[at ta ɛmo:t]
enviar (vt)	att skicka	[at 'ɧika]
envio (m)	avsändning (en)	['av̩sɛndnɪŋ]

endereço (m)	adress (en)	[a'drɛs]
código (m) postal	postnummer (ett)	['pɔst̩numər]
remetente (m)	avsändare (en)	['av̩sɛndarə]
destinatário (m)	mottagare (en)	['mɔt̩tagarə]

nome (m)	förnamn (ett)	['fœ:̩ɳamn]
sobrenome (m)	efternamn (ett)	['ɛftə̩ɳamn]

tarifa (f)	tariff (en)	[ta'rif]
ordinário (adj)	vanlig	['vanlig]
econômico (adj)	ekonomisk	[ɛkʊ'nɔmisk]

peso (m)	vikt (en)	['vikt]
pesar (estabelecer o peso)	att väga	[at 'vɛ:ga]
envelope (m)	kuvert (ett)	[kʉ:'vær]
selo (m) postal	frimärke (ett)	['fri̩mærkə]
colar o selo	att sätta på frimärke	[at 'sæta pɔ 'fri̩mærkə]

Moradia. Casa. Lar

86. Casa. Habitação

casa (f)	hus (ett)	['hʉs]
em casa	hemma	['hɛma]
pátio (m), quintal (f)	gård (en)	['goːd̪]
cerca, grade (f)	stängsel (en)	['stɛŋsəlʲ]

tijolo (m)	tegel, mursten (en)	['tegəlʲ], ['mʉːˌʂten]
de tijolos	tegel-	['tegəlʲ-]
pedra (f)	sten (en)	['sten]
de pedra	sten-	['sten-]
concreto (m)	betong (en)	[be'tɔŋ]
concreto (adj)	betong-	[be'tɔŋ-]

novo (adj)	ny	['ny]
velho (adj)	gammal	['gamalʲ]
decrépito (adj)	fallfärdig	['falʲˌfæːd̪ig]
moderno (adj)	modern	[mʉ'dɛːɳ]
de vários andares	flervånings-	['flʲerˌvoːniŋs-]
alto (adj)	hög	['høːg]

andar (m)	våning (en)	['voːniŋ]
de um andar	envånings-	['ɛnˌvoːniŋs-]

térreo (m)	bottenvåning (en)	['bɔtenˌvoːniŋ]
andar (m) de cima	övre våning (en)	['øvrə 'voːniŋ]

telhado (m)	tak (ett)	['tak]
chaminé (f)	skorsten (en)	['skɔːˌʂten]

telha (f)	taktegel (ett)	['takˌtegəlʲ]
de telha	tegel-	['tegəlʲ-]
sótão (m)	vind, vindsvåning (en)	['vind], ['vindsˌvoːniŋ]

janela (f)	fönster (ett)	['fœnstər]
vidro (m)	glas (ett)	['glʲas]

parapeito (m)	fönsterbleck (ett)	['fœnstərˌblʲek]
persianas (f pl)	fönsterluckor (pl)	['fœnstəˌlʲʉ'kʊr]

parede (f)	mur, vägg (en)	['mʉːr], [vɛg]
varanda (f)	balkong (en)	[balʲ'kɔŋ]
calha (f)	stuprör (ett)	['stʉpˌrøːr]

em cima	uppe	['upə]
subir (vi)	att gå upp	[at 'goː 'up]
descer (vi)	att gå ned	[at 'goː ˌned]
mudar-se (vr)	att flytta	[at 'flʲyta]

87. Casa. Entrada. Elevador

entrada (f)	ingång (en)	['in,gɔŋ]
escada (f)	trappa (en)	['trapa]
degraus (m pl)	steg (pl)	['steg]
corrimão (m)	räcke (ett)	['rɛkə]
hall (m) de entrada	lobby (en)	['lʲɔbi]
caixa (f) de correio	brevlåda (en)	['brev,lʲoːda]
lata (f) do lixo	soptunna (en)	['sʊp,tuna]
calha (f) de lixo	sopnedkast (ett)	['sʊpned,kast]
elevador (m)	hiss (en)	['his]
elevador (m) de carga	lasthiss (en)	['lʲast,his]
cabine (f)	hisskorg (en)	['his,kɔrj]
pegar o elevador	att ta hissen	[at ta 'hisən]
apartamento (m)	lägenhet (en)	['lʲeːgən,het]
residentes (pl)	invånare (pl)	[in'voːnarə]
vizinho (m)	granne (en)	['granə]
vizinha (f)	granne (en)	['granə]
vizinhos (pl)	grannar (pl)	['granar]

88. Casa. Eletricidade

eletricidade (f)	elektricitet (en)	[ɛlʲektrisiˈtet]
lâmpada (f)	glödlampa (en)	['glʲøːd,lʲampa]
interruptor (m)	strömbrytare (en)	['strøːm,brytarə]
fusível, disjuntor (m)	propp (en)	['prɔp]
fio, cabo (m)	ledning (en)	['lʲedniŋ]
instalação (f) elétrica	ledningsnät (ett)	['lʲedniŋs,nɛːt]
medidor (m) de eletricidade	elmätare (en)	['ɛlʲ,mɛːtarə]
indicação (f), registro (m)	avläsningar (pl)	['av,lʲɛsniŋar]

89. Casa. Portas. Fechaduras

porta (f)	dörr (en)	['dœr]
portão (m)	port (en)	['pɔːt]
maçaneta (f)	dörrhandtag (ett)	['dœr,handtag]
destrancar (vt)	att låsa upp	[at 'lʲoːsa up]
abrir (vt)	att öppna	[at 'øpna]
fechar (vt)	att stänga	[at 'stɛŋa]
chave (f)	nyckel (en)	['nʏkəlʲ]
molho (m)	knippa (en)	['knipa]
ranger (vi)	att gnissla	[at 'gnislʲa]
rangido (m)	knarr (ett)	['knar]
dobradiça (f)	gångjärn (ett)	['gɔŋjæːn]
capacho (m)	dörrmatta (en)	['dœr,mata]
fechadura (f)	dörrlås (ett)	['dœr,lʲoːs]

buraco (m) da fechadura	nyckelhål (ett)	['nʏkəlʲˌhoːlʲ]
barra (f)	regel (en)	['regəlʲ]
fecho (ferrolho pequeno)	skjutregel (en)	['ɧʉːtˌregəlʲ]
cadeado (m)	hänglås (ett)	['hɛŋˌlʲoːs]

tocar (vt)	att ringa	[at 'riŋa]
toque (m)	ringning (en)	['riŋniŋ]
campainha (f)	ringklocka (en)	['riŋˌklʲɔka]
botão (m)	knapp (en)	['knap]
batida (f)	knackning (en)	['knakniŋ]
bater (vi)	att knacka	[at 'knaka]

código (m)	kod (en)	['kɔd]
fechadura (f) de código	kodlås (ett)	['kɔdˌlʲoːs]
interfone (m)	dörrtelefon (en)	['dœrˌtelʲe'fɔn]
número (m)	nummer (ett)	['numər]
placa (f) de porta	dörrskylt (en)	['dœrˌɧylʲt]
olho (m) mágico	kikhål, titthål (ett)	['kikˌhoːlʲ], ['titˌhoːlʲ]

90. Casa de campo

aldeia (f)	by (en)	['by]
horta (f)	koksträdgård (en)	['kʉksˌtrɛ'goːɖ]
cerca (f)	stängsel (ett)	['stɛŋsəlʲ]
cerca (f) de piquete	staket (ett)	[sta'ket]
portão (f) do jardim	grind (en)	['grind]

celeiro (m)	spannmålsbod (en)	['spanmoːlʲsˌbʉd]
adega (f)	jordkällare (en)	['jʉːdˌɕɛlʲarə]
galpão, barracão (m)	bod (en), skjul (ett)	['bʉd], [ɧʉːlʲ]
poço (m)	brunn (en)	['brun]

fogão (m)	ugn (en)	['ugn]
atiçar o fogo	att elda	[at 'ɛlʲda]
lenha (carvão ou ~)	ved (en)	['ved]
acha, lenha (f)	vedträ (ett)	['vedˌtrɛ:]

varanda (f)	veranda (en)	[ve'randa]
alpendre (m)	terrass (en)	[tɛ'ras]
degraus (m pl) de entrada	yttertrappa (en)	['ytəˌtrapa]
balanço (m)	gunga (en)	['guŋa]

91. Moradia. Mansão

casa (f) de campo	fritidshus (ett)	['fritidsˌhʉs]
vila (f)	villa (en)	['vilʲa]
ala (~ do edifício)	vinge (en)	['viŋə]

jardim (m)	trädgård (en)	['trɛ:goːɖ]
parque (m)	park (en)	['park]
estufa (f)	växthus (ett)	['vɛkstˌhʉs]
cuidar de ...	att ta hand	[at ta 'hand]

piscina (f)	simbassäng (en)	['simba,sɛŋ]
academia (f) de ginástica	gym (ett)	['dʒym]
quadra (f) de tênis	tennisbana (en)	['tɛnis,bana]
cinema (m)	hemmabio (en)	['hɛma,biːʊ]
garagem (f)	garage (ett)	[ga'raʃ]
propriedade (f) privada	privategendom (en)	[pri'vat 'ɛgən,dʊm]
terreno (m) privado	privat tomt (en)	[pri'vat tɔmt]
advertência (f)	varning (en)	['vaːŋiŋ]
sinal (m) de aviso	varningsskylt (en)	['vaːŋiŋs ,ɧylʲt]
guarda (f)	säkerhet (en)	['sɛːkər,het]
guarda (m)	säkerhetsvakt (en)	['sɛːkərhets,vakt]
alarme (m)	tjuvlarm (ett)	['ɕʉvlʲarm]

92. Castelo. Palácio

castelo (m)	borg (en)	['bɔrj]
palácio (m)	palats (ett)	[pa'lʲats]
fortaleza (f)	fästning (en)	['fɛstniŋ]
muralha (f)	mur (en)	['mʉːr]
torre (f)	torn (ett)	['tʊːɳ]
calabouço (m)	huvudtorn (ett)	['hʉːvʉd,tʊːɳ]
grade (f) levadiça	fällgaller (pl)	['fɛlʲ,galʲər]
passagem (f) subterrânea	underjordisk gång (en)	['undə,jʉːdʲisk 'gɔŋ]
fosso (m)	vallgrav (en)	['valʲ,grav]
corrente, cadeia (f)	kedja (en)	['ɕedja]
seteira (f)	skottglugg (en)	['skɔt,glʉg]
magnífico (adj)	praktfull	['prakt,fulʲ]
majestoso (adj)	majestätisk	[majɛ'stɛtisk]
inexpugnável (adj)	ointaglig	['ojn,taglig]
medieval (adj)	medeltida	['medəlʲ,tida]

93. Apartamento

apartamento (m)	lägenhet (en)	['lʲeːgən,het]
quarto, cômodo (m)	rum (ett)	['ruːm]
quarto (m) de dormir	sovrum (ett)	['sɔv,rum]
sala (f) de jantar	matsal (en)	['matsalʲ]
sala (f) de estar	vardagsrum (ett)	['vaːdas,rum]
escritório (m)	arbetsrum (ett)	['arbets,rum]
sala (f) de entrada	entréhall (en)	[ɛntreːhalʲ]
banheiro (m)	badrum (ett)	['bad,ruːm]
lavabo (m)	toalett (en)	[tʊa'lʲet]
teto (m)	tak (ett)	['tak]
chão, piso (m)	golv (ett)	['gɔlʲv]
canto (m)	hörn (ett)	['høːɳ]

94. Apartamento. Limpeza

arrumar, limpar (vt)	att städa	[at 'stɛda]
guardar (no armário, etc.)	att lägga undan	[at 'lʲɛga 'undan]
pó (m)	damm (ett)	['dam]
empoeirado (adj)	dammig	['damig]
tirar o pó	att damma	[at 'dama]
aspirador (m)	dammsugare (en)	['dam,sɵgarə]
aspirar (vt)	att dammsuga	[at 'dam,sɵga]
varrer (vt)	att sopa, att feja	[at 'sʊpa], [att 'fɛja]
sujeira (f)	skräp, dam (ett)	['skrɛp], ['dam]
arrumação, ordem (f)	ordning (en)	['ɔːdɳiŋ]
desordem (f)	oreda (en)	[ʊ'reda]
esfregão (m)	mopp (en)	['mɔp]
pano (m), trapo (m)	trasa (en)	['trasa]
vassoura (f)	sopkvast (en)	['sʊp,kvast]
pá (f) de lixo	sopskyffel (en)	['sʊp,ɧyfəlʲ]

95. Mobiliário. Interior

mobiliário (m)	möbel (en)	['møːbəlʲ]
mesa (f)	bord (ett)	['bʊːd]
cadeira (f)	stol (en)	['stʊlʲ]
cama (f)	säng (en)	['sɛŋ]
sofá, divã (m)	soffa (en)	['sɔfa]
poltrona (f)	fåtölj, länstol (en)	[fo:'tœljj], ['lɛn,stʊlʲ]
estante (f)	bokhylla (en)	['bʊk,hylʲa]
prateleira (f)	hylla (en)	['hylʲa]
guarda-roupas (m)	garderob (en)	[ga:ɖə'rɔːb]
cabide (m) de parede	knagg (en)	['knag]
cabideiro (m) de pé	klädhängare (en)	['klʲɛd,hɛŋarə]
cômoda (f)	byrå (en)	['byrɔː]
mesinha (f) de centro	soffbord (ett)	['sɔf,bʊːd]
espelho (m)	spegel (en)	['spegəlʲ]
tapete (m)	matta (en)	['mata]
tapete (m) pequeno	liten matta (en)	['liːtən 'mata]
lareira (f)	kamin (en), eldstad (ett)	[ka'min], ['ɛlʲd,stad]
vela (f)	ljus (ett)	['jɵːs]
castiçal (m)	ljusstake (en)	['jɵːs,stakə]
cortinas (f pl)	gardiner (pl)	[ga:'ɖinər]
papel (m) de parede	tapet (en)	[ta'pet]
persianas (f pl)	persienn (en)	[pɛ'sjen]
luminária (f) de mesa	bordslampa (en)	['bʊːɖs,lʲampa]
luminária (f) de parede	vägglampa (en)	['vɛg,lʲampa]

| abajur (m) de pé | golvlampa (en) | ['golʲvˌlʲampa] |
| lustre (m) | ljuskrona (en) | ['juːsˌkrʊna] |

pé (de mesa, etc.)	ben (ett)	['beːn]
braço, descanso (m)	armstöd (ett)	['armˌstøːd]
costas (f pl)	rygg (en)	['rʏg]
gaveta (f)	låda (en)	['lʲoːda]

96. Quarto de dormir

roupa (f) de cama	sängkläder (pl)	['sɛŋˌklʲɛːdər]
travesseiro (m)	kudde (en)	['kudə]
fronha (f)	örngott (ett)	['øːŋˌgɔt]
cobertor (m)	duntäcke (ett)	['dʉːnˌtɛkə]
lençol (m)	lakan (ett)	['lʲakan]
colcha (f)	överkast (ett)	['øːvəˌkast]

97. Cozinha

cozinha (f)	kök (ett)	['çøːk]
gás (m)	gas (en)	['gas]
fogão (m) a gás	gasspis (en)	['gasˌspis]
fogão (m) elétrico	elektrisk spis (en)	[ɛ'lʲektrisk ˌspis]
forno (m)	bakugn (en)	['bakˌugn]
forno (m) de micro-ondas	mikrovågsugn (en)	['mikrʊvɔgsˌugn]

geladeira (f)	kylskåp (ett)	['çylʲˌskoːp]
congelador (m)	frys (en)	['frys]
máquina (f) de lavar louça	diskmaskin (en)	['diskˌma'ɧiːn]

moedor (m) de carne	köttkvarn (en)	['çœtˌkvaːŋ]
espremedor (m)	juicepress (en)	['juːsˌprɛs]
torradeira (f)	brödrost (en)	['brøːdˌrɔst]
batedeira (f)	mixer (en)	['miksər]

máquina (f) de café	kaffebryggare (en)	['kafəˌbrʏgarə]
cafeteira (f)	kaffekanna (en)	['kafəˌkana]
moedor (m) de café	kaffekvarn (en)	['kafəˌkvaːŋ]

chaleira (f)	tekittel (en)	['teˌçitəlʲ]
bule (m)	tekanna (en)	['teˌkana]
tampa (f)	lock (ett)	['lʲɔk]
coador (m) de chá	tesil (en)	['teˌsilʲ]

colher (f)	sked (en)	['ɧed]
colher (f) de chá	tesked (en)	['teˌɧed]
colher (f) de sopa	matsked (en)	['matˌɧed]
garfo (m)	gaffel (en)	['gafəlʲ]
faca (f)	kniv (en)	['kniv]

| louça (f) | servis (en) | [sɛr'vis] |
| prato (m) | tallrik (en) | ['talʲrik] |

89

pires (m)	tefat (ett)	['te͵fat]
cálice (m)	shotglas (ett)	['ʃot͵glʲas]
copo (m)	glas (ett)	['glʲas]
xícara (f)	kopp (en)	['kop]

açucareiro (m)	sockerskål (en)	['sɔkə:͵ško:lʲ]
saleiro (m)	saltskål (en)	['salʲt͵sko:lʲ]
pimenteiro (m)	pepparskål (en)	['pɛpa͵ško:lʲ]
manteigueira (f)	smörfat (en)	['smœr͵fat]

panela (f)	kastrull, gryta (en)	[ka'strulʲ], ['gryta]
frigideira (f)	stekpanna (en)	['stek͵pana]
concha (f)	slev (en)	['slʲev]
coador (m)	durkslag (ett)	['durk͵slʲag]
bandeja (f)	bricka (en)	['brika]

garrafa (f)	flaska (en)	['flʲaska]
pote (m) de vidro	glasburk (en)	['glʲas͵burk]
lata (~ de cerveja)	burk (en)	['burk]

abridor (m) de garrafa	flasköppnare (en)	['flʲask͵øpnarə]
abridor (m) de latas	burköppnare (en)	['burk͵øpnarə]
saca-rolhas (m)	korkskruv (en)	['kɔrk͵skrʉ:v]
filtro (m)	filter (ett)	['filʲtər]
filtrar (vt)	att filtrera	[at filʲ'trera]

| lixo (m) | sopor, avfall (ett) | ['supʊr], ['avfalʲ] |
| lixeira (f) | sophink (en) | ['sup͵hiŋk] |

98. Casa de banho

banheiro (m)	badrum (ett)	['bad͵ru:m]
água (f)	vatten (ett)	['vatən]
torneira (f)	kran (en)	['kran]
água (f) quente	varmvatten (ett)	['varm͵vatən]
água (f) fria	kallvatten (ett)	['kalʲ͵vatən]

pasta (f) de dente	tandkräm (en)	['tand͵krɛm]
escovar os dentes	att borsta tänderna	[at 'bɔʂta 'tɛndɛ:ŋa]
escova (f) de dente	tandborste (en)	['tand͵bɔ:ʂtə]

barbear-se (vr)	att raka sig	[at 'raka sɛj]
espuma (f) de barbear	raklödder (ett)	['rak͵lʲødər]
gilete (f)	hyvel (en)	['hyvəlʲ]

lavar (vt)	att tvätta	[at 'tvæta]
tomar banho	att tvätta sig	[at 'tvæta sɛj]
chuveiro (m), ducha (f)	dusch (en)	['duʃ]
tomar uma ducha	att duscha	[at 'duʃa]

banheira (f)	badkar (ett)	['bad͵kar]
vaso (m) sanitário	toalettstol (en)	[tʊa'lʲet͵stʊlʲ]
pia (f)	handfat (ett)	['hand͵fat]
sabonete (m)	tvål (en)	['tvo:lʲ]

saboneteira (f)	tvålskål (en)	['tvo:lˌsko:lʲ]
esponja (f)	svamp (en)	['svamp]
xampu (m)	schampo (ett)	['ɦamˌpʊ]
toalha (f)	handduk (en)	['handˌdɵ:k]
roupão (m) de banho	morgonrock (en)	['mɔrgɔnˌrɔk]

lavagem (f)	tvätt (en)	['tvæt]
lavadora (f) de roupas	tvättmaskin (en)	['tvætˌma'ɦi:n]
lavar a roupa	att tvätta kläder	[at 'tvæta 'klʲɛ:dər]
detergente (m)	tvättmedel (ett)	['tvætˌmedəlʲ]

99. Eletrodomésticos

televisor (m)	teve (en)	['teve]
gravador (m)	bandspelare (en)	['bandˌspelʲare]
videogravador (m)	video (en)	['videʊ]
rádio (m)	radio (en)	['radiʊ]
leitor (m)	spelare (en)	['spelʲare]

projetor (m)	videoprojektor (en)	['videʊ prʊ'jɛktʊr]
cinema (m) em casa	hemmabio (en)	['hɛmaˌbi:ʊ]
DVD Player (m)	DVD spelare (en)	[deve'de: ˌspelʲare]
amplificador (m)	förstärkare (en)	[fœ:'ʂtæ:kare]
console (f) de jogos	spelkonsol (en)	['spelʲ kɔn'sɔlʲ]

câmera (f) de vídeo	videokamera (en)	['videʊˌkamera]
máquina (f) fotográfica	kamera (en)	['kamera]
câmera (f) digital	digitalkamera (en)	[digi'talʲ ˌkamera]

aspirador (m)	dammsugare (en)	['damˌsɵgare]
ferro (m) de passar	strykjärn (ett)	['strykˌjæ:n]
tábua (f) de passar	strykbräda (en)	['strykˌbrɛ:da]

telefone (m)	telefon (en)	[telʲe'fɔn]
celular (m)	mobiltelefon (en)	[mɔ'bilʲ telʲe'fɔn]
máquina (f) de escrever	skrivmaskin (en)	['skrivˌma'ɦi:n]
máquina (f) de costura	symaskin (en)	['syˌma'ɦi:n]

microfone (m)	mikrofon (en)	[mikrʊ'fɔn]
fone (m) de ouvido	hörlurar (pl)	['hœ:ˌlʲɵ:rar]
controle remoto (m)	fjärrkontroll (en)	['fjæ:rˌkɔn'trolʲ]

CD (m)	cd-skiva (en)	['sede ˌɦiva]
fita (f) cassete	kassett (en)	[ka'sɛt]
disco (m) de vinil	skiva (en)	['ɦiva]

100. Reparações. Renovação

renovação (f)	renovering (en)	[renʊ'veriŋ]
renovar (vt), fazer obras	att renovera	[at renʊ'vera]
reparar (vt)	att reparera	[at repa'rera]
consertar (vt)	att bringa ordning	[at 'briŋa 'ɔ:dniŋ]

refazer (vt)	att göra om	[at 'jø:ra ɔm]
tinta (f)	färg (en)	['fæ:rj]
pintar (vt)	att måla	[at 'mo:lʲa]
pintor (m)	målare (en)	['mo:lʲarə]
pincel (m)	pensel (en)	['pɛnsəlʲ]

| cal (f) | kalkfärg (en) | ['kalʲkˌfæ:rj] |
| caiar (vt) | att vitlimma | [at 'vitˌlima] |

papel (m) de parede	tapet (en)	[ta'pet]
colocar papel de parede	att tapetsera	[at tapet'sera]
verniz (m)	fernissa (en)	[fɛ'nɪsa]
envernizar (vt)	att lackera	[at lʲa'kera]

101. Canalizações

água (f)	vatten (ett)	['vatən]
água (f) quente	varmvatten (ett)	['varmˌvatən]
água (f) fria	kallvatten (ett)	['kalʲˌvatən]
torneira (f)	kran (en)	['kran]

gota (f)	droppe (en)	['drɔpə]
gotejar (vi)	att droppa	[at 'drɔpa]
vazar (vt)	att läcka	[at 'lɛka]
vazamento (m)	läcka (en)	['lʲɛka]
poça (f)	pöl, puss (en)	['pø:lʲ], ['pus]

tubo (m)	rör (ett)	['rø:r]
válvula (f)	ventil (en)	[vɛn'tilʲ]
entupir-se (vr)	att bli igensatt	[at bli 'ijɛnsat]

ferramentas (f pl)	verktyg (pl)	['vɛrkˌtyg]
chave (f) inglesa	skiftnyckel (en)	['hjiftˌnʏkəlʲ]
desenroscar (vt)	att skruva ur	[at 'skrʉ:va ʉ:r]
enroscar (vt)	att skruva fast	[at 'skrʉ:va fast]

desentupir (vt)	att rensa	[at 'rɛnsa]
encanador (m)	rörmokare (en)	['rø:rˌmɔkarə]
porão (m)	källare (en)	['ɕɛlʲarə]
rede (f) de esgotos	avlopp (ett)	['avˌlʲɔp]

102. Fogo. Deflagração

incêndio (m)	eld (en)	['ɛlʲd]
chama (f)	flamma (en)	['flʲama]
faísca (f)	gnista (en)	['gnista]
fumaça (f)	rök (en)	['rø:k]
tocha (f)	fackla (en)	['faklʲa]
fogueira (f)	bål (ett)	['bo:lʲ]

| gasolina (f) | bensin (en) | [bɛn'sin] |
| querosene (m) | fotogen (en) | [fʊtʊ'ɧen] |

inflamável (adj)	brännbar	['brɛnˌbar]
explosivo (adj)	explosiv	[ɛksplʲɔ'siv]
PROIBIDO FUMAR!	RÖKNING FÖRBJUDEN	['rœkniŋ før'bjɵ:dən]

segurança (f)	säkerhet (en)	['sɛ:kərˌhet]
perigo (m)	fara (en)	['fara]
perigoso (adj)	farlig	['fa:lʲig]

incendiar-se (vr)	att fatta eld	[at 'fata ˌɛlʲd]
explosão (f)	explosion (en)	[ɛksplʲɔ'ɧʉn]
incendiar (vt)	att sätta eld	[at 'sæta ˌɛlʲd]
incendiário (m)	mordbrännare (en)	['mʉ:dˌbrɛnarə]
incêndio (m) criminoso	mordbrand (en)	['mʉ:dˌbrand]

flamejar (vi)	att flamma	[at 'flʲama]
queimar (vi)	att brinna	[at 'brina]
queimar tudo (vi)	att brinna ned	[at 'brina ned]

chamar os bombeiros	att ringa brandkår	[at 'riŋa 'brandˌko:r]
bombeiro (m)	brandman (en)	['brandˌman]
caminhão (m) de bombeiros	brandbil (en)	['brandˌbilʲ]
corpo (m) de bombeiros	brandkår (en)	['brandˌko:r]
escada (f) extensível	brandbilstege (en)	['brandbilʲˌstegə]

mangueira (f)	slang (en)	['slʲaŋ]
extintor (m)	brandsläckare (en)	['brandˌslʲɛkarə]
capacete (m)	hjälm (en)	['jɛlʲm]
sirene (f)	siren (en)	[si'ren]

gritar (vi)	att skrika	[at 'skrika]
chamar por socorro	att ropa på hjälp	[at 'rʉpa pɔ jɛlʲp]
socorrista (m)	räddare (en)	['rɛdarə]
salvar, resgatar (vt)	att rädda	[at 'rɛda]

chegar (vi)	att ankomma	[at 'aŋˌkɔma]
apagar (vt)	att släcka	[at 'slʲɛka]
água (f)	vatten (ett)	['vatən]
areia (f)	sand (en)	['sand]

ruínas (f pl)	ruiner (pl)	[rʉ'i:nər]
ruir (vi)	att falla ihop	[at 'falʲa i'hʉp]
desmoronar (vi)	att störta ner	[at 'stø:ʈa ner]
desabar (vi)	att störta in	[at 'stø:ʈa in]

fragmento (m)	spillra (en)	['spilʲra]
cinza (f)	aska (en)	['aska]

sufocar (vi)	att kvävas	[at 'kvɛ:vas]
perecer (vi)	att omkomma	[at 'ɔmˌkɔma]

ATIVIDADES HUMANAS

Emprego. Negócios. Parte 1

103. Escritório. O trabalho no escritório

escritório (~ de advogados)	kontor (ett)	[kɔn'tʊr]
escritório (do diretor, etc.)	kontor (ett)	[kɔn'tʊr]
recepção (f)	reception (en)	[resɛp'ɧʊn]
secretário (m)	sekreterare (en)	[sɛkrə'terarə]
secretária (f)	sekreterare (en)	[sɛkrə'terarə]
diretor (m)	direktör (en)	[dirɛk'tø:r]
gerente (m)	manager (en)	['me:nijər]
contador (m)	bokförare (en)	['bʊkˌfø:rarə]
empregado (m)	anställd (en)	['anstɛlʲd]
mobiliário (m)	möbel (en)	['mø:bəlʲ]
mesa (f)	bord (ett)	['bʊ:ɖ]
cadeira (f)	arbetsstol (en)	['arbetsˌstʊlʲ]
gaveteiro (m)	kassette, skuffemodul (en)	[ka'sɛtə], ['skufəˌmɔdul]
cabideiro (m) de pé	klädhängare (en)	['klʲɛdˌhɛŋarə]
computador (m)	dator (en)	['datʊr]
impressora (f)	skrivare (en)	['skrivarə]
fax (m)	fax (en)	['faks]
fotocopiadora (f)	kopiator (en)	[kʊpi'atʊr]
papel (m)	papper (ett)	['papər]
artigos (m pl) de escritório	kontorsmaterial (ett)	[kɔn'tʊ:ʂ mate'rjalʲ]
tapete (m) para mouse	musmatta (en)	['mʉ:sˌmata]
folha (f)	ark (ett)	['ark]
pasta (f)	mapp (en)	['map]
catálogo (m)	katalog (en)	[kata'lʲɔg]
lista (f) telefônica	telefonkatalog (en)	[telʲe'fʊn kata'lʲɔg]
documentação (f)	dokumentation (en)	[dɔkumənta'ɧʊn]
brochura (f)	broschyr (en)	[brɔ'ɧyr]
panfleto (m)	reklamblad (ett)	[rɛ'klʲamˌblʲad]
amostra (f)	prov (ett)	['prʊv]
formação (f)	träning (en)	['trɛ:niŋ]
reunião (f)	möte (ett)	['mø:tə]
hora (f) de almoço	lunchrast (en)	['lʉnɕˌrast]
fazer uma cópia	att ta en kopia	[at ta en kʊ'pia]
tirar cópias	att kopiera	[at kɔ'pjera]
receber um fax	att ta emot fax	[at ta ɛmo:t 'faks]
enviar um fax	att skicka fax	[at 'ɧika 'faks]

fazer uma chamada	att ringa	[at 'riŋa]
responder (vt)	att svara	[at 'svara]
passar (vt)	att koppla till ...	[at 'koplʲa tilʲ ...]

marcar (vt)	att arrangera	[at aran'ʃera]
demonstrar (vt)	att demonstrera	[at demɔn'strera]
estar ausente	att vara frånvarande	[at 'vara 'froːnˌvarandə]
ausência (f)	frånvaro (en)	['froːnˌvarʊ]

104. Processos negociais. Parte 1

negócio (m)	handel (en)	['handəlʲ]
ocupação (f)	yrke (ett)	['yrkə]
firma, empresa (f)	firma (en)	['firma]
companhia (f)	bolag, företag (ett)	['bʊlʲag], ['førəˌtag]
corporação (f)	korporation (en)	[kɔrpʊra'ɧʊn]
empresa (f)	företag (ett)	['førəˌtag]
agência (f)	agentur (en)	[agɛn'tʉːr]

acordo (documento)	avtal (ett)	['avtalʲ]
contrato (m)	kontrakt (ett)	[kɔn'trakt]
acordo (transação)	affär (en)	[a'fæːr]
pedido (m)	beställning (en)	[bɛ'stɛlʲniŋ]
termos (m pl)	villkor (ett)	['vilʲˌkor]

por atacado	en gros	[ɛn 'groː]
por atacado (adj)	grossist-, engros-	[grɔ'sist-], [ɛn'gro-]
venda (f) por atacado	grosshandel (en)	['grɔsˌhandəlʲ]
a varejo	detalj-	[de'talj-]
venda (f) a varejo	detaljhandel (en)	[de'taljˌhandəlʲ]

concorrente (m)	konkurrent (en)	[kɔŋku'rɛnt]
concorrência (f)	konkurrens (en)	[kɔŋku'rɛns]
competir (vi)	att konkurrera	[at kɔŋku'rera]

| sócio (m) | partner (en) | ['paːʈnər] |
| parceria (f) | partnerskap (ett) | ['paːʈnɛˌskap] |

crise (f)	kris (en)	['kris]
falência (f)	konkurs (en)	[kɔŋ'kuːʂ]
entrar em falência	att göra konkurs	[at 'jøːra kɔŋ'kuːʂ]
dificuldade (f)	svårighet (en)	['svoːrigˌhet]
problema (m)	problem (ett)	[prɔ'blʲem]
catástrofe (f)	katastrof (en)	[kata'strɔf]

economia (f)	ekonomi (en)	[ɛkʊnɔ'miː]
econômico (adj)	ekonomisk	[ɛkʊ'nɔmisk]
recessão (f) econômica	ekonomisk nedgång (en)	[ɛkʊ'nɔmisk 'nedˌgɔŋ]

| objetivo (m) | mål (ett) | ['moːlʲ] |
| tarefa (f) | uppgift (en) | ['upˌgift] |

| comerciar (vi, vt) | att handla | [at 'handlʲa] |
| rede (de distribuição) | nätverk (ett) | ['nɛːtˌvɛrk] |

| estoque (m) | lager (ett) | [ˈlʲagər] |
| sortimento (m) | sortiment (ett) | [sɔːʈiˈmɛnt] |

líder (m)	ledare (en)	[ˈlʲedarə]
grande (~ empresa)	stor	[ˈstʊr]
monopólio (m)	monopol (en)	[mɔnɔˈpolʲ]

teoria (f)	teori (en)	[teʊˈriː]
prática (f)	praktik (en)	[prakˈtik]
experiência (f)	erfarenhet (en)	[ˈɛrfarɛnhet]
tendência (f)	tendens (en)	[tɛnˈdɛns]
desenvolvimento (m)	utveckling (en)	[ˈʉtˌvɛklɪŋ]

105. Processos negociais. Parte 2

| rentabilidade (f) | utbyte (ett), fördel (en) | [ˈʉtˌbytə], [ˈføːˌdel] |
| rentável (adj) | fördelaktig | [føːdəlʲˈaktig] |

delegação (f)	delegation (en)	[delʲegaˈʃʊn]
salário, ordenado (m)	lön (en)	[ˈlʲøːn]
corrigir (~ um erro)	att rätta	[at ˈræta]
viagem (f) de negócios	affärsresa (en)	[aˈfæːʂˌresa]
comissão (f)	provision (en)	[prɔviˈʃʊn]

controlar (vt)	att kontrollera	[at kɔntrɔˈlʲera]
conferência (f)	konferens (en)	[kɔnfəˈræns]
licença (f)	licens (en)	[liˈsɛns]
confiável (adj)	pålitlig	[ˈpoˌlitlig]

empreendimento (m)	initiativ (ett)	[initsjaˈtiv]
norma (f)	norm (en)	[ˈnɔrm]
circunstância (f)	omständighet (en)	[ˈɔmˌstɛndighet]
dever (do empregado)	plikt (en)	[ˈplikt]

empresa (f)	organisation (en)	[ɔrganisaˈʃʊn]
organização (f)	organisering (en)	[ɔrganiˈseriŋ]
organizado (adj)	organiserad	[ɔrganiˈserad]
anulação (f)	annullering (en)	[anʉˈlʲeriŋ]
anular, cancelar (vt)	att inställa, att annullera	[at inˈstɛlʲa], [at anʉˈlʲera]
relatório (m)	rapport (en)	[raˈpɔːt]

patente (f)	patent (ett)	[paˈtɛnt]
patentear (vt)	att patentera	[at patɛnˈtera]
planejar (vt)	att planera	[at plʲaˈnera]

bônus (m)	bonus, premie (en)	[ˈbʊnus], [ˈpremiə]
profissional (adj)	professionell	[prɔfeʃʊˈnɛlʲ]
procedimento (m)	procedur (en)	[prʊseˈdʉːr]

examinar (~ a questão)	att undersöka	[at ˈundəˌʂøːka]
cálculo (m)	beräkning (en)	[beˈrɛknɪŋ]
reputação (f)	rykte (ett)	[ˈrʏktə]
risco (m)	risk (en)	[ˈrisk]
dirigir (~ uma empresa)	att styra, att leda	[at ˈstyra], [at ˈlʲeda]

informação (f)	upplysningar (pl)	['up‚lysniŋar]
propriedade (f)	egendom (en)	['ɛgən‚dʉm]
união (f)	förbund (ett)	['før‚bund]

seguro (m) de vida	livförsäkring (en)	['liv‚fœ:'sɛkriŋ]
fazer um seguro	att försäkra	[at fœ:'sɛkra]
seguro (m)	försäkring (en)	[fœ:'sɛkriŋ]

leilão (m)	auktion (en)	[auk'hʉn]
notificar (vt)	att underrätta	[at 'undə‚ræta]
gestão (f)	ledning (en)	['lʲedniŋ]
serviço (indústria de ~s)	tjänst (en)	['ɕɛnst]

fórum (m)	forum (ett)	['fʉrum]
funcionar (vi)	att fungera	[at fun'gera]
estágio (m)	etapp (en)	[ɛ'tap]
jurídico, legal (adj)	juridisk	[jʉ'ridisk]
advogado (m)	jurist (en)	[jʉ'rist]

106. Produção. Trabalhos

usina (f)	verk (ett)	['vɛrk]
fábrica (f)	fabrik (en)	[fab'rik]
oficina (f)	verkstad (en)	['vɛrk‚stad]
local (m) de produção	produktionsplats (en)	[prɔduk'hʉn‚plʲats]

indústria (f)	industri (en)	[indu'stri:]
industrial (adj)	industriell	[industri'ɛlʲ]
indústria (f) pesada	tung industri (en)	['tuŋ indu'stri:]
indústria (f) ligeira	lätt industri (en)	['lʲæt indu'stri:]

produção (f)	produktion (en)	[prɔduk'hʉn]
produzir (vt)	att producera	[at prɔdʉ'sera]
matérias-primas (f pl)	råvaror (pl)	['ro:‚varʉr]

chefe (m) de obras	förman, bas (en)	['førerman], ['bas]
equipe (f)	arbetslag (en)	['arbets‚lag]
operário (m)	arbetare (en)	['ar‚betarə]

dia (m) de trabalho	arbetsdag (en)	['arbets‚dag]
intervalo (m)	vilopaus (en)	['vilʲɔ‚paus]
reunião (f)	möte (ett)	['mø:tə]
discutir (vt)	att dryfta, att diskutera	[at 'dryfta], [at diskʉ'tera]

plano (m)	plan (en)	['plʲan]
cumprir o plano	att uppfylla planen	[at 'up‚fylʲa 'planən]
taxa (f) de produção	produktionsmål (ett)	[prɔduk'hʉn‚mo:lʲ]
qualidade (f)	kvalité (en)	[kvali'te:]
controle (m)	kontroll (en)	[kɔn'trolʲ]
controle (m) da qualidade	kvalitetskontroll (en)	[kvali'tets kɔn'trolʲ]

segurança (f) no trabalho	arbetarskydd (ett)	['arbeta:‚ʃyd]
disciplina (f)	disciplin (en)	[disip'lin]
infração (f)	brott (ett)	['brɔt]

violar (as regras)	att bryta	[at 'bryta]
greve (f)	strejk (en)	['strɛjk]
grevista (m)	strejkande (en)	['strɛjkandə]
estar em greve	att strejka	[at 'strɛjka]
sindicato (m)	fackförening (en)	['fakfø,reniŋ]

inventar (vt)	att uppfinna	[at 'up,fina]
invenção (f)	uppfinning (en)	['up,finiŋ]
pesquisa (f)	forskning (en)	['fɔːʂkniŋ]
melhorar (vt)	att förbättra	[at før'bætra]
tecnologia (f)	teknologi (en)	[teknolˡɔ'giː]
desenho (m) técnico	teknisk ritning (en)	['tɛknisk 'ritniŋ]

carga (f)	last (en)	['lˡast]
carregador (m)	lastare (en)	['lˡastarə]
carregar (o caminhão, etc.)	att lasta	[at 'lˡasta]
carregamento (m)	lastning (en)	['lˡastniŋ]
descarregar (vt)	att lasta av	[at 'lˡasta av]
descarga (f)	avlastning (en)	['av,lˡastniŋ]

transporte (m)	transport (en)	[trans'pɔːt]
companhia (f) de transporte	transportföretag (ett)	[trans'pɔːt,førə'tag]
transportar (vt)	att transportera	[at transpɔː'tera]

vagão (m) de carga	godsvagn (en)	['gʊds,vagn]
tanque (m)	tank (en)	['taŋk]
caminhão (m)	lastbil (en)	['lˡast,bilˡ]

| máquina (f) operatriz | verktygsmaskin (en) | ['vɛrk,tygs ma'ɧiːn] |
| mecanismo (m) | mekanism (en) | [meka'nism] |

resíduos (m pl) industriais	industriellt avfall (ett)	[industri'ɛlˡt 'avfalˡ]
embalagem (f)	packning (en)	['pakniŋ]
embalar (vt)	att packa	[at 'paka]

107. Contrato. Acordo

contrato (m)	kontrakt (ett)	[kɔn'trakt]
acordo (m)	avtal (ett)	['avtalˡ]
adendo, anexo (m)	tillägg (ett), bilaga (en)	['til,lˡɛːg], ['bi,lˡaga]

assinar o contrato	att ingå avtal	[at 'ingo: 'avtalˡ]
assinatura (f)	signatur, underskrift (en)	[signa'tʉːr], ['undə,ʂkrift]
assinar (vt)	att underteckna	[at 'undə,tɛkna]
carimbo (m)	stämpel (en)	['stɛmpəlˡ]

objeto (m) do contrato	kontraktets föremål (ett)	[kɔn'traktets 'førə,moːlˡ]
cláusula (f)	klausul (en)	[klau'sʉl]
partes (f pl)	parter (pl)	['paːtər]
domicílio (m) legal	juridisk adress (en)	[jʉ'ridisk a'drɛs]

violar o contrato	att bryta kontraktet	[at 'bryta kɔn'traktet]
obrigação (f)	förpliktelse (en)	[før'pliktəlˡsə]
responsabilidade (f)	ansvar (ett)	['an,svar]

força (f) maior	force majeure (en)	[ˌfɔrs maˈʒøːr]
litígio (m), disputa (f)	tvist (en)	[ˈtvist]
multas (f pl)	straffavgifter (pl)	[ˈstrafˌavˈjiftər]

108. Importação & Exportação

importação (f)	import (en)	[imˈpɔːt]
importador (m)	importör (en)	[impɔːˈtøːr]
importar (vt)	att importera	[at impɔːˈtera]
de importação	import-	[imˈpɔːt-]

exportação (f)	export (en)	[ˈɛkspɔːt]
exportador (m)	exportör (en)	[ɛkspɔːˈtøːr]
exportar (vt)	att exportera	[at ɛkspɔːˈtera]
de exportação	export-	[ˈɛkspɔːt-]

| mercadoria (f) | vara (en) | [ˈvara] |
| lote (de mercadorias) | parti (ett) | [paˈtiː] |

peso (m)	vikt (en)	[ˈvikt]
volume (m)	volym (en)	[vɔˈlʲym]
metro (m) cúbico	kubikmeter (en)	[kʉˈbikˌmetər]

produtor (m)	producent (en)	[prɔdʉˈsɛnt]
companhia (f) de transporte	transportföretag (ett)	[transˈpɔːtˌførəˈtag]
contêiner (m)	container (en)	[kɔnˈtɛjnər]

fronteira (f)	gräns (en)	[ˈgrɛns]
alfândega (f)	tull (en)	[ˈtulʲ]
taxa (f) alfandegária	tullavgift (en)	[ˈtulʲˌavˈjift]
funcionário (m) da alfândega	tulltjänsteman (en)	[ˈtulʲ ˈɕɛnstəˌman]
contrabando (atividade)	smuggling (en)	[ˈsmugliŋ]
contrabando (produtos)	smuggelgods (ett)	[ˈsmugəlʲˌgʊds]

109. Finanças

ação (f)	aktie (en)	[ˈaktsiə]
obrigação (f)	obligation (en)	[ɔbligaˈʃʊn]
nota (f) promissória	växel (en)	[ˈvɛksəlʲ]

| bolsa (f) de valores | börs (en) | [ˈbøːʂ] |
| cotação (m) das ações | aktiekurs (en) | [ˈaktsiəˌkuːʂ] |

| tornar-se mais barato | att gå ner | [at ˈgoː ˌner] |
| tornar-se mais caro | att gå upp | [at ˈgoː ˈup] |

parte (f)	andel (en)	[ˈanˌdel]
participação (f) majoritária	aktiemajoritet (en)	[ˈaktsiə majʊriˈtet]
investimento (m)	investering (en)	[invəˈsteriŋ]
investir (vt)	att investera	[at invəˈstera]
porcentagem (f)	procent (en)	[prʊˈsɛnt]
juros (m pl)	ränta (en)	[ˈrɛnta]

lucro (m)	vinst, förtjänst (en)	['vinst], [fœ:'ɕɛ:nst]
lucrativo (adj)	fördelaktig	[fø:dəlˡˡaktig]
imposto (m)	skatt (en)	['skat]

divisa (f)	valuta (en)	[va'lʉ:ta]
nacional (adj)	nationell	[natŋʊ'nɛlʲ]
câmbio (m)	växling (en)	['vɛksliŋ]

| contador (m) | bokförare (en) | ['bʊkˌfø:rarə] |
| contabilidade (f) | bokföring (en) | ['bʊkˌfø:riŋ] |

falência (f)	konkurs (en)	[kɔŋ'ku:ʂ]
falência, quebra (f)	krasch (en)	['kraʃ]
ruína (f)	ruin (en)	[rʉ'in]
estar quebrado	att ruinera sig	[at rʉi'nera sɛj]
inflação (f)	inflation (en)	[inflˡa'ŋʊn]
desvalorização (f)	devalvering (en)	[devalˡˡveriŋ]

capital (m)	kapital (ett)	[kapi'talʲ]
rendimento (m)	inkomst (en)	['iŋˌkɔmst]
volume (m) de negócios	omsättning (en)	['ɔmˌsætniŋ]
recursos (m pl)	resurser (pl)	[re'su:ʂər]
recursos (m pl) financeiros	penningmedel (pl)	['pɛniŋˌmedəlʲ]
despesas (f pl) gerais	fasta utgifter (pl)	['fasta 'ʉtˌjiftər]
reduzir (vt)	att reducera	[at redʉ'sera]

110. Marketing

marketing (m)	marknadsföring (en)	['marknadsˌfø:riŋ]
mercado (m)	marknad (en)	['marknad]
segmento (m) do mercado	marknadsegment (ett)	['marknad seg'mɛnt]
produto (m)	produkt (en)	[prɔ'dukt]
mercadoria (f)	vara (en)	['vara]

marca (f)	varumärke (ett)	['varʉˌmæ:rkə]
marca (f) registrada	varumärke (ett)	['varʉˌmæ:rkə]
logotipo (m)	firmamärke (ett)	['firmaˌmæ:rkə]
logo (m)	logotyp (en)	['lʲɔgɔtyp]

| demanda (f) | efterfrågan (en) | ['ɛftəˌfro:gan] |
| oferta (f) | utbud (ett) | ['ʉtˌbʉd] |

| necessidade (f) | behov (ett) | [be'hʊv] |
| consumidor (m) | konsument, förbrukare (en) | [kɔnsu'mɛnt], [før'brʉ:karə] |

| análise (f) | analys (en) | [ana'lʲys] |
| analisar (vt) | att analysera | [at analʲy'sera] |

| posicionamento (m) | positionering (en) | [pʊsiŋʊ'neriŋ] |
| posicionar (vt) | att positionera | [at pɔsiŋʊ'nera] |

preço (m)	pris (ett)	['pris]
política (f) de preços	prispolitik (en)	['pris pʉli'tik]
formação (f) de preços	prisbildning (en)	['prisˌbilˡdniŋ]

111. Publicidade

publicidade (f)	reklam (en)	[rɛ'klʲam]
fazer publicidade	att reklamera	[at rɛklʲa'mera]
orçamento (m)	budget (en)	['budjet]
anúncio (m)	annons (en)	[a'nɔns]
publicidade (f) na TV	tv-reklam (ett)	['teve rɛ'klʲam]
publicidade (f) na rádio	radioreklam (en)	['radiʊ rɛ'klʲam]
publicidade (f) exterior	utomhusreklam (en)	['ʉtɔm‚hʉs rɛ'klʲam]
comunicação (f) de massa	massmedier (pl)	['mas‚mediər]
periódico (m)	tidskrift (en)	['tid‚skrift]
imagem (f)	image (en)	['imidʒ]
slogan (m)	slogan (en)	['slʲogan]
mote (m), lema (f)	motto (ett)	['mɔtʊ]
campanha (f)	kampanj (en)	[kam'panʲ]
campanha (f) publicitária	reklamkampanj (en)	[rɛ'klʲam kam'panʲ]
grupo (m) alvo	målgrupp (en)	['mo:lʲ‚grup]
cartão (m) de visita	visitkort (ett)	[vi'sit‚kɔ:t]
panfleto (m)	reklamblad (ett)	[rɛ'klʲam‚blʲad]
brochura (f)	broschyr (en)	[brɔ'ɸyr]
folheto (m)	folder (en)	['fɔldə]
boletim (~ informativo)	nyhetsbrev (ett)	['nyhets‚brev]
letreiro (m)	skylt (en)	['ɸylʲt]
cartaz, pôster (m)	poster, löpsedel (en)	['pɔstər], ['løp‚sedəlʲ]
painel (m) publicitário	reklamskylt (en)	[rɛ'klʲam‚ɸylʲt]

112. Banca

banco (m)	bank (en)	['baŋk]
balcão (f)	avdelning (en)	[av'dɛlʲniŋ]
consultor (m) bancário	konsulent (en)	[kɔnsu'lʲɛnt]
gerente (m)	föreståndare (en)	[førə'stɔndarə]
conta (f)	bankkonto (ett)	['baŋk‚kɔntʊ]
número (m) da conta	kontonummer (ett)	['kɔntʊ‚numər]
conta (f) corrente	checkkonto (ett)	['ɕɛk‚kɔntʊ]
conta (f) poupança	sparkonto (ett)	['spar‚kɔntʊ]
abrir uma conta	att öppna ett konto	[at 'øpna ɛt 'kɔntʊ]
fechar uma conta	att avsluta kontot	[at 'av‚slʉ:ta 'kɔntʊt]
depositar na conta	att sätta in på kontot	[at 'sæta in pɔ 'kɔntʊt]
sacar (vt)	att ta ut från kontot	[at ta ʉt frɔn 'kɔntʊt]
depósito (m)	insats (en)	['in‚sats]
fazer um depósito	att sätta in	[at 'sæta in]
transferência (f) bancária	överföring (en)	['ø:və‚fø:riŋ]

transferir (vt)	att överföra	[at øːvəˌføra]
soma (f)	summa (en)	['suma]
Quanto?	Hur mycket?	[hʉr 'mʏkə]

| assinatura (f) | signatur, underskrift (en) | [signa'tʉːr], ['undəˌskrift] |
| assinar (vt) | att underteckna | [at 'undəˌtɛkna] |

cartão (m) de crédito	kreditkort (ett)	[kre'ditˌkɔːt]
senha (f)	kod (en)	['kɔd]
número (m) do cartão de crédito	kreditkortsnummer (ett)	[kre'ditˌkɔːts 'numər]
caixa (m) eletrônico	bankomat (en)	[baŋkʉ'mat]

cheque (m)	check (en)	['ɕɛk]
passar um cheque	att skriva en check	[at 'skriva en 'ɕɛk]
talão (m) de cheques	checkbok (en)	['ɕɛkˌbʉk]

empréstimo (m)	lån (ett)	['lʲoːn]
pedir um empréstimo	att ansöka om lån	[at 'anˌsøːka ɔm 'lʲoːn]
obter empréstimo	att få ett lån	[at foː et 'lʲoːn]
dar um empréstimo	att ge ett lån	[at jeː et 'lʲoːn]
garantia (f)	garanti (en)	[garan'tiː]

113. Telefone. Conversação telefônica

telefone (m)	telefon (en)	[telʲe'fɔn]
celular (m)	mobiltelefon (en)	[mɔ'bilʲ telʲe'fɔn]
secretária (f) eletrônica	telefonsvarare (en)	[telʲe'fɔnˌsvararə]

| fazer uma chamada | att ringa | [at 'riŋa] |
| chamada (f) | telefonsamtal (en) | [telʲe'fɔnˌsamtalʲ] |

discar um número	att slå nummer	[at 'slʲoː 'numər]
Alô!	Hallå!	[ha'lʲoː]
perguntar (vt)	att fråga	[at 'froːga]
responder (vt)	att svara	[at 'svara]

ouvir (vt)	att höra	[at 'høːra]
bem	gott, bra	['gɔt], ['bra]
mal	dåligt	['doːlit]
ruído (m)	bruser, störningar (pl)	['brʉːsər], ['støːˌɲiŋar]

fone (m)	telefonlur (en)	[telʲe'fɔnˌlʉːr]
pegar o telefone	att lyfta telefonluren	[at 'lʲyfta telʲe'fɔn 'lʉːrən]
desligar (vi)	att lägga på	[at 'lʲɛga pɔ]

ocupado (adj)	upptagen	['upˌtagən]
tocar (vi)	att ringa	[at 'riŋa]
lista (f) telefônica	telefonkatalog (en)	[telʲe'fɔn kata'lʲog]
local (adj)	lokal-	[lʲo'kalʲ-]
chamada (f) local	lokalsamtal (ett)	[lʲo'kalʲ samtalʲ]
de longa distância	riks-	['riks-]
chamada (f) de longa distância	rikssamtal (ett)	['riksˌsamtalʲ]

| internacional (adj) | internationell | ['intɛ:ŋatʃʊˌnɛlʲ] |
| chamada (f) internacional | internationell samtal (ett) | ['intɛ:ŋatʃʊˌnɛlʲ 'samtalʲ] |

114. Telefone móvel

celular (m)	mobiltelefon (en)	[mɔ'bilʲ telʲe'fɔn]
tela (f)	skärm (en)	['ʃæ:rm]
botão (m)	knapp (en)	['knap]
cartão SIM (m)	SIM-kort (ett)	['simˌkɔ:t]

bateria (f)	batteri (ett)	[batɛ'ri:]
descarregar-se (vr)	att bli urladdad	[at bli 'ʉːˌlʲadad]
carregador (m)	laddare (en)	['lʲadarə]

| menu (m) | meny (en) | [me'ny] |
| configurações (f pl) | inställningar (pl) | ['inˌstɛlʲniŋar] |

| melodia (f) | melodi (en) | [melʲɔ'di:] |
| escolher (vt) | att välja | [at 'vɛlja] |

calculadora (f)	kalkylator (en)	[kalʲky'lʲatʊr]
correio (m) de voz	telefonsvarare (en)	[telʲe'fɔnˌsvararə]
despertador (m)	väckarklocka, alarm (en)	['vɛkarˌklʲɔka], [a'lʲarm]
contatos (m pl)	kontakter (pl)	[kɔn'taktər]

| mensagem (f) de texto | SMS meddelande (ett) | [ɛsɛ'mɛs me'delʲandə] |
| assinante (m) | abonnent (en) | [abɔ'nɛnt] |

115. Estacionário

| caneta (f) | kulspetspenna (en) | ['kʉlʲspetsˌpɛna] |
| caneta (f) tinteiro | reservoarpenna (en) | [resɛrvʊ'arˌpɛna] |

lápis (m)	blyertspenna (en)	['blʲyɛ:tsˌpɛna]
marcador (m) de texto	märkpenna (en)	['mœrkˌpɛna]
caneta (f) hidrográfica	tuschpenna (en)	['tu:ʃˌpɛna]

| bloco (m) de notas | block (ett) | ['blʲɔk] |
| agenda (f) | dagbok (en) | ['dagˌbʊk] |

régua (f)	linjal (en)	[li'njalʲ]
calculadora (f)	kalkylator (en)	[kalʲky'lʲatʊr]
borracha (f)	suddgummi (ett)	['sudˌgumi]

| alfinete (m) | häftstift (ett) | ['hɛftˌstift] |
| clipe (m) | gem (ett) | ['gem] |

| cola (f) | lim (ett) | ['lim] |
| grampeador (m) | häftapparat (en) | ['hɛft apaˌrat] |

| furador (m) de papel | hålslag (ett) | ['ho:lʲˌslʲag] |
| apontador (m) | pennvässare (en) | ['pɛnˌvɛsarə] |

116. Vários tipos de documentos

relatório (m)	rapport (en)	[ra'pɔ:t]
acordo (m)	avtal (ett)	['avtalʲ]
ficha (f) de inscrição	ansökningsblankett (en)	['an,sœkniŋs blaŋ'ket]
autêntico (adj)	äckta	['ɛkta]
crachá (m)	bricka (en)	['brika]
cartão (m) de visita	visitkort (ett)	[vi'sit,kɔ:t]

certificado (m)	certifikat (ett)	[sɛ:ʈifi'kat]
cheque (m)	check (en)	['ɕɛk]
conta (f)	nota (en)	['nʊta]
constituição (f)	konstitution (en)	[kɔnstitu'ɧʊn]

contrato (m)	avtal (ett)	['avtalʲ]
cópia (f)	kopia (en)	[kʊ'pia]
exemplar (~ assinado)	exemplar (ett)	[ɛksɛmp'lʲar]

declaração (f) alfandegária	tulldeklaration (en)	['tulʲ,dɛklʲara'ɧʊn]
documento (m)	dokument (ett)	[dɔku'mɛnt]
carteira (f) de motorista	körkort (ett)	['ɕø:r,kɔ:t]
adendo, anexo (m)	tillägg (ett), bilaga (en)	['til,lʲɛ:g], ['bi,lʲaga]
questionário (m)	formulär (ett)	[fɔrmʉ'lʲæ:r]

carteira (f) de identidade	legitimation (en)	[lʲegitima'ɧʊn]
inquérito (m)	förfrågan (en)	['før,fro:gan]
convite (m)	inbjudningskort (ett)	[in'bjʉ:dniŋs,kɔ:t]
fatura (f)	faktura (en)	[fak'tʉra]

lei (f)	lag (en)	['lʲag]
carta (correio)	brev (ett)	['brev]
papel (m) timbrado	brevpapper (ett)	['brev,papər]
lista (f)	lista (en)	['lista]
manuscrito (m)	manuskript (ett)	[manu'skript]
boletim (~ informativo)	nyhetsbrev (ett)	['nyhets,brev]
bilhete (mensagem breve)	lapp (en)	['lʲap]

passe (m)	passerkort (ett)	[pa'sər,kɔ:t]
passaporte (m)	pass (ett)	['pas]
permissão (f)	tillåtelse (en)	['til,lʲo:təlʲsə]
currículo (m)	meritförteckning (en)	[me'rit,fœ:'ʈɛkniŋ]
nota (f) promissória	skuldebrev (ett)	['skulʲdə,brev]
recibo (m)	kvitto (ett)	['kvitʊ]
talão (f)	kvitto (ett)	['kvitʊ]
relatório (m)	rapport (en)	[ra'pɔ:t]

mostrar (vt)	att visa	[at 'visa]
assinar (vt)	att underteckna	[at 'undə,ʈɛkna]
assinatura (f)	signatur, underskrift (en)	[signa'tʉ:r], ['undə,ʂkrift]
carimbo (m)	stämpel (en)	['stɛmpəlʲ]
texto (m)	text (en)	['tɛkst]
ingresso (m)	biljett (en)	[bi'lʲet]

riscar (vt)	att stryka ut	[at 'stryka ʉt]
preencher (vt)	att fylla i	[at 'fylʲa 'i]

| carta (f) de porte | fraktsedel (en) | ['frakt,sedəlʲ] |
| testamento (m) | testamente (ett) | [tɛsta'mɛntə] |

117. Tipos de negócios

serviços (m pl) de contabilidade	bokföringstjänster (en)	['bʊk,fø:riŋ 'ɕɛnstər]
publicidade (f)	reklam (en)	[rɛ'klʲam]
agência (f) de publicidade	reklambyrå (en)	[rɛ'klʲamby,ro:]
ar (m) condicionado	luftkonditionering (en)	['lʊft,kɔndiɧʊ'neriŋ]
companhia (f) aérea	flygbolag (ett)	['flʲyg,bʊlʲag]

bebidas (f pl) alcoólicas	alkoholhaltiga drycker (pl)	[alʲkʊ'hɔlʲ,halʲtiga 'drʏkər]
comércio (m) de antiguidades	antikviteter (pl)	[antikvi'tetər]
galeria (f) de arte	konstgalleri (ett)	['kɔnst galʲe'ri:]
serviços (m pl) de auditoria	revisiontjänster (pl)	[revi'ɧʊn,ɕɛnstər]

negócios (m pl) bancários	bankaffärer (pl)	['baŋk a'fæ:rər]
bar (m)	bar (en)	['bar]
salão (m) de beleza	skönhetssalong (en)	['ɧø:nheʦ sa'lʲɔŋ]
livraria (f)	bokhandel (en)	['bʊk,handəlʲ]
cervejaria (f)	bryggeri (ett)	[brʏge'ri:]
centro (m) de escritórios	affärscentrum (ett)	[a'fæ:ʂ,sɛntrum]
escola (f) de negócios	affärsskola (en)	[a'fæ:ʂ,skʊlʲa]

cassino (m)	kasino (ett)	[ka'sinʊ]
construção (f)	byggbranch (en)	['bʏgbranɕ]
consultoria (f)	konsulttjänster (pl)	[kɔn'sulʲt,ɕɛnstər]

clínica (f) dentária	tandklinik (en)	['tand kli'nik]
design (m)	design (en)	[de'sajn]
drogaria (f)	apotek (ett)	[apʊ'tek]
lavanderia (f)	kemtvätt (en)	['ɕemtvæt]
agência (f) de emprego	arbetsförmedling (en)	['arbeʦ,før'medliŋ]

serviços (m pl) financeiros	finansiella tjänster (pl)	[finan'sjɛlʲa 'ɕɛnstər]
alimentos (m pl)	matvaror (pl)	['mat,varʊr]
funerária (f)	begravningsbyrå (en)	[be'gravniŋs,byro:]
mobiliário (m)	möbel (en)	['mø:bəlʲ]
roupa (f)	kläder (pl)	['klʲɛ:dər]
hotel (m)	hotell (ett)	[hʊ'tɛlʲ]

sorvete (m)	glass (en)	['glʲas]
indústria (f)	industri (en)	[indu'stri:]
seguro (~ de vida, etc.)	försäkring (en)	[fœ:'ʂɛkriŋ]
internet (f)	Internet	['intɛ:,ŋɛt]
investimento (m)	investering (en)	[invɛ'steriŋ]

joalheiro (m)	juvelerare (en)	[jʉve'lʲe:rarə]
joias (f pl)	smycken (pl)	['smʏkən]
lavanderia (f)	tvätteri (ett)	[tvæte'ri:]
assessorias (f pl) jurídicas	juridisk rådgivare (pl)	[jʉ'ridisk 'ro:djivarə]
indústria (f) ligeira	lätt industri (en)	[lʲæt indu'stri:]
revista (f)	tidskrift (en)	['tid,skrift]

vendas (f pl) por catálogo	postorderförsäljning (en)	['pɔst‚ɔːdər fœːˈʂɛljniŋ]
medicina (f)	medicin (en)	[mediˈsin]
cinema (m)	biograf (en)	[biʊˈgraf]
museu (m)	museum (ett)	[mʉˈseum]
agência (f) de notícias	nyhetsbyrå (en)	[ˈnyhets byˈroː]
jornal (m)	tidning (en)	[ˈtidniŋ]
boate (casa noturna)	nattklubb (en)	[ˈnat‚klʉb]
petróleo (m)	olja (en)	[ˈɔlja]
serviços (m pl) de remessa	budtjänst (en)	[ˈbʉːt‚ɕɛnst]
indústria (f) farmacêutica	farmaci (en)	[farmaˈsiː]
tipografia (f)	tryckeri (ett)	[trʏkeˈriː]
editora (f)	förlag (ett)	[fœːˈlʲag]
rádio (m)	radio (en)	[ˈradiʊ]
imobiliário (m)	fastighet (en)	[ˈfastig‚het]
restaurante (m)	restaurang (en)	[rɛstɔˈraŋ]
empresa (f) de segurança	säkerhetsbyrå (en)	[ˈsɛːkərhets‚byˈroː]
esporte (m)	sport (en)	[ˈspɔːt]
bolsa (f) de valores	börs (en)	[ˈbøːʂ]
loja (f)	affär, butik (en)	[aˈfæːr], [buˈtik]
supermercado (m)	snabbköp (ett)	[ˈsnab‚ɕøːp]
piscina (f)	simbassäng (en)	[ˈsimba‚sɛŋ]
alfaiataria (f)	skrädderi (ett)	[skrɛdeˈriː]
televisão (f)	television (en)	[telʲeviˈɧʊn]
teatro (m)	teater (en)	[teˈatər]
comércio (m)	handel (en)	[ˈhandəlʲ]
serviços (m pl) de transporte	transport (en)	[transˈpɔːt]
viagens (f pl)	turism (en)	[tuˈrism]
veterinário (m)	veterinär (en)	[vetəriˈnæːr]
armazém (m)	lager (en)	[ˈlʲagər]
recolha (f) do lixo	avfallshantering (en)	[ˈavfalʲs‚hanteriŋ]

Emprego. Negócios. Parte 2

118. Espetáculo. Feira

feira, exposição (f)	mässa (en)	['mɛsa]
feira (f) comercial	handelsmässa (en)	['handəlʲs͵mɛsa]
participação (f)	deltagande (ett)	['delʲ͵tagandə]
participar (vi)	att delta	[at 'dɛlʲta]
participante (m)	deltagare (en)	['delʲ͵tagarə]
diretor (m)	direktör (en)	[dirɛk'tø:r]
direção (f)	arrangörskontor (ett)	[aran'ŋør kɔn'tʊr]
organizador (m)	arrangör (en)	[aran'jø:r]
organizar (vt)	att organisera	[at ɔrgani'sera]
ficha (f) de inscrição	deltagarformulär (ett)	['delʲtagar͵formu'lʲæ:r]
preencher (vt)	att fylla i	[at 'fylʲa 'i]
detalhes (m pl)	detaljer (pl)	[de'taljər]
informação (f)	information (en)	[informa'ŋʊn]
preço (m)	pris (ett)	['pris]
incluindo	inklusive	['iŋklʉ͵sivə]
incluir (vt)	att inkludera	[at iŋklʉ'dera]
pagar (vt)	att betala	[at be'talʲa]
taxa (f) de inscrição	registreringsavgift (en)	[reji'streriŋs 'av͵jift]
entrada (f)	ingång (en)	['in͵gɔŋ]
pavilhão (m), salão (f)	paviljong (en)	[pavi'lʲjɔŋ]
inscrever (vt)	att registrera	[at regi'strera]
crachá (m)	bricka (en)	['brika]
stand (m)	monter (en)	['mɔntər]
reservar (vt)	att reservera	[at resɛr'vera]
vitrine (f)	glasmonter (en)	['glʲas͵mɔntər]
lâmpada (f)	spotlight (en)	['spot͵lajt]
design (m)	design (en)	[de'sajn]
pôr (posicionar)	att placera	[at plʲa'sera]
ser colocado, -a	att bli placerat	[at bli plʲa'serat]
distribuidor (m)	distributör (en)	[distribʉ'tø:r]
fornecedor (m)	leverantör (en)	[lʲevəran'tø:r]
fornecer (vt)	att förse, att leverera	[at fœː'ʂə], [at lʲeve'rera]
país (m)	land (ett)	['lʲand]
estrangeiro (adj)	utländsk	['ʉt͵lʲɛŋsk]
produto (m)	produkt (en)	[prɔ'dukt]
associação (f)	förening (en)	[fø'reniŋ]
sala (f) de conferência	konferenssal (en)	[kɔnfe'ræns͵salʲ]

| congresso (m) | kongress (en) | [kɔŋ'grɛs] |
| concurso (m) | tävling (en) | ['tɛvlʲiŋ] |

visitante (m)	besökare (en)	[be'sø:karə]
visitar (vt)	att besöka	[at be'sø:ka]
cliente (m)	kund, beställare (en)	['kund], [be'stɛlʲarə]

119. Media

jornal (m)	tidning (en)	['tidniŋ]
revista (f)	tidskrift (en)	['tidˌskrift]
imprensa (f)	press (en)	['prɛs]
rádio (m)	radio (en)	['radiʊ]
estação (f) de rádio	radiostation (en)	['radiʊ sta'ɧʊn]
televisão (f)	television (en)	[telʲevi'ɧʊn]

apresentador (m)	programledare (en)	[prɔ'gramˌlʲedarə]
locutor (m)	uppläsare (en)	['upˌlʲɛ:sarə]
comentarista (m)	kommentator (en)	[kɔmɛn'tatʊr]

jornalista (m)	journalist (en)	[ɧʊɲa'list]
correspondente (m)	korrespondent (en)	[kɔrɛspon'dɛnt]
repórter (m) fotográfico	pressfotograf (en)	['prɛs fʊtʊ'graf]
repórter (m)	reporter (en)	[re'pɔ:ʈər]

| redator (m) | redaktör (en) | [redak'tø:r] |
| redator-chefe (m) | chefredaktör (en) | ['ɧefˌredak'tø:r] |

assinar a ...	att prenumerera	[at prenume'rera]
assinatura (f)	prenumeration (en)	[prenumera'ɧʊn]
assinante (m)	prenumerant (en)	[prenume'rant]
ler (vt)	att läsa	[at 'lʲɛ:sa]
leitor (m)	läsare (en)	['lʲɛ:sarə]

tiragem (f)	upplaga (en)	['upˌlʲaga]
mensal (adj)	månatlig	[mo'natlig]
semanal (adj)	vecko-	['vɛkɔ-]
número (jornal, revista)	nummer (ett)	['numər]
recente, novo (adj)	ny, färsk	['ny], [fæ:ʂk]

manchete (f)	rubrik (en)	[ru'brik]
pequeno artigo (m)	notis (en)	[nʊ'tis]
coluna (~ semanal)	rubrik (en)	[ru'brik]
artigo (m)	artikel (en)	[a'ʈikəlʲ]
página (f)	sida (en)	['sida]

reportagem (f)	reportage (ett)	[repɔ:'ʈa:ʃ]
evento (festa, etc.)	händelse (en)	['hɛndəlʲsə]
sensação (f)	sensation (en)	[sɛnsa'ɧʊn]
escândalo (m)	skandal (en)	[skan'dalʲ]
escandaloso (adj)	skandalös	[skanda'lʲøs]
grande (adj)	stor	['stʊr]
programa (m)	program (ett)	[prɔ'gram]
entrevista (f)	intervju (en)	[intɛr'vjʉ:]

transmissão (f) ao vivo	direktsändning (en)	[di'rɛkt‚sɛndniŋ]
canal (m)	kanal (en)	[ka'nalʲ]

120. Agricultura

agricultura (f)	jordbruk (ett)	['juːd‚brʉk]
camponês (m)	bonde (en)	['bʉndə]
camponesa (f)	bondkvinna (en)	['bʉnd‚kvina]
agricultor, fazendeiro (m)	lantbrukare, bonde (en)	['lʲant‚brʉːkarə], ['bʉndə]

trator (m)	traktor (en)	['traktʉr]
colheitadeira (f)	skördetröska (en)	['ɧøːdɛ‚trœska]

arado (m)	plog (en)	['plʊg]
arar (vt)	att ploga	[at 'plʲʉga]
campo (m) lavrado	plöjd åker (en)	['plʲœjd 'oːkər]
sulco (m)	fåra (en)	['foːra]

semear (vt)	att så	[at soː]
plantadeira (f)	såmaskin (en)	['soː‚ma'ɧiːn]
semeadura (f)	såning (en)	['soːniŋ]

foice (m)	lie (en)	['liːe]
cortar com foice	att meja, att slå	[at 'meja], [at 'slʲoː]

pá (f)	spade (en)	['spadə]
cavar (vt)	att gräva	[at 'grɛːva]

enxada (f)	hacka (en)	['haka]
capinar (vt)	att hacka	[at 'haka]
erva (f) daninha	ogräs (ett)	[ʊ'grɛːs]

regador (m)	vattenkanna (en)	['vatən‚kana]
regar (plantas)	att vattna	[at 'vatna]
rega (f)	vattning (en)	['vatniŋ]

forquilha (f)	grep (en)	['grep]
ancinho (m)	kratta (en)	['krata]

fertilizante (m)	gödsel (en)	['jøsəlʲ]
fertilizar (vt)	att gödsla	[at 'jøslʲa]
estrume, esterco (m)	dynga (en)	['dʏŋa]

campo (m)	åker (en)	['oːkər]
prado (m)	äng (en)	['ɛŋ]
horta (f)	koksträdgård (en)	['kʊks‚trɛ'goːd]
pomar (m)	fruktträdgård (en)	['frʉkt‚trɛ'goːd]

pastar (vt)	att beta	[at 'beta]
pastor (m)	herde (en)	['hɛːdə]
pastagem (f)	betesmark (en)	['betəs‚mark]

pecuária (f)	boskapsskötsel (en)	['bʉskaps‚ɧøːtsəlʲ]
criação (f) de ovelhas	fåravel (en)	['foːr‚avəlʲ]

plantação (f)	plantage (en)	[plʲan'ta:ʃ]
canteiro (m)	rad (en)	['rad]
estufa (f)	drivhus (ett)	['driv‚hʉs]

| seca (f) | torka (en) | ['tɔrka] |
| seco (verão ~) | torr | ['tɔr] |

grão (m)	korn, spannmål (ett)	['kʊ:ɳ], ['span‚mo:lʲ]
cereais (m pl)	sädesslag (en)	['sɛdəs‚slʲag]
colher (vt)	att inhösta	[at in'høsta]

moleiro (m)	mjölnare (en)	['mjœlʲnarə]
moinho (m)	kvarn (en)	[kva:ɳ]
moer (vt)	att mala	[at 'malʲa]
farinha (f)	mjöl (ett)	['mjø:lʲ]
palha (f)	halm (en)	['halʲm]

121. Construção. Processo de construção

canteiro (m) de obras	byggplats (en)	['bʏg‚plʲats]
construir (vt)	att bygga	[at 'bʏga]
construtor (m)	byggarbetare (en)	['bʏg‚ar'betarə]

projeto (m)	projekt (ett)	[prʊ'ɧɛkt]
arquiteto (m)	arkitekt (en)	[arki'tɛkt]
operário (m)	arbetare (en)	['ar‚betarə]

fundação (f)	fundament (ett)	[funda'mɛnt]
telhado (m)	tak (ett)	['tak]
estaca (f)	påle (en)	['po:lʲe]
parede (f)	mur, vägg (en)	['mʉ:r], [vɛg]

| colunas (f pl) de sustentação | armeringsjärn (ett) | [ar'meriɳs‚jæ:ɳ] |
| andaime (m) | ställningar (pl) | ['stɛlʲniɳar] |

concreto (m)	betong (en)	[be'tɔɳ]
granito (m)	granit (en)	[gra'nit]
pedra (f)	sten (en)	['sten]
tijolo (m)	tegel, mursten (en)	['tegəlʲ], ['mʉ:‚sten]

areia (f)	sand (en)	['sand]
cimento (m)	cement (en)	[se'mɛnt]
emboço, reboco (m)	puts (en)	['pʉts]
emboçar, rebocar (vt)	att putsa	[at 'putsa]

tinta (f)	färg (en)	['fæ:rj]
pintar (vt)	att måla	[at 'mo:lʲa]
barril (m)	tunna (en)	['tuna]

grua (f), guindaste (m)	lyftkran (en)	['lʲyft‚kran]
erguer (vt)	att lyfta	[at 'lʲyfta]
baixar (vt)	att sänka	[at 'sɛnka]
buldózer (m)	bulldozer (en)	['bulʲ‚do:sər]
escavadora (f)	grävmaskin (en)	['grɛv‚ma'ɧi:n]

caçamba (f)	skopa (en)	['skʊpa]
escavar (vt)	att gräva	[at 'grɛ:va]
capacete (m) de proteção	hjälm (en)	['jɛlˈm]

122. Ciência. Investigação. Cientistas

ciência (f)	vetenskap (en)	['vetən‚skap]
científico (adj)	vetenskaplig	['vetən‚skaplig]
cientista (m)	vetenskapsman (en)	['vetənskaps‚man]
teoria (f)	teori (en)	[teʊ'ri:]

axioma (m)	axiom (ett)	[aksi'ɔm]
análise (f)	analys (en)	[ana'lˈys]
analisar (vt)	att analysera	[at analˈy'sera]
argumento (m)	argument (ett)	[argʊ'mɛnt]
substância (f)	stoff (ett), substans (en)	['stof], ['sʊbstans]

hipótese (f)	hypotes (en)	[hypɔ'tɛs]
dilema (m)	dilemma (ett)	['dilˈema]
tese (f)	avhandling (en)	['av‚handliŋ]
dogma (m)	dogm (en)	['dɔgm]

doutrina (f)	doktrin (en)	[dɔk'trin]
pesquisa (f)	forskning (en)	['fɔ:ʂkniŋ]
pesquisar (vt)	att forska	[at 'fɔ:ʂka]
testes (m pl)	test (ett)	['tɛst]
laboratório (m)	laboratorium (ett)	[lˈabɔra'tɔrium]

método (m)	metod (en)	[me'tɔd]
molécula (f)	molekyl (en)	[molˈe'kylˈ]
monitoramento (m)	övervakning (en)	['ø:və‚vakniŋ]
descoberta (f)	upptäckt (en)	['up‚tɛkt]

postulado (m)	postulat (ett)	[postʊ'lˈat]
princípio (m)	princip (en)	[prin'sip]
prognóstico (previsão)	prognos (en)	[prɔ'gnɔs]
prognosticar (vt)	att prognostisera	[at prɔŋɔsti'sera]

síntese (f)	syntes (en)	[sʏn'tes]
tendência (f)	tendens (en)	[tɛn'dɛns]
teorema (m)	teorém (ett)	[teʊ're:m]

| ensinamentos (m pl) | läran (pl) | ['lˈæ:ran] |
| fato (m) | faktum (ett) | ['faktum] |

| expedição (f) | expedition (en) | [ɛkspedi'ɧʊn] |
| experiência (f) | experiment (ett) | [ɛksperi'mɛnt] |

acadêmico (m)	akademiker (en)	[aka'demikər]
bacharel (m)	bachelor (en)	[baɕelor]
doutor (m)	doktor (en)	['dɔktʊr]
professor (m) associado	docent (en)	[do'sɛnt]
mestrado (m)	magister (en)	[ma'jistər]
professor (m)	professor (en)	[prɔ'fɛsʊr]

Profissões e ocupações

123. Procura de emprego. Demissão

trabalho (m)	arbete, jobb (ett)	['arbetə], ['job]
equipe (f)	personal, stab (en)	[pɛʂʊ'nalʲ], ['stab]
pessoal (m)	personal (en)	[pɛʂʊ'nalʲ]
carreira (f)	karriär (en)	[kari'æ:r]
perspectivas (f pl)	utsikter (pl)	['ʉt‿siktər]
habilidades (f pl)	mästerskap (ett)	['mɛstə‿ʂkap]
seleção (f)	urval (ett)	['ʉ:r‿valʲ]
agência (f) de emprego	arbetsförmedling (en)	['arbets‿før'medliŋ]
currículo (m)	meritförteckning (en)	[me'rit‿fœ:'tɛkniŋ]
entrevista (f) de emprego	jobbsamtal (ett)	['job‿samtalʲ]
vaga (f)	vakans (en)	['vakans]
salário (m)	lön (en)	['lʲø:n]
salário (m) fixo	fast lön (en)	['fast ‿lʲø:n]
pagamento (m)	betalning (en)	[be'talʲniŋ]
cargo (m)	ställning (en)	['stɛlʲniŋ]
dever (do empregado)	plikt (en)	['plikt]
gama (f) de deveres	arbetsplikter (pl)	['arbets‿pliktər]
ocupado (adj)	upptagen	['up‿tagən]
despedir, demitir (vt)	att avskeda	[at 'av‿ɧeda]
demissão (f)	avsked (ett)	['avɧed]
desemprego (m)	arbetslöshet (en)	['arbets‿lʲø:shet]
desempregado (m)	arbetslös (en)	['arbets‿lʲø:s]
aposentadoria (f)	pension (en)	[pan'ɧʊn]
aposentar-se (vr)	att gå i pension	[at 'go: i pan'ɧʊn]

124. Gente de negócios

diretor (m)	direktör (en)	[dirɛk'tø:r]
gerente (m)	föreståndare (en)	[førə'stɔndarə]
patrão, chefe (m)	boss (en)	['bos]
superior (m)	överordnad (en)	['ø:vər‿ɔ:dɳat]
superiores (m pl)	överordnade (pl)	['ø:vər‿ɔ:dɳadə]
presidente (m)	president (en)	[prɛsi'dɛnt]
chairman (m)	ordförande (en)	['ʊ:d‿førandə]
substituto (m)	ställföreträdare (en)	['stɛlʲ‿fœre'trɛ:darə]
assistente (m)	assistent (en)	[asi'stɛnt]

secretário (m)	sekreterare (en)	[sɛkrə'terarə]
secretário (m) pessoal	privatsekreterare (en)	[pri'vat sɛkrə'terarə]
homem (m) de negócios	affärsman (en)	[a'fæ:ş‚man]
empreendedor (m)	entreprenör (en)	[æntepre'nø:r]
fundador (m)	grundläggare (en)	['grund‚lˡɛgarə]
fundar (vt)	att grunda	[at 'grunda]
principiador (m)	stiftare (en)	['stiftarə]
parceiro, sócio (m)	partner (en)	['pa:[nər]
acionista (m)	aktieägare (en)	['aktsiə‚ɛ:garə]
milionário (m)	miljonär (en)	[miljʉ'næ:r]
bilionário (m)	miljardär (en)	[milja:'dˌæ:r]
proprietário (m)	ägare (en)	['ɛ:garə]
proprietário (m) de terras	jordägare (en)	['jʉ:dˌɛ:garə]
cliente (m)	kund (en)	['kund]
cliente (m) habitual	stamkund (en)	['stam‚kund]
comprador (m)	köpare (en)	['ҫø:parə]
visitante (m)	besökare (en)	[be'sø:karə]
profissional (m)	yrkesman (en)	['yrkəs‚man]
perito (m)	expert (en)	[ɛks'pɛ:t]
especialista (m)	specialist (en)	[spesia'list]
banqueiro (m)	bankir (en)	[baŋ'kir]
corretor (m)	mäklare (en)	['mɛklˡarə]
caixa (m, f)	kassör (en)	[ka'sø:r]
contador (m)	bokförare (en)	['bʉk‚fø:rarə]
guarda (m)	säkerhetsvakt (en)	['sɛ:kərhets‚vakt]
investidor (m)	investerare (en)	[invɛ'sterarə]
devedor (m)	gäldenär (en)	[jɛlˡdɛ'næ:r]
credor (m)	kreditor (en)	[kre'ditʊr]
mutuário (m)	låntagare (en)	['lˡo:n‚tagarə]
importador (m)	importör (en)	[impɔ:'[ø:r]
exportador (m)	exportör (en)	[ɛkspɔ:'[ø:r]
produtor (m)	producent (en)	[prɔdʉ'sɛnt]
distribuidor (m)	distributör (en)	[distribʉ'tø:r]
intermediário (m)	mellanhand (en)	['mɛlˡan‚hand]
consultor (m)	konsulent (en)	[kɔnsu'lˡɛnt]
representante comercial	representant (en)	[represən'tant]
agente (m)	agent (en)	[a'gɛnt]
agente (m) de seguros	försäkringsagent (en)	[fœ:'şɛkriŋs a'gɛnt]

125. Profissões de serviços

cozinheiro (m)	kock (en)	['kɔk]
chefe (m) de cozinha	kökschef (en)	['ҫœks‚ɧef]

padeiro (m)	bagare (en)	['bagarə]
barman (m)	bartender (en)	['ba:‚tɛndər]
garçom (m)	servitör (en)	[sɛrvi'tø:r]
garçonete (f)	servitris (en)	[sɛrvi'tris]

advogado (m)	advokat (en)	[advʊ'kat]
jurista (m)	jurist (en)	[jʉ'rist]
notário (m)	notarius publicus (en)	[nʊ'tariʊs 'publikʉs]

eletricista (m)	elektriker (en)	[ɛ'lʲektrikər]
encanador (m)	rörmokare (en)	['rø:r‚mɔkarə]
carpinteiro (m)	timmerman (en)	['timər‚man]

massagista (m)	massör (en)	[ma'sø:r]
massagista (f)	massös (en)	[ma'sø:s]
médico (m)	läkare (en)	['lʲɛ:karə]

taxista (m)	taxichaufför (en)	['taksi ʃɔ'fø:r]
condutor (automobilista)	chaufför (en)	[ʃɔ'fø:r]
entregador (m)	bud (en)	['bʉ:d]

camareira (f)	städerska (en)	['stɛ:dɛʂka]
guarda (m)	säkerhetsvakt (en)	['sɛ:kərhets‚vakt]
aeromoça (f)	flygvärdinna (en)	['flʲyg‚væ:dɪna]

professor (m)	lärare (en)	['lʲæ:rarə]
bibliotecário (m)	bibliotekarie (en)	[bibliʊte'kariə]
tradutor (m)	översättare (en)	['ø:ve‚sætarə]
intérprete (m)	tolk (en)	['tɔlʲk]
guia (m)	guide (en)	['gajd]

cabeleireiro (m)	frisör (en)	[fri'sø:r]
carteiro (m)	brevbärare (en)	['brev‚bæ:rarə]
vendedor (m)	försäljare (en)	[fœ:'ʂɛljarə]

jardineiro (m)	trädgårdsmästare (en)	['trɛ:go:ɖs 'mɛstarə]
criado (m)	tjänare (en)	['ɕɛ:narə]
criada (f)	tjänarinna (en)	[ɕɛ:na'rina]
empregada (f) de limpeza	städerska (en)	['stɛ:dɛʂka]

126. Profissões militares e postos

soldado (m) raso	menig (en)	['menig]
sargento (m)	sergeant (en)	[sɛr'ɧant]
tenente (m)	löjtnant (en)	['lʲœjt‚nant]
capitão (m)	kapten (en)	[kap'ten]

major (m)	major (en)	[ma'jʊ:r]
coronel (m)	överste (en)	['ø:vəstə]
general (m)	general (en)	[jene'ralʲ]
marechal (m)	marskalk (en)	[ma:'ʂalʲk]
almirante (m)	amiral (en)	[ami'ralʲ]
militar (m)	militär (en)	[mili'tæ:r]
soldado (m)	soldat (en)	[sʊlʲ'dat]

| oficial (m) | officer (en) | [ɔfi'se:r] |
| comandante (m) | befälhavare (en) | [be'fɛl ˌhavarə] |

guarda (m) de fronteira	gränsvakt (en)	['grɛnsˌvakt]
operador (m) de rádio	radiooperatör (en)	['radiʊ ɔpera'tør]
explorador (m)	spaningssoldat (en)	['spaniŋs sʊlⁱ'dat]
sapador-mineiro (m)	pionjär (en)	[piʊ'njæ:r]
atirador (m)	skytt (en)	['ɧʏt]
navegador (m)	styrman (en)	['styrˌman]

127. Oficiais. Padres

| rei (m) | kung (en) | ['kuŋ] |
| rainha (f) | drottning (en) | ['drɔtniŋ] |

| príncipe (m) | prins (en) | ['prins] |
| princesa (f) | prinsessa (en) | [prin'sɛsa] |

| czar (m) | tsar (en) | ['tsar] |
| czarina (f) | tsarinna (en) | [tsa'rina] |

presidente (m)	president (en)	[prɛsi'dɛnt]
ministro (m)	minister (en)	[mi'nistər]
primeiro-ministro (m)	statsminister (en)	['stats mi'nistər]
senador (m)	senator (en)	[se'natʊr]

diplomata (m)	diplomat (en)	[diplⁱɔ'mat]
cônsul (m)	konsul (en)	['kɔnsulⁱ]
embaixador (m)	ambassadör (en)	[ambasa'dø:r]
conselheiro (m)	rådgivare (en)	['ro:dˌjivarə]

funcionário (m)	tjänsteman (en)	['ɕɛnstəˌman]
prefeito (m)	prefekt (en)	[pre'fɛkt]
Presidente (m) da Câmara	borgmästare (en)	['bɔrjˌmɛstarə]

| juiz (m) | domare (en) | ['dʊmarə] |
| procurador (m) | åklagare (en) | [ɔ:'klⁱagarə] |

missionário (m)	missionär (en)	[miɧʊ'næ:r]
monge (m)	munk (en)	['muŋk]
abade (m)	abbé (en)	[a'be:]
rabino (m)	rabbin (en)	[ra'bin]

vizir (m)	vesir (en)	[ve'syr]
xá (m)	schah (en)	['ʃa:]
xeique (m)	schejk (en)	['ʃɛjk]

128. Profissões agrícolas

abelheiro (m)	biodlare (en)	['biˌʊdlⁱarə]
pastor (m)	herde (en)	['hɛ:ɖə]
agrônomo (m)	agronom (en)	[agrʊ'nɔm]

| criador (m) de gado | boskapsskötare (en) | ['bʊskaps͵ɦøːtarə] |
| veterinário (m) | veterinär (en) | [vetəri'næːr] |

agricultor, fazendeiro (m)	lantbrukare, bonde (en)	['lʲantˌbrʉːkarə], ['bʊndə]
vinicultor (m)	vinodlare (en)	['vinˌʊdlʲarə]
zoólogo (m)	zoolog (en)	[sʊɔ'lʲɔg]
vaqueiro (m)	cowboy (en)	['kaʊˌbɔj]

129. Profissões artísticas

| ator (m) | skådespelare (en) | ['skoːdə͵spelʲarə] |
| atriz (f) | skådespelerska (en) | ['skoːdə͵spelʲeʂka] |

| cantor (m) | sångare (en) | ['sɔŋarə] |
| cantora (f) | sångerska (en) | ['sɔŋɛʂka] |

| bailarino (m) | dansör (en) | [dan'søːr] |
| bailarina (f) | dansös (en) | [dan'søːs] |

| artista (m) | skådespelare (en) | ['skoːdə͵spelʲarə] |
| artista (f) | skådespelerska (en) | ['skoːdə͵spelʲeʂka] |

músico (m)	musiker (en)	['mʉsikər]
pianista (m)	pianist (en)	[pia'nist]
guitarrista (m)	gitarrspelare (en)	[ji'tarˌspelʲarə]

maestro (m)	dirigent (en)	[diri'ɦɛnt]
compositor (m)	komponist (en)	[kɔmpo'nist]
empresário (m)	impressario (en)	[imprɛ'sariʊ]

diretor (m) de cinema	regissör (en)	[reɦi'søːr]
produtor (m)	producent (en)	[prɔdʉ'sɛnt]
roteirista (m)	manusförfattare (en)	['manusˌførʲfatarə]
crítico (m)	kritiker (en)	['kritikər]

escritor (m)	författare (en)	[førʲfatarə]
poeta (m)	poet (en)	[pʊ'et]
escultor (m)	skulptör (en)	[skʉlʲp'tøːr]
pintor (m)	konstnär (en)	['kɔnstnæːr]

malabarista (m)	jonglör (en)	[jɔng'lʲøːr]
palhaço (m)	clown (en)	['klʲawn]
acrobata (m)	akrobat (en)	[akrʊ'bat]
ilusionista (m)	trollkonstnär (en)	['trɔlʲˌkɔnstnæːr]

130. Várias profissões

médico (m)	läkare (en)	['lʲɛːkarə]
enfermeira (f)	sjuksköterska (en)	['ɦʉːkˌɦøːtɛʂka]
psiquiatra (m)	psykiater (en)	[syki'atər]
dentista (m)	tandläkare (en)	['tandˌlʲɛːkarə]
cirurgião (m)	kirurg (en)	[ɕi'rʉrg]

| astronauta (m) | astronaut (en) | [astru'naʊt] |
| astrônomo (m) | astronom (en) | [astru'nɔm] |

motorista (m)	förare (en)	['fø:rarə]
maquinista (m)	lokförare (en)	['lˡʊkˌfø:rarə]
mecânico (m)	mekaniker (en)	[me'kanikər]

mineiro (m)	gruvarbetare (en)	['grʊːvˌar'betarə]
operário (m)	arbetare (en)	['arˌbetarə]
serralheiro (m)	låssmed (en)	['lˡɔsˌsmed]
marceneiro (m)	snickare (en)	['snikarə]
torneiro (m)	svarvare (en)	['svarvarə]
construtor (m)	byggarbetare (en)	['bʏgˌar'betarə]
soldador (m)	svetsare (en)	['svɛtsarə]

professor (m)	professor (en)	[prɔ'fɛsʊr]
arquiteto (m)	arkitekt (en)	[arki'tɛkt]
historiador (m)	historiker (en)	[hi'stʊrikər]
cientista (m)	vetenskapsman (en)	['vetənskapsˌman]
físico (m)	fysiker (en)	['fysikər]
químico (m)	kemist (en)	[çe'mist]

arqueólogo (m)	arkeolog (en)	[ˌarkeʊ'lˡɔg]
geólogo (m)	geolog (en)	[jeʊ'lˡɔg]
pesquisador (cientista)	forskare (en)	['fɔːşkarə]

| babysitter, babá (f) | barnflicka (en) | ['baːn̩flika] |
| professor (m) | pedagog (en) | [peda'gɔg] |

redator (m)	redaktör (en)	[redak'tø:r]
redator-chefe (m)	chefredaktör (en)	['ɧefˌredak'tø:r]
correspondente (m)	korrespondent (en)	[kɔrɛspɔn'dɛnt]
datilógrafa (f)	maskinskriverska (en)	[ma'ɧi:n 'skrivɛʂka]

designer (m)	designer (en)	[de'sajnər]
especialista (m)	dataexpert (en)	['data ɛks'pɛ:t]
em informática		

| programador (m) | programmerare (en) | [prɔgra'merarə] |
| engenheiro (m) | ingenjör (en) | [inɧə'njø:r] |

marujo (m)	sjöman (en)	['ɧø:ˌman]
marinheiro (m)	matros (en)	[ma'trʊs]
socorrista (m)	räddare (en)	['rɛdarə]

bombeiro (m)	brandman (en)	['brandˌman]
polícia (m)	polis (en)	[pʊ'lis]
guarda-noturno (m)	nattvakt, väktare (en)	['natˌvakt], ['vɛktarə]
detetive (m)	detektiv (en)	[detɛk'tiv]

funcionário (m) da alfândega	tulltjänsteman (en)	['tulˡ 'ɕɛnstəˌman]
guarda-costas (m)	livvakt (en)	['liːvˌvakt]
guarda (m) prisional	fångvaktare (en)	['fɔŋˌvaktarə]
inspetor (m)	inspektör (en)	[inspɛk'tø:r]

| esportista (m) | idrottsman (en) | ['idrotsˌman] |
| treinador (m) | tränare (en) | ['trɛ:narə] |

117

açougueiro (m)	slaktare (en)	['slʲaktarə]
sapateiro (m)	skomakare (en)	['skʊˌmakarə]
comerciante (m)	handelsman (en)	['handəlʲsˌman]
carregador (m)	lastare (en)	['lʲastarə]

estilista (m)	modedesigner (en)	['mʊdə de'sajnər]
modelo (f)	modell, mannekäng (en)	[mʊ'dɛlʲ], ['manekɛŋ]

131. Ocupações. Estatuto social

estudante (~ de escola)	skolbarn (ett)	['skʊlʲˌbaːŋ]
estudante (~ universitária)	student (en)	[stu'dɛnt]

filósofo (m)	filosof (en)	[filʲɔ'sɔf]
economista (m)	ekonom (en)	[ɛkʊ'nɔm]
inventor (m)	uppfinnare (en)	['upˌfinarə]

desempregado (m)	arbetslös (en)	['arbetsˌlʲøːs]
aposentado (m)	pensionär (en)	[panɧʊ'næːr]
espião (m)	spion (en)	[spi'ʊn]

preso, prisioneiro (m)	fånge (en)	['fɔŋə]
grevista (m)	strejkande (en)	['strɛjkandə]
burocrata (m)	byråkrat (en)	['byrɔˌkrat]
viajante (m)	resenär (en)	[rese'næːr]

homossexual (m)	homosexuell (en)	['hɔmɔsɛksuˌɛlʲ]
hacker (m)	hackare (en)	['hakarə]
hippie (m, f)	hippie (en)	['hipi]

bandido (m)	bandit (en)	[ban'dit]
assassino (m)	legomördare (en)	['lʲeguˌmøːdarə]
drogado (m)	narkoman (en)	[narkʊ'man]
traficante (m)	droglangare (en)	['drʊgˌlʲaŋarə]
prostituta (f)	prostituerad (en)	[prɔstitʉ'ɛrad]
cafetão (m)	hallik (en)	['halik]

bruxo (m)	trollkarl (en)	['trɔlʲˌkar]
bruxa (f)	trollkvinna (en)	['trɔlʲˌkvina]
pirata (m)	pirat, sjörövare (en)	[pi'rat], ['ɧøːˌrøːvarə]
escravo (m)	slav (en)	['slʲav]
samurai (m)	samuraj (en)	[samu'raj]
selvagem (m)	vilde (en)	['vilʲdə]

Desportos

132. Tipos de desportos. Desportistas

esportista (m)	idrottsman (en)	['idrɔts̩man]
tipo (m) de esporte	idrottsgren (en)	['idrɔts̩gren]
basquete (m)	basket (en)	['basket]
jogador (m) de basquete	basketspelare (en)	['basket̩spelʲarə]
beisebol (m)	baseboll (en)	['bɛjsbɔlʲ]
jogador (m) de beisebol	basebollspelare (en)	['bɛjsbɔlʲ̩spelʲarə]
futebol (m)	fotboll (en)	['futbɔlʲ]
jogador (m) de futebol	fotbollsspelare (en)	['futbɔlʲs 'spelʲarə]
goleiro (m)	målvakt (en)	['moːlʲ̩vakt]
hóquei (m)	ishockey (en)	['is̩hɔki]
jogador (m) de hóquei	ishockeyspelare (en)	['is̩hɔki 'spelʲarə]
vôlei (m)	volleyboll (en)	['vɔli̩bɔlʲ]
jogador (m) de vôlei	volleybollspelare (en)	['vɔlibɔlʲ 'spelʲarə]
boxe (m)	boxning (en)	['buksniŋ]
boxeador (m)	boxare (en)	['buksarə]
luta (f)	brottning (en)	['brɔtniŋ]
lutador (m)	brottare (en)	['brɔtarə]
caratê (m)	karate (en)	[ka'ratə]
carateca (m)	karateutövare (en)	[ka'ratə̩ɵ'tøːvarə]
judô (m)	judo (en)	['jɵdɔ]
judoca (m)	judobrottare (en)	['jɵdɔ̩brɔtarə]
tênis (m)	tennis (en)	['tɛnis]
tenista (m)	tennisspelare (en)	['tɛnis̩spelʲarə]
natação (f)	simning (en)	['simniŋ]
nadador (m)	simmare (en)	['simarə]
esgrima (f)	fäktning (en)	['fɛktniŋ]
esgrimista (m)	fäktare (en)	['fɛktarə]
xadrez (m)	schack (ett)	['ʃak]
jogador (m) de xadrez	schackspelare (en)	['ʃak̩spelʲarə]
alpinismo (m)	alpinism (en)	['alʲpi̩nizm]
alpinista (m)	alpinist (en)	['alʲpi̩nist]
corrida (f)	löpning (en)	['lʲœpniŋ]

corredor (m)	löpare (en)	['lʲøːparə]
atletismo (m)	friidrott (en)	['friː 'iˌdrɔt]
atleta (m)	atlet (en)	[at'lʲet]

| hipismo (m) | ridsport (en) | ['ridˌspɔːt] |
| cavaleiro (m) | ryttare (en) | ['rʏtarə] |

patinação (f) artística	konståkning (en)	['kɔnˌstoːkniŋ]
patinador (m)	konståkare (en)	['kɔnˌstoːkarə]
patinadora (f)	konståkerska (en)	['kɔnˌstoːkɛʂka]

halterofilismo (m)	tyngdlyftning (en)	['tʏŋdˌlʲyftniŋ]
halterofilista (m)	tyngdlyftare (en)	['tʏŋdˌlʲyftarə]
corrida (f) de carros	biltävling (en)	['bilʲˌtɛvliŋ]
piloto (m)	racerförare (en)	['rejsˌføːrarə]

| ciclismo (m) | cykelsport (en) | ['sykəlʲˌspɔːt] |
| ciclista (m) | cyklist (en) | [sʏk'list] |

salto (m) em distância	längdhopp (ett)	['lʲɛŋdˌhɔp]
salto (m) com vara	stavhopp (ett)	['stavˌhɔp]
atleta (m) de saltos	hoppare (en)	['hɔparə]

133. Tipos de desportos. Diversos

futebol (m) americano	amerikansk fotboll (en)	[ameri'kansk 'futbɔlʲ]
badminton (m)	badminton (en)	['bɛdmintɔn]
biatlo (m)	skidskytte (ett)	['ɧidˌɧʏtə]
bilhar (m)	biljard (en)	[bi'ljaːɖ]

bobsled (m)	bobsleigh (en)	[bɔb'slʲej]
musculação (f)	kroppsbyggande (ett)	['krɔpsˌbʏgandə]
polo (m) aquático	vattenpolo (ett)	['vatənˌpulʲʊ]
handebol (m)	handboll (en)	['handˌbɔlʲ]
golfe (m)	golf (en)	['gɔlʲf]

remo (m)	rodd (en)	['rʊd]
mergulho (m)	dykning (en)	['dʏkniŋ]
corrida (f) de esqui	skidåkning (en)	['ɧiːˌdoːkniŋ]
tênis (m) de mesa	bordtennis (en)	['bʊːɖˌtɛnis]

vela (f)	segelsport (en)	['segəlʲˌspɔːt]
rali (m)	rally (ett)	['ralʲi]
rúgbi (m)	rugby (en)	['rugbi]
snowboard (m)	snowboard (en)	['snɔwˌbɔːɖ]
arco-e-flecha (m)	bågskjutning (ett)	['boːgˌɧʉːtniŋ]

134. Ginásio

barra (f)	skivstång (en)	['ɧivˌstɔŋ]
halteres (m pl)	hantlar (pl)	['hantˌlʲar]
aparelho (m) de musculação	träningsmaskin (en)	['trɛːniŋs ma'ɧiːn]

bicicleta (f) ergométrica	motioncykel (en)	[mɔt'ɧʊnˌsykəlʲ]
esteira (f) de corrida	löpband (ett)	['lʲø:pˌband]
barra (f) fixa	räcke (ett)	['rɛkə]
barras (f pl) paralelas	barr (en)	['bar]
cavalo (m)	hoppbord (en)	['hɔpˌbʊ:d]
tapete (m) de ginástica	matta (en)	['mata]
corda (f) de saltar	hopprep (ett)	['hɔprep]
aeróbica (f)	aerobics	[aɛ'robiks]
ioga, yoga (f)	yoga (en)	['joga]

135. Hóquei

hóquei (m)	ishockey (en)	['isˌhɔki]
jogador (m) de hóquei	ishockeyspelare (en)	['isˌhɔki 'spelʲarə]
jogar hóquei	att spela ishockey	[at 'spelʲa 'isˌhɔki]
gelo (m)	is (en)	['is]
disco (m)	puck (en)	['puk]
taco (m) de hóquei	klubba (en)	['klʉba]
patins (m pl) de gelo	skridskor (pl)	['skriˌskʊr]
muro (m)	sarg (en)	['sarj]
tiro (m)	skott (ett)	['skɔt]
goleiro (m)	målvakt (en)	['mo:lʲˌvakt]
gol (m)	mål (ett)	['mo:lʲ]
marcar um gol	att göra mål	[at 'jø:ra ˌmo:lʲ]
tempo (m)	period (en)	[peri'ʊd]
segundo tempo (m)	andra period (en)	['andra peri'ʊd]
banco (m) de reservas	reservbänk (en)	[re'sɛrvˌbɛŋk]

136. Futebol

futebol (m)	fotboll (en)	['fʊtbɔlʲ]
jogador (m) de futebol	fotbollsspelare (en)	['fʊtbɔlʲs 'spelʲarə]
jogar futebol	att spela fotboll	[at 'spelʲa 'fʊtbɔlʲ]
Time (m) Principal	högsta liga (en)	['hœgsta 'liga]
time (m) de futebol	fotbollsklubb (en)	['fʊtbɔlʲsˌklʉb]
treinador (m)	tränare (en)	['trɛ:narə]
proprietário (m)	ägare (en)	['ɛ:garə]
equipe (f)	lag (ett)	['lʲag]
capitão (m)	lagkapten (en)	['lʲag kap'ten]
jogador (m)	spelare (en)	['spelʲarə]
jogador (m) reserva	reserv, avbytare (en)	[re'sɛrv], ['avˌbytarə]
atacante (m)	anfallsspelare (en)	['anfalʲsˌspelʲarə]
centroavante (m)	central anfallsspelare (en)	[sɛn'tralʲ 'anfalʲsˌspelʲarə]

marcador (m)	målgörare (en)	['mo:lʲˌjøːrarə]
defesa (m)	försvarare, back (en)	[fœːˈʂvararə], ['bak]
meio-campo (m)	halvback (en)	['halʲvˌbak]
jogo (m), partida (f)	match (en)	['matʃ]
encontrar-se (vr)	att mötas	[at 'møːtas]
final (m)	final (en)	[fiˈnalʲ]
semifinal (f)	semifinal (en)	['semifiˌnalʲ]
campeonato (m)	mästerskap (ett)	['mɛstəˌskap]
tempo (m)	halvlek (en)	['halʲvˌlʲek]
primeiro tempo (m)	den första perioden	[dɛn 'fœːʂta peri'ʊdən]
intervalo (m)	halvtid (en)	['halʲvˌtid]
goleira (f)	mål (ett)	['moːlʲ]
goleiro (m)	målvakt (en)	['moːlʲˌvakt]
trave (f)	stolpe (en)	['stɔlpə]
travessão (m)	ribba (en)	['riba]
rede (f)	nät (ett)	['nɛːt]
tomar um gol	att släppa in ett mål	[at 'slʲepa in ɛt 'moːlʲ]
bola (f)	boll (en)	['bɔlʲ]
passe (m)	passning (en)	['pasniŋ]
chute (m)	spark (ett)	['spark]
chutar (vt)	att sparka	[at 'sparka]
pontapé (m)	frispark (en)	['friˌspark]
escanteio (m)	hörna (en)	['høːɳa]
ataque (m)	angrepp (ett)	['anˌɡrɛp]
contra-ataque (m)	kontring, motattack (en)	['kɔntriŋ], ['mot a'tak]
combinação (f)	kombination (en)	[kɔmbinaˈɧʉn]
árbitro (m)	domare (en)	['dʊmarə]
apitar (vi)	att blåsa i visselpipan	[at 'blʲoːsa i 'viselʲˌpipan]
apito (m)	vissling (en)	['visliŋ]
falta (f)	regelbrott (ett)	['reɡəlʲˌbrɔt]
cometer a falta	att begå en förseelse	[at be'ɡo en fœːˈʂeelʲsə]
expulsar (vt)	att utvisa	[at 'ʉtˌvisa]
cartão (m) amarelo	gult kort (ett)	['ɡʉlʲt 'kɔːt]
cartão (m) vermelho	rött kort (ett)	['rœt 'kɔːt]
desqualificação (f)	diskvalificering (en)	[diskvalifi'seriŋ]
desqualificar (vt)	att diskvalificera	[at diskvalifi'sera]
pênalti (m)	straffspark (en)	['strafˌspark]
barreira (f)	mur (en)	['mʉːr]
marcar (vt)	att göra mål	[at 'jøːra ˌmoːlʲ]
gol (m)	mål (ett)	['moːlʲ]
marcar um gol	att göra mål	[at 'jøːra ˌmoːlʲ]
substituição (f)	byte (ett)	['bytə]
substituir (vt)	att byta ut	[at 'byta ʉt]
regras (f pl)	regler (pl)	['reɡlʲər]
tática (f)	taktik (en)	[tak'tik]
estádio (m)	stadion (ett)	['stadiʊn]
arquibancadas (f pl)	läktare (en)	['lʲɛktarə]

| fã, torcedor (m) | fan (ett) | ['fan] |
| gritar (vi) | att skrika | [at 'skrika] |

| placar (m) | resultattavla (en) | [resulʲ'tatˌtavlʲa] |
| resultado (m) | resultat (ett) | [resulʲ'tat] |

derrota (f)	nederlag (ett)	['nedəːˌlʲag]
perder (vt)	att förlora	[at fœː'lʲʊra]
empate (m)	oavgjort (ett)	[ʊːav'jʊːt]
empatar (vi)	att spela oavgjort	[at 'spelʲa uːav'jʊːt]

| vitória (f) | seger (en) | ['segər] |
| vencer (vi, vt) | att vinna | [at 'vina] |

campeão (m)	mästare (en)	['mɛstarə]
melhor (adj)	bäst	['bɛst]
felicitar (vt)	att gratulera	[at gratʉ'lʲera]

comentarista (m)	kommentator (en)	[kɔmɛn'tatʊr]
comentar (vt)	att kommentera	[at kɔmɛn'tɛra]
transmissão (f)	sändning (en)	['sɛndniŋ]

137. Esqui alpino

esqui (m)	skidor (pl)	['ɧidʊr]
esquiar (vi)	att åka skidor	[at 'oːka 'ɧidʊr]
estação (f) de esqui	skidort (en)	['ɧidoːt]
teleférico (m)	skidlift (en)	['ɧidˌlift]

bastões (m pl) de esqui	skidstavar (en)	['ɧidˌstaːvar]
declive (m)	sluttning (en)	['slʉːtniŋ]
slalom (m)	slalom (en)	['slʲalʲom]

138. Tênis. Golfe

golfe (m)	golf (en)	['gɔlʲf]
clube (m) de golfe	golfklubb (en)	['gɔlʲfˌklʉb]
jogador (m) de golfe	golfspelare (en)	['gɔlʲfˌspelʲarə]

buraco (m)	hål (ett)	['hoːlʲ]
taco (m)	klubba (en)	['klʉba]
trolley (m)	golfvagn (en)	['gɔlʲfˌvagn]

| tênis (m) | tennis (en) | ['tɛnis] |
| quadra (f) de tênis | tennisbana (en) | ['tɛnisˌbana] |

| saque (m) | serve (en) | ['sɛrvə] |
| sacar (vi) | att serva | [at 'sɛrva] |

raquete (f)	racket (en)	['raket]
rede (f)	nät (en)	['nɛːt]
bola (f)	boll (en)	['bɔlʲ]

123

139. Xadrez

xadrez (m)	schack (ett)	['ɧak]
peças (f pl) de xadrez	schackpjäser (pl)	['ɧak‚pjæ:sər]
jogador (m) de xadrez	schackspelare (en)	['ɧak‚spelʲarə]
tabuleiro (m) de xadrez	schackbräde (ett)	['ɧak‚brɛ:də]
peça (f)	schackpjäs (en)	['ɧak‚pjæ:s]
brancas (f pl)	vita pjäser (pl)	['vita ‚pjæ:sər]
pretas (f pl)	svarta pjäser (pl)	['sva:ʈa 'pjæ:sər]
peão (m)	bonde (en)	['bʊndə]
bispo (m)	löpare (en)	['lʲø:parə]
cavalo (m)	springare (en)	['spriŋarə]
torre (f)	torn (ett)	['tʊ:ɳ]
dama (f)	drottning, dam (en)	['drɔtniŋ], [dam]
rei (m)	kung (en)	['kuŋ]
vez (f)	drag (ett)	['drag]
mover (vt)	att flytta	[at 'flʲyta]
sacrificar (vt)	att offra	[at 'ɔfra]
roque (m)	rockad (en)	[rʊ'kad]
xeque (m)	schack (ett)	['ɧak]
xeque-mate (m)	matt (en)	['mat]
torneio (m) de xadrez	schackturnering (en)	['ɧak tu:'ɳeriŋ]
grão-mestre (m)	stormästare (en)	['stʊr‚mɛstarə]
combinação (f)	kombination (en)	[kɔmbina'ɧʊn]
partida (f)	parti (ett)	[pa:'ʈi:]
jogo (m) de damas	damspel (ett)	['dam‚spelʲ]

140. Boxe

boxe (m)	boxning (en)	['bʊksniŋ]
combate (m)	match (en)	['matʃ]
luta (f) de boxe	boxningsmatch (en)	['bʊksniŋ‚matʃ]
round (m)	rond (en)	['rɔnd]
ringue (m)	ring (en)	['riŋ]
gongo (m)	gong (en)	['gɔŋ]
murro, soco (m)	slag (ett)	['slʲag]
derrubada (f)	knockdown (en)	['nɔk‚dawn]
nocaute (m)	knockout (en)	[nɔk'aʊt]
nocautear (vt)	att slå ut	[at 'slʲo: ʉt]
luva (f) de boxe	boxhandske (en)	['bʊks‚hanskə]
juiz (m)	domare (en)	['dʊmarə]
peso-pena (m)	lättvikt (en)	['lʲæt‚vikt]
peso-médio (m)	mellanvikt (en)	['mɛlʲan‚vikt]
peso-pesado (m)	tungvikt (en)	['tuŋ‚vikt]

141. Desportos. Diversos

Jogos (m pl) Olímpicos	de olympiska spelen	[de ʊ'limpiska 'spelʲən]
vencedor (m)	segrare (en)	['sɛgˌrarə]
vencer (vi)	att vinna, att segra	[at 'vina], [at 'sɛgra]
vencer (vi, vt)	att vinna	[at 'vina]

líder (m)	ledare (en)	['lʲedarə]
liderar (vt)	att leda	[at 'lʲeda]

primeiro lugar (m)	förstaplats (en)	['fœːʂta plʲats]
segundo lugar (m)	andraplats (en)	['andraˌplʲats]
terceiro lugar (m)	tredjeplats (en)	['trɛdjəˌplʲats]

medalha (f)	medalj (en)	[me'dalj]
troféu (m)	trofé (en)	['trʊfeː]
taça (f)	pokal (en)	[pɔ'kalʲ]
prêmio (m)	pris (ett)	['pris]
prêmio (m) principal	huvudpris (ett)	['hʉːvʉdˌpris]

recorde (m)	rekord (ett)	[re'kɔːɖ]
estabelecer um recorde	att sätta rekord	[at 'sæta re'kɔːɖ]

final (m)	final (en)	[fi'nalʲ]
final (adj)	final-	[fi'nalʲ-]

campeão (m)	mästare (en)	['mɛstarə]
campeonato (m)	mästerskap (ett)	['mɛstəˌskap]

estádio (m)	stadion (ett)	['stadiʊn]
arquibancadas (f pl)	läktare (en)	['lʲɛktarə]
fã, torcedor (m)	fan (ett)	['fan]
adversário (m)	motståndare (en)	['mʊtˌstɔndarə]

partida (f)	start (en)	['staːt]
linha (f) de chegada	mål (ett), mållinje (en)	['mɔːlʲ], ['mɔːlʲˌlinjə]

derrota (f)	nederlag (ett)	['nedəːˌlʲag]
perder (vt)	att förlora	[at fœː'lʲʊra]

árbitro, juiz (m)	domare (en)	['dʊmarə]
júri (m)	jury (en)	['jʉri]
resultado (m)	resultat (ett)	[resulʲ'tat]
empate (m)	oavgjort (ett)	[ʊ:av'jʊ:t]
empatar (vi)	att spela oavgjort	[at 'spelʲa u:av'jʊ:t]
ponto (m)	poäng (en)	[pʊ'ɛŋ]
resultado (m) final	resultat (ett)	[resulʲ'tat]

tempo (m)	period (en)	[peri'ʊd]
intervalo (m)	halvtid (en)	['halʲvˌtid]
doping (m)	dopning (en)	['dɔpniŋ]
penalizar (vt)	att straffa	[at 'strafa]
desqualificar (vt)	att diskvalificera	[at diskvalifi'sera]
aparelho, aparato (m)	redskap (ett)	['rɛdˌskap]
dardo (m)	spjut (ett)	['spjʉːt]

125

| peso (m) | kula (en) | ['kʉ:lʲa] |
| bola (f) | boll (en) | ['bɔlʲ] |

alvo, objetivo (m)	mål (ett)	['mo:lʲ]
alvo (~ de papel)	måltavla (en)	['mo:lʲˌtavlʲa]
disparar, atirar (vi)	att skjuta	[at 'ɧʉ:ta]
preciso (tiro ~)	fullträff	['fulʲˌtrɛf]

treinador (m)	tränare (en)	['trɛ:narə]
treinar (vt)	att träna	[at 'trɛ:na]
treinar-se (vr)	att träna	[at 'trɛ:na]
treino (m)	träning (en)	['trɛ:niŋ]

academia (f) de ginástica	idrottshall (en)	['idrɔtsˌhalʲ]
exercício (m)	övning (en)	['øvniŋ]
aquecimento (m)	uppvärmning (en)	['upˌværmniŋ]

Educação

142. Escola

escola (f)	skola (en)	['skʊlʲa]
diretor (m) de escola	rektor (en)	['rɛktʊr]
aluno (m)	elev (en)	[ɛ'lʲev]
aluna (f)	elev (en)	[ɛ'lʲev]
estudante (m)	skolbarn (ett)	['skʊlʲˌbaːɳ]
estudante (f)	skolflicka (en)	['skʊlʲˌflika]
ensinar (vt)	att undervisa	[at 'undəˌvisa]
aprender (vt)	att lära sig	[at 'lʲæːra sɛj]
decorar (vt)	att lära sig utantill	[at 'lʲæːra sɛj 'ʉːtanˌtilʲ]
estudar (vi)	att lära sig	[at 'lʲæːra sɛj]
estar na escola	att gå i skolan	[at 'goː i 'skʊlʲan]
ir à escola	att gå till skolan	[at 'goː tilʲ 'skʊlʲan]
alfabeto (m)	alfabet (ett)	['alʲfabet]
disciplina (f)	ämne (ett)	['ɛmnə]
sala (f) de aula	klassrum (ett)	['klʲasˌruːm]
lição, aula (f)	timme (en)	['timə]
recreio (m)	rast (en)	['rast]
toque (m)	skolklocka (en)	['skʊlʲˌklʲɔka]
classe (f)	skolbänk (en)	['skʊlʲˌbɛŋk]
quadro (m) negro	tavla (en)	['tavlʲa]
nota (f)	betyg (ett)	[be'tyg]
boa nota (f)	bra betyg (ett)	[bra be'tyg]
nota (f) baixa	dåligt betyg (ett)	['doːlit be'tyg]
dar uma nota	att betygsätta	[at be'tygsæta]
erro (m)	fel (ett)	['felʲ]
errar (vi)	att göra misstag	[at 'jøːra 'mistag]
corrigir (~ um erro)	att rätta	[at 'ræta]
cola (f)	fusklapp (en)	['fuskˌlʲap]
dever (m) de casa	läxor (pl)	['lʲɛːksʊr]
exercício (m)	övning (en)	['øvniŋ]
estar presente	att vara närvarande	[at 'vara 'næːrˌvarandə]
estar ausente	att vara frånvarande	[at 'vara 'froːnˌvarandə]
faltar às aulas	att missa skolan	[at 'misa 'skʊlʲan]
punir (vt)	att straffa	[at 'strafa]
punição (f)	straff (ett)	['straf]
comportamento (m)	uppförande (ett)	['upˌførandə]

boletim (m) escolar	betyg, omdöme (ett)	[be'tyg], ['ɔm‚dø:mə]
lápis (m)	blyertspenna (en)	['blʲyɛ:ʦ‚pɛna]
borracha (f)	suddgummi (ett)	['sud‚gumi]
giz (m)	krita (en)	['krita]
porta-lápis (m)	pennfodral (ett)	['pɛnfʊd‚ralʲ]

mala, pasta, mochila (f)	skolväska (en)	['skʊlʲ‚vɛska]
caneta (f)	penna (en)	['pɛna]
caderno (m)	övningsbok (en)	['øvniŋs‚bʊk]
livro (m) didático	lärobok (en)	['lʲæ:rʊ‚bʊk]
compasso (m)	passare (en)	['pasarə]

| traçar (vt) | att rita | [at 'rita] |
| desenho (m) técnico | teknisk ritning (en) | ['tɛknisk 'ritniŋ] |

poesia (f)	dikt (en)	['dikt]
de cor	utantill	['u:tan‚tilʲ]
decorar (vt)	att lära sig utantill	[at 'læ:ra sɛj 'ʉ:tan‚tilʲ]

férias (f pl)	skollov (ett)	['skʊl‚lʲov]
estar de férias	att ha lov	[at ha 'lʲov]
passar as férias	att tillbringa skollovet	[at 'tilʲ‚briŋa 'skʊ‚lʲovet]

teste (m), prova (f)	prov (ett)	['prʊv]
redação (f)	uppsats (en)	['upsats]
ditado (m)	diktamen (en)	[dik'tamən]
exame (m), prova (f)	examen (en)	[ɛk'samən]
fazer prova	att ta en examen	[at ta en ɛk'samən]
experiência (~ química)	försök (ett)	['fœ:‚ɸø:k]

143. Colégio. Universidade

academia (f)	akademi (en)	[akade'mi:]
universidade (f)	universitet (ett)	[univɛʂi'tet]
faculdade (f)	fakultet (en)	[fakulʲ'tet]

estudante (m)	student (en)	[stu'dɛnt]
estudante (f)	kvinnlig student (en)	['kvinlig stu'dɛnt]
professor (m)	lärare, föreläsare (en)	['lʲæ:rarə], ['førə‚lʲɛ:sarə]

| auditório (m) | föreläsningssal (en) | [førə'lʲɛsniŋ‚salʲ] |
| graduado (m) | alumn (en) | [a'lʉmn] |

| diploma (m) | diplom (ett) | [dip'lʲɔm] |
| tese (f) | avhandling (en) | ['av‚handliŋ] |

| estudo (obra) | studie (en) | ['studiə] |
| laboratório (m) | laboratorium (ett) | [lʲabɔra'tɔrium] |

| palestra (f) | föreläsning (en) | ['førə‚lʲɛsniŋ] |
| colega (m) de curso | studiekompis (en) | ['studiə‚kɔmpis] |

| bolsa (f) de estudos | stipendium (ett) | [sti'pɛndium] |
| grau (m) acadêmico | akademisk grad (en) | [aka'demisk grad] |

144. Ciências. Disciplinas

matemática (f)	matematik (en)	[matema'tik]
álgebra (f)	algebra (en)	['alˈgebra]
geometria (f)	geometri (en)	[jeʊmə'tri:]
astronomia (f)	astronomi (en)	[astrʊnɔ'mi:]
biologia (f)	biologi (en)	[biʊlˈɔ'gi:]
geografia (f)	geografi (en)	[jeʊgra'fi:]
geologia (f)	geologi (en)	[jeʊlˈɔ'gi:]
história (f)	historia (en)	[hi'stʊria]
medicina (f)	medicin (en)	[medi'sin]
pedagogia (f)	pedagogik (en)	[pedagɔ'gik]
direito (m)	rätt (en)	['ræt]
física (f)	fysik (en)	[fy'zik]
química (f)	kemi (en)	[ɕe'mi:]
filosofia (f)	filosofi (en)	[filˈɔsɔ'fi:]
psicologia (f)	psykologi (en)	[sykʊlˈɔ'gi:]

145. Sistema de escrita. Ortografia

gramática (f)	grammatik (en)	[grama'tik]
vocabulário (m)	ordförråd (ett)	['ʊːɖfœːˌroːd]
fonética (f)	fonetik (en)	[fone'tik]
substantivo (m)	substantiv (ett)	['substanˌtiv]
adjetivo (m)	adjektiv (ett)	['adjɛkˌtiv]
verbo (m)	verb (ett)	['vɛrb]
advérbio (m)	adverb (ett)	[ad'vɛrb]
pronome (m)	pronomen (ett)	[prʊ'nʊmən]
interjeição (f)	interjektion (en)	[intɛrjɛk'ɧʊn]
preposição (f)	preposition (en)	[prepʊsi'ɧʊn]
raiz (f)	rot (en)	['rʊt]
terminação (f)	ändelse (en)	['ɛndəlˈsə]
prefixo (m)	prefix (ett)	[prɛ'fiks]
sílaba (f)	stavelse (en)	['stavəlˈsə]
sufixo (m)	suffix (ett)	[su'fi:ks]
acento (m)	betoning (en)	[be'tʊniŋ]
apóstrofo (f)	apostrof (en)	[apʊ'strɔf]
ponto (m)	punkt (en)	['pʊŋkt]
vírgula (f)	komma (ett)	['kɔma]
ponto e vírgula (m)	semikolon (ett)	['semikʊˌlˈɔn]
dois pontos (m pl)	kolon (ett)	[kʊ'lˈɔn]
reticências (f pl)	tre punkter (pl)	[trɛ 'pʊŋktər]
ponto (m) de interrogação	frågetecken (ett)	['fro:gəˌtɛkən]
ponto (m) de exclamação	utropstecken (ett)	['ʊtrʊpsˌtɛkən]

aspas (f pl)	anföringstecken (pl)	[ɑnˈfœriŋsˌtɛkən]
entre aspas	inom anföringstecken	[ˈinɔm ɑnˈfœriŋsˌtɛkən]
parênteses (m pl)	parentes (en)	[parɛnˈtes]
entre parênteses	inom parentes	[ˈinɔm parɛnˈtes]

hífen (m)	bindestreck (ett)	[ˈbindəˌstrɛk]
travessão (m)	tankstreck (ett)	[ˈtaŋkˌstrɛk]
espaço (m)	mellanrum (ett)	[ˈmɛlʲanˌruːm]

letra (f)	bokstav (en)	[ˈbukstav]
letra (f) maiúscula	stor bokstav (en)	[ˈstur ˈbukstav]

vogal (f)	vokal (en)	[vuˈkalʲ]
consoante (f)	konsonant (en)	[kɔnsɔˈnant]

frase (f)	mening, sats (en)	[ˈmeniŋ], [ˈsats]
sujeito (m)	subjekt (ett)	[subˈjɛːkt]
predicado (m)	predikat (ett)	[prediˈkat]

linha (f)	rad (en)	[ˈrad]
em uma nova linha	på ny rad	[pɔ ny ˈrad]
parágrafo (m)	stycke (ett)	[ˈstʏkə]

palavra (f)	ord (ett)	[ˈuːd]
grupo (m) de palavras	ordkombination (en)	[ˈuːdˌkɔmbinaˈɧun]
expressão (f)	uttryck (ett)	[ˈʉtˌtrʏk]
sinônimo (m)	synonym (en)	[synɔˈnym]
antônimo (m)	antonym, motsats (en)	[antɔˈnʏm], [ˈmʊtsats]

regra (f)	regel (en)	[ˈregəlʲ]
exceção (f)	undantag (ett)	[ˈundanˌtaːg]
correto (adj)	riktig	[ˈriktig]

conjugação (f)	böjning (en)	[ˈbœjniŋ]
declinação (f)	böjning (en)	[ˈbœjniŋ]
caso (m)	kasus (ett)	[ˈkasus]
pergunta (f)	fråga (en)	[ˈfroːga]
sublinhar (vt)	att understryka	[at ˈundəˌstryka]
linha (f) pontilhada	pricklinje (en)	[ˈprikˌlinjə]

146. Línguas estrangeiras

língua (f)	språk (ett)	[ˈsproːk]
estrangeiro (adj)	främmande	[ˈfrɛmandə]
língua (f) estrangeira	främmande språk (ett)	[ˈfrɛmandə sproːk]
estudar (vt)	att studera	[at stuˈdera]
aprender (vt)	att lära sig	[at ˈlʲæːra sɛj]

ler (vt)	att läsa	[at ˈlʲɛːsa]
falar (vi)	att tala	[at ˈtalʲa]
entender (vt)	att förstå	[at fœːˈstoː]
escrever (vt)	att skriva	[at ˈskriva]
rapidamente	snabbt	[ˈsnabt]
devagar, lentamente	långsamt	[ˈlʲɔŋˌsamt]

fluentemente	flytande	['fli·ytandə]
regras (f pl)	regler (pl)	['rɛgli·ər]
gramática (f)	grammatik (en)	[grama'tik]
vocabulário (m)	ordförråd (ett)	['ʊ:dfœ:ˌro:d]
fonética (f)	fonetik (en)	[fone'tik]

livro (m) didático	lärobok (en)	['li·æ:ruˌbʊk]
dicionário (m)	ordbok (en)	['ʊ:dˌbʊk]
manual (m) autodidático	självinstruerande lärobok (en)	['ɧɛli·v instru'ɛrandə 'li·æ:ruˌbʊk]
guia (m) de conversação	parlör (en)	[pa:'li·ø:r]

fita (f) cassete	kassett (en)	[ka'sɛt]
videoteipe (m)	videokassett (en)	['videʊ ka'sɛt]
CD (m)	cd-skiva (en)	['sede ˌɧiva]
DVD (m)	dvd (en)	[deve'de:]

alfabeto (m)	alfabet (ett)	['ali·fabet]
soletrar (vt)	att stava	[at 'stava]
pronúncia (f)	uttal (ett)	['ʉtˌtali·]

sotaque (m)	brytning (en)	['brytniŋ]
com sotaque	med brytning	[me 'brytniŋ]
sem sotaque	utan brytning	['ʉtan 'brytniŋ]

| palavra (f) | ord (ett) | ['ʊ:d] |
| sentido (m) | betydelse (en) | [be'tydəli·sə] |

curso (m)	kurs (en)	['ku:ʂ]
inscrever-se (vr)	att anmäla sig	[at 'anˌmɛ:li·a sɛj]
professor (m)	lärare (en)	['li·æ:rarə]

tradução (processo)	översättning (en)	['ø:vəˌsætniŋ]
tradução (texto)	översättning (en)	['ø:vəˌsætniŋ]
tradutor (m)	översättare (en)	['ø:vəˌsætarə]
intérprete (m)	tolk (en)	['toli·k]

| poliglota (m) | polyglott (en) | [pʊli·y'gli·ot] |
| memória (f) | minne (ett) | ['minə] |

147. Personagens de contos de fadas

Papai Noel (m)	Jultomten	['juli·ˌtomtən]
Cinderela (f)	Askungen	['askuŋən]
sereia (f)	havsfru (en)	['havsˌfrʉ:]
Netuno (m)	Neptunus	[nep'tʉnus]

bruxo, feiticeiro (m)	trollkarl (en)	['trɔli·ˌkar]
fada (f)	fe (en)	['fe]
mágico (adj)	troll-, magisk	['trɔli·-], ['magisk]
varinha (f) mágica	trollspö (ett)	['trɔli·ˌspø:]

| conto (m) de fadas | saga (en) | ['saga] |
| milagre (m) | mirakel (ett) | [mi'rakəli·] |

| anão (m) | gnom, dvärg (en) | [gnʊm], ['dværj] |
| transformar-se em … | att förvandlas till … | [at før'vandlas tiⱡ …] |

fantasma (m)	fantom, vålnad (ett)	[fan'toːm], ['vɔlⱡnad]
fantasma (m)	spöke (ett)	['spøːkə]
monstro (m)	monster (ett)	['mɔnstər]
dragão (m)	drake (en)	['drakə]
gigante (m)	jätte (en)	['jætə]

148. Signos do Zodíaco

Áries (f)	Väduren	['vɛdʉrən]
Touro (m)	Oxen	['ʊksən]
Gêmeos (m pl)	Tvillingarna	['tviliŋaːŋa]
Câncer (m)	Kräftan	['krɛftan]
Leão (m)	Lejonet	['ⱡejɔnet]
Virgem (f)	Jungfrun	['juŋfrʉn]

Libra (f)	Vågen	['voːgən]
Escorpião (m)	Skorpionen	[skɔrpi'ʊnən]
Sagitário (m)	Skytten	['ʃʏtən]
Capricórnio (m)	Stenbocken	['sten‚bʊkən]
Aquário (m)	Vattumannen	['vatʉ‚manən]
Peixes (pl)	Fiskarna	['fiskaːŋa]

caráter (m)	karaktär (en)	[karak'tæːr]
traços (m pl) do caráter	karaktärsdrag (ett)	[karak'tæːʂ‚drag]
comportamento (m)	uppförande (ett)	['up‚førandə]
prever a sorte	att spå	[at spɔ]
adivinha (f)	spåkvinna (en)	['spoː‚kvina]
horóscopo (m)	horoskop (ett)	[hʊrʉ'skɔp]

Artes

149. Teatro

teatro (m)	teater (en)	[te'atər]
ópera (f)	opera (en)	['ʊpera]
opereta (f)	operett (en)	[ʊpe'rɛt]
balé (m)	balett (en)	[ba'lʲet]

cartaz (m)	affisch (en)	[a'fi:ʃ]
companhia (f) de teatro	teatertrupp (en)	[te'atər,trup]
turnê (f)	turné (en)	[tur'ne:]
estar em turnê	att vara på turné	[at 'vara pɔ tur'ne:]
ensaiar (vt)	att repetera	[at repe'tera]
ensaio (m)	repetition (en)	[repeti'ɧun]
repertório (m)	repertoar (en)	[repɛ:tʊ'a:r]

apresentação (f)	föreställning (en)	['førə,stɛlʲniŋ]
espetáculo (m)	teaterstycke (ett)	[te'atər,stʏkə]
peça (f)	skådespel (ett), pjäs (en)	['sko:də,spelʲ], [pjæ:s]

entrada (m)	biljett (en)	[bi'lʲet]
bilheteira (f)	biljettkassa (en)	[bi'lʲet,kasa]
hall (m)	lobby (en)	['lʲɔbi]
vestiário (m)	garderob (en)	[ga:də'rɔ:b]
senha (f) numerada	nummerbricka (en)	['numer,brika]
binóculo (m)	kikare (en)	['ɕikarə]
lanterninha (m)	platsanvisare (en)	['plʲats,an'visarə]

plateia (f)	parkett (en)	[par'ket]
balcão (m)	balkong (en)	[balʲ'kɔŋ]
primeiro balcão (m)	första raden (en)	['fœ:ʂta 'radən]
camarote (m)	loge (en)	['lʲoge]
fila (f)	rad (en)	['rad]
assento (m)	plats (en)	['plʲats]

público (m)	publik (en)	[pub'lik]
espectador (m)	åskådare (en)	['ɔs,ko:darə]
aplaudir (vt)	att klappa	[at 'klʲapa]
aplauso (m)	applåd (en)	[ap'lʲo:d]
ovação (f)	bifall (ett)	['bi,falʲ]

palco (m)	scen (en)	['se:n]
cortina (f)	ridå (en)	[ri'do:]
cenário (m)	dekoration (en)	[dekɔra'ɧun]
bastidores (m pl)	kulisser (pl)	[kʉ'lisər]

cena (f)	scen (en)	['se:n]
ato (m)	akt (en)	['akt]
intervalo (m)	mellanakt (en)	['mɛlʲan,akt]

150. Cinema

ator (m)	skådespelare (en)	['sko:də‚spelʲarə]
atriz (f)	skådespelerska (en)	['sko:də‚spelʲeʂka]

cinema (m)	filmindustri (en)	['filʲm‚indu'stri:]
filme (m)	film (en)	['filʲm]
episódio (m)	del (en)	['delʲ]

filme (m) policial	kriminalfilm (en)	[krimi'nalʲ‚filʲm]
filme (m) de ação	actionfilm (en)	['ɛkʃən‚filʲm]
filme (m) de aventuras	äventyrsfilm (en)	['ɛ:vɛn‚tyʂ 'filʲm]
filme (m) de ficção científica	science fiction film (en)	['sajəns ‚fikʃən 'filʲm]
filme (m) de horror	skräckfilm (en)	['skrɛk‚filʲm]

comédia (f)	komedi (en), lustspel (ett)	[kɔme'di:], [lʉ:st‚spel]
melodrama (m)	melodram (en)	[melʲɔ'dram]
drama (m)	drama (ett)	['drama]

filme (m) de ficção	spelfilm (en)	['spelʲ‚filʲm]
documentário (m)	dokumentärfilm (en)	[dokumən'tæ:r‚filʲm]
desenho (m) animado	tecknad film (en)	['tɛknad 'filʲm]
cinema (m) mudo	stumfilm (en)	['stum‚filʲm]

papel (m)	roll (en)	['rɔlʲ]
papel (m) principal	huvudroll (en)	['hʉ:vʉd‚rɔlʲ]
representar (vt)	att spela	[at 'spelʲa]

estrela (f) de cinema	filmstjärna (en)	['filʲm‚ɦæ:ŋa]
conhecido (adj)	välkänd	[vɛlʲ'ɕɛnd]
famoso (adj)	berömd	[be'rœmd]
popular (adj)	populär	[popʉ'lʲæ:r]

roteiro (m)	manus (ett)	['manus]
roteirista (m)	manusförfattare (en)	['manus‚før'fatarə]
diretor (m) de cinema	regissör (en)	[reɦi'sø:r]
produtor (m)	producent (en)	[prodʉ'sɛnt]
assistente (m)	assistent (en)	[asi'stɛnt]
diretor (m) de fotografia	kameraman (en)	['kamera‚man]
dublê (m)	stuntman (en)	['stunt‚man]
dublê (m) de corpo	ersättare (en)	[æ:'ʂætarə]

filmar (vt)	att spela in en film	[at 'spelʲa in en 'filʲm]
audição (f)	provspelning (en)	['prʊv‚spɛlʲniŋ]
filmagem (f)	inspelning (en)	['in‚spɛlʲniŋ]
equipe (f) de filmagem	filmteam (ett)	['filʲm‚tim]
set (m) de filmagem	inspelningsplats (en)	['inspɛlʲniŋ‚plʲats]
câmera (f)	filmkamera (en)	['filʲm‚kamera]

cinema (m)	biograf (en)	[biʊ'graf]
tela (f)	filmduk (en)	['filʲm‚dʉ:k]
exibir um filme	att visa en film	[at 'visa en filʲm]

trilha (f) sonora	ljudspår (ett)	['jʉ:d‚spo:r]
efeitos (m pl) especiais	specialeffekter (pl)	[spesi'alʲ ɛ'fɛktər]

legendas (f pl)	undertexter (pl)	['undə͵tɛkstər]
crédito (m)	eftertext (ett)	['ɛftə͵tɛkst]
tradução (f)	översättning (en)	['ø:və͵sætniŋ]

151. Pintura

arte (f)	konst (en)	['kɔnst]
belas-artes (f pl)	de sköna konsterna	[de 'ʃø:na 'kɔnstɛ:ŋa]
galeria (f) de arte	konstgalleri (ett)	['kɔnst galˡeˈri:]
exibição (f) de arte	konst utställning (en)	['kɔnst 'ʉt͵stɛlˡniŋ]

pintura (f)	måleri (ett)	[moːlˡeˈri:]
arte (f) gráfica	grafik (en)	[graˈfik]
arte (f) abstrata	abstrakt konst (en)	[abˈstrakt 'kɔnst]
impressionismo (m)	impressionism (en)	[imprɛɧʊˈnism]

pintura (f), quadro (m)	tavla (en)	['tavlˡa]
desenho (m)	teckning (en)	['tɛkniŋ]
cartaz, pôster (m)	poster, löpsedel (en)	['pɔstər], ['løp͵sedəlˡ]

ilustração (f)	illustration (en)	[ilʉstraˈɧʊn]
miniatura (f)	miniatyr (en)	[miniaˈtyr]
cópia (f)	kopia (en)	[kʊˈpia]
reprodução (f)	reproduktion (en)	[rɛprɔdukˈɧʊn]

mosaico (m)	mosaik (en)	[mʊsaˈik]
vitral (m)	glasmålning (en)	['glˡas͵moːlˡniŋ]
afresco (m)	fresk (en)	['frɛsk]
gravura (f)	gravyr (en)	[graˈvyr]

busto (m)	byst (en)	['bʏst]
escultura (f)	skulptur (en)	[skʉlˡpˈtʉːr]
estátua (f)	staty (en)	[staˈty]
gesso (m)	gips (en)	['jips]
em gesso (adj)	gips-	['jips-]

retrato (m)	porträtt (en)	[pɔːˈtræt]
autorretrato (m)	självporträtt (en)	['ɧɛlˡv͵pɔːˈtræt]
paisagem (f)	landskapsmålning (en)	['lˡaŋ͵skaps 'moːlˡniŋ]
natureza (f) morta	stilleben (ett)	['stil͵lˡebən]
caricatura (f)	karikatyr (en)	[karikaˈtyr]
esboço (m)	skiss (en)	['skis]

tinta (f)	färg (en)	['fæːrj]
aquarela (f)	akvarell (en)	[akvaˈrɛlˡ]
tinta (f) a óleo	olja (en)	['ɔlja]
lápis (m)	blyertspenna (en)	['blˡyɛːˈtʂ͵pɛna]
tinta (f) nanquim	tusch (en)	['tu:ʃ]
carvão (m)	kol (ett)	['kɔlˡ]

desenhar (vt)	att teckna	[at 'tɛkna]
pintar (vt)	att måla	[at 'moːlˡa]
posar (vi)	att posera	[at pʊˈsera]
modelo (m)	modell (en)	[mʊˈdɛlˡ]

modelo (f)	modell (en)	[mʊ'dɛlʲ]
pintor (m)	konstnär (en)	['kɔnstnæ:r]
obra (f)	konstverk (ett)	['kɔnst,vɛrk]
obra-prima (f)	mästerverk (ett)	['mɛstər,vɛrk]
estúdio (m)	ateljé (en)	[ate'lje:]

tela (f)	kanvas, duk (en)	['kanvas], [dʉ:k]
cavalete (m)	staffli (ett)	[staf'li:]
paleta (f)	palett (en)	[pa'lʲet]

moldura (f)	ram (en)	['ram]
restauração (f)	restaurering (en)	[rɛstɔ'reriŋ]
restaurar (vt)	att restaurera	[at rɛstɔ'rera]

152. Literatura & Poesia

literatura (f)	litteratur (en)	[litera'tʉ:r]
autor (m)	författare (en)	[før'fatarə]
pseudônimo (m)	pseudonym (en)	[sydɔ'nym]

livro (m)	bok (en)	['bʊk]
volume (m)	volym (en)	[vɔ'lʲym]
índice (m)	innehållsförteckning (en)	['ineho:lʲs fœ:'ʈɛkniŋ]
página (f)	sida (en)	['sida]
protagonista (m)	huvudperson (en)	['hʉ:vʉd,pɛ'ʂʊn]
autógrafo (m)	autograf (en)	[atɔ'graf]

conto (m)	novell (en)	[nʊ'vɛlʲ]
novela (f)	kortroman (en)	['kɔ:ʈ rʊ'man]
romance (m)	roman (en)	[rʊ'man]
obra (f)	verk (ett)	['vɛrk]
fábula (m)	fabel (en)	['fabəlʲ]
romance (m) policial	kriminalroman (en)	[krimi'nalʲ rʊ'man]

verso (m)	dikt (en)	['dikt]
poesia (f)	poesi (en)	[pʊe'si:]
poema (m)	epos (ett)	['ɛpɔs]
poeta (m)	poet (en)	[pʊ'et]

ficção (f)	skönlitteratur (en)	['ʃø:n litera'tʉ:r]
ficção (f) científica	science fiction	['sajəns ,fikʃən]
aventuras (f pl)	äventyr (pl)	['ɛ:vɛn,tyr]
literatura (f) didática	undervisningslitteratur (en)	['undə,visniŋ litera'tʉ:r]
literatura (f) infantil	barnlitteratur (en)	['ba:ɳ litera'tʉ:r]

153. Circo

circo (m)	cirkus (en)	['sirkʉs]
circo (m) ambulante	ambulerande cirkus (en)	['ambu,lerandə 'sirkʉs]
programa (m)	program (ett)	[prɔ'gram]
apresentação (f)	föreställning (en)	['førə,stɛlʲniŋ]
número (m)	nummer (ett)	['numər]

picadeiro (f)	arena (en)	[a'rena]
pantomima (f)	pantomim (en)	[pantɔ'mim]
palhaço (m)	clown (en)	['klʲawn]

acrobata (m)	akrobat (en)	[akrʊ'bat]
acrobacia (f)	akrobatik (en)	[akrʊba'tik]
ginasta (m)	gymnast (en)	[jym'nast]
ginástica (f)	gymnastik (en)	[jymna'stik]
salto (m) mortal	salto (en)	['salʲtʊ]

homem (m) forte	atlet (en)	[at'lʲet]
domador (m)	djur-tämjare (en)	['jʉ:r ˌtɛmjarə]
cavaleiro (m) equilibrista	ryttare (en)	['rʏtarə]
assistente (m)	assistent (en)	[asi'stɛnt]

truque (m)	trick (ett)	['trik]
truque (m) de mágica	magitrick (ett)	[ma'giˌtrik]
ilusionista (m)	trollkarl (en)	['trɔlʲˌkar]

malabarista (m)	jonglör (en)	[jɔng'lʲø:r]
fazer malabarismos	att jonglera	[at jɔng'lʲera]
adestrador (m)	dressör (en)	[drɛ'sø:r]
adestramento (m)	dressyr (en)	[drɛ'syr]
adestrar (vt)	att dressera	[at drɛ'sera]

154. Música. Música popular

música (f)	musik (en)	[mʉ'si:k]
músico (m)	musiker (en)	['mʉsikər]
instrumento (m) musical	musikinstrument (ett)	[mʉ'si:k instru'mɛnt]
tocar ...	att spela ...	[at 'spelʲa ...]

guitarra (f)	gitarr (en)	[ji'tar]
violino (m)	fiol, violin (en)	[fi'ʊlʲ], [viɔ'lin]
violoncelo (m)	cello (en)	['sɛlʲʊ]
contrabaixo (m)	kontrabas (en)	['kɔntraˌbas]
harpa (f)	harpa (en)	['harpa]

piano (m)	piano (ett)	[pi'anʊ]
piano (m) de cauda	flygel (en)	['flʲygəlʲ]
órgão (m)	orgel (en)	['ɔrjəlʲ]

instrumentos (m pl) de sopro	blåsinstrumenter (pl)	['blʲo:sˌinstru'mɛntər]
oboé (m)	oboe (en)	[ɔb'ɔ:]
saxofone (m)	saxofon (en)	[saksʊ'fɔn]
clarinete (m)	klarinett (en)	[klʲari'net]
flauta (f)	flöjt (en)	['flʲøjt]
trompete (m)	trumpet (en)	[trum'pet]

| acordeão (m) | dragspel (ett) | ['dragˌspelʲ] |
| tambor (m) | trumma (en) | ['truma] |

| dueto (m) | duo (en) | ['dʉ:ɔ] |
| trio (m) | trio (en) | ['tri:ɔ] |

quarteto (m)	kvartett (en)	[kva'tɛt]
coro (m)	kör (en)	['ɕøːr]
orquestra (f)	orkester (en)	[ɔr'kɛstər]

música (f) pop	popmusik (en)	['pɔp mʉ'siːk]
música (f) rock	rockmusik (en)	['rɔk mʉ'siːk]
grupo (m) de rock	rockband (ett)	['rɔk‚band]
jazz (m)	jazz (en)	['jas]

ídolo (m)	idol (en)	[i'dɔlʲ]
fã, admirador (m)	beundrare (en)	[be'undrarə]

concerto (m)	konsert (en)	[kɔn'sɛːr]
sinfonia (f)	symfoni (en)	[sʏmfʉ'niː]
composição (f)	komposition (en)	[kɔmpʉsi'ɧʉn]
compor (vt)	att komponera	[at kɔmpʉ'nera]

canto (m)	sång (en)	['sɔŋ]
canção (f)	sång (en)	['sɔŋ]
melodia (f)	melodi (en)	[melʲɔ'diː]
ritmo (m)	rytm (en)	['rʏtm]
blues (m)	blues (en)	['blʉs]

notas (f pl)	noter (pl)	['nʉtər]
batuta (f)	taktpinne (en)	['takt‚pinə]
arco (m)	stråke (en)	['stroːkə]
corda (f)	sträng (en)	['strɛŋ]
estojo (m)	fodral (ett)	[fʉd'ralʲ]

Descanso. Entretenimento. Viagens

155. Viagens

turismo (m)	turism (en)	[tu'rism]
turista (m)	turist (en)	[tu'rist]
viagem (f)	resa (en)	['resa]
aventura (f)	äventyr (ett)	['ɛːvɛnˌtyr]
percurso (curta viagem)	tripp (en)	['trip]
férias (f pl)	semester (en)	[se'mɛstər]
estar de férias	att ha semester	[at ha se'mɛstər]
descanso (m)	uppehåll (ett), vila (en)	['upə'hoːlʲ], ['vilʲa]
trem (m)	tåg (ett)	['toːg]
de trem (chegar ~)	med tåg	[me 'toːg]
avião (m)	flygplan (ett)	['flʲygplʲan]
de avião	med flygplan	[me 'flʲygplʲan]
de carro	med bil	[me 'bilʲ]
de navio	med båt	[me 'boːt]
bagagem (f)	bagage (ett)	[ba'gaːʃ]
mala (f)	resväska (en)	['rɛsˌvɛska]
carrinho (m)	bagagevagn (en)	[ba'gaːʃ ˌvagn]
passaporte (m)	pass (ett)	['pas]
visto (m)	visum (ett)	['viːsum]
passagem (f)	biljett (en)	[bi'lʲet]
passagem (f) aérea	flygbiljett (en)	['flʲyg biˌlʲet]
guia (m) de viagem	reseguidebok (en)	['reseˌgajdbʊk]
mapa (m)	karta (en)	['kaːʈa]
área (f)	område (ett)	['ɔmˌroːdə]
lugar (m)	plats (en)	['plʲats]
exotismo (m)	(det) exotiska	[ɛ'ksɔtiska]
exótico (adj)	exotisk	[ɛk'sɔtisk]
surpreendente (adj)	förunderlig	[fø'rundelig]
grupo (m)	grupp (en)	['grup]
excursão (f)	utflykt (en)	['ʉtˌflʲykt]
guia (m)	guide (en)	['gajd]

156. Hotel

hotel (m)	hotell (ett)	[hʊ'tɛlʲ]
motel (m)	motell (ett)	[mʊ'tɛlʲ]
três estrelas	trestjärnigt	['treˌhæːɳit]

| cinco estrelas | femstjärnigt | [fɛm,ɧæː:ŋit] |
| ficar (vi, vt) | att bo | [at 'buː] |

quarto (m)	rum (ett)	['ruːm]
quarto (m) individual	enkelrum (ett)	['ɛŋkəlʲ,ruːm]
quarto (m) duplo	dubbelrum (ett)	['dubəlʲ,ruːm]
reservar um quarto	att boka rum	[at 'buka 'ruːm]

| meia pensão (f) | halvpension (en) | ['halʲv,pan'ɧun] |
| pensão (f) completa | helpension (en) | ['helʲ,pan'ɧun] |

com banheira	med badkar	[me 'bad,kar]
com chuveiro	med dusch	[me 'duʃ]
televisão (m) por satélite	satellit-TV (en)	[satɛ'liːt 'teve]
ar (m) condicionado	luftkonditionerare (en)	['luft,kondiɧu'nerarə]
toalha (f)	handduk (en)	['hand,duː:k]
chave (f)	nyckel (en)	['nʏkəlʲ]

administrador (m)	administratör (en)	[administra'tør]
camareira (f)	städerska (en)	['stɛ:dɛʂka]
bagageiro (m)	bärare (en)	['bæː:rarə]
porteiro (m)	portier (en)	[pɔ:'tʲeː]

restaurante (m)	restaurang (en)	[rɛstɔ'raŋ]
bar (m)	bar (en)	['bar]
café (m) da manhã	frukost (en)	['fruː:kɔst]
jantar (m)	kvällsmat (en)	['kvɛlʲs,mat]
bufê (m)	buffet (en)	[bu'fet]

| saguão (m) | lobby (en) | ['lʲɔbi] |
| elevador (m) | hiss (en) | ['his] |

| NÃO PERTURBE | STÖR EJ! | ['stø:r ɛj] |
| PROIBIDO FUMAR! | RÖKNING FÖRBJUDEN | ['rœkniŋ før'bjuː:dən] |

157. Livros. Leitura

livro (m)	bok (en)	['buk]
autor (m)	författare (en)	[før'fatarə]
escritor (m)	författare (en)	[før'fatarə]
escrever (~ um livro)	att skriva	[at 'skriva]

leitor (m)	läsare (en)	['lʲɛ:sarə]
ler (vt)	att läsa	[at 'lʲɛ:sa]
leitura (f)	läsning (en)	['lʲɛsniŋ]

| para si | för sig själv | [før ,sɛj 'ɧɛlʲv] |
| em voz alta | högt | ['hœgt] |

publicar (vt)	att publicera	[at publi'sera]
publicação (f)	publicering (en)	[publi'seriŋ]
editor (m)	förläggare (en)	['fœ: ,lʲɛgarə]
editora (f)	förlag (ett)	[fœ:'lʲag]
sair (vi)	att komma ut	[at 'kɔma ut]

| lançamento (m) | utgåva (en) | ['ʉt,go:va] |
| tiragem (f) | upplaga (en) | ['up,lʲaga] |

| livraria (f) | bokhandel (en) | ['bʊk,handəlʲ] |
| biblioteca (f) | bibliotek (ett) | [bibliʊ'tek] |

novela (f)	kortroman (en)	['kɔ:ʈ rʊ'man]
conto (m)	novell (en)	[nʊ'vɛlʲ]
romance (m)	roman (en)	[rʊ'man]
romance (m) policial	kriminalroman (en)	[krimi'nalʲ rʊ'man]

memórias (f pl)	memoarer (pl)	[memʊ'arər]
lenda (f)	legend (en)	[lʲe'gɛnd]
mito (m)	myt (en)	['myt]

poesia (f)	dikter (pl)	['diktər]
autobiografia (f)	självbiografi (en)	['ɧɛlʲv biʊgra'fi:]
obras (f pl) escolhidas	utvalda verk (pl)	['ʉt,valʲda vɛrk]
ficção (f) científica	science fiction	['sajəns ,fikʃən]

título (m)	titel (en)	['titəlʲ]
introdução (f)	inledning (en)	['in,lʲednin]
folha (f) de rosto	titelsida (en)	['titəlʲ,sida]

capítulo (m)	kapitel (ett)	[ka'pitəlʲ]
excerto (m)	utdrag (ett)	['ʉt,drag]
episódio (m)	episod (en)	[ɛpi'sʊd]

enredo (m)	handling (en)	['handlin]
conteúdo (m)	innehåll (ett)	['ine,ho:lʲ]
índice (m)	innehållsförteckning (en)	['inəho:lʲs fœ:'ʈɛknin]
protagonista (m)	huvudperson (en)	['hʉ:vʉd,pɛ'ʂʊn]

volume (m)	volym (en)	[vɔ'lʲym]
capa (f)	omslag (ett)	['ɔm,slʲag]
encadernação (f)	bokband (ett)	['bʊk,band]
marcador (m) de página	bokmärke (ett)	['bʊk,mæ:rkə]

página (f)	sida (en)	['sida]
folhear (vt)	att bläddra	[at 'blʲɛdra]
margem (f)	marginaler (pl)	[margi'nalʲər]
anotação (f)	annotering (ett)	[anɔ'tɛrin]
nota (f) de rodapé	anmärkning (en)	['an,mæ:rknin]

texto (m)	text (en)	['tɛkst]
fonte (f)	typsnitt (ett)	['typsnit]
falha (f) de impressão	tryckfel (ett)	['trʏk,felʲ]

tradução (f)	översättning (en)	['ø:və,ʂætnin]
traduzir (vt)	att översätta	[at 'ø:və,ʂæta]
original (m)	original (ett)	[ɔrigi'nalʲ]

famoso (adj)	berömd	[be'rœmd]
desconhecido (adj)	okänd	[ʊ:'ɕɛnd]
interessante (adj)	intressant	[intrɛ'sant]
best-seller (m)	bestseller (en)	['bɛst,sɛ:lʲər]

dicionário (m)	ordbok (en)	['ʊːɖˌbʊk]
livro (m) didático	lärobok (en)	['lʲæːrʊˌbʊk]
enciclopédia (f)	encyklopedi (en)	[ɛnsʏklʲɔpeˈdiː]

158. Caça. Pesca

caça (f)	jakt (en)	['jakt]
caçar (vi)	att jaga	[at 'jaga]
caçador (m)	jägare (en)	['jɛːgarə]

disparar, atirar (vi)	att skjuta	[at 'ɦʉːta]
rifle (m)	gevär (ett)	[jeˈvæːr]
cartucho (m)	patron (en)	[paˈtrʊn]
chumbo (m) de caça	hagel (ett)	['hagəlʲ]

armadilha (f)	sax (en)	['saks]
armadilha (com corda)	fälla (en)	['fɛlʲa]
cair na armadilha	att fångas i fälla	[at 'fɔŋas i 'fɛlʲa]
pôr a armadilha	att gillra en fälla	[at 'jilʲra en 'fɛlʲa]

caçador (m) furtivo	tjuvskytt (en)	['ɕʉːvˌɧʏt]
caça (animais)	vilt (ett)	['vilʲt]
cão (m) de caça	jakthund (en)	['jaktˌhund]
safári (m)	safari (en)	[saˈfari]
animal (m) empalhado	uppstoppat djur (ett)	['upˌstɔpat jʉːr]

pescador (m)	fiskare (en)	['fiskarə]
pesca (f)	fiske (ett)	['fiskə]
pescar (vt)	att fiska	[at 'fiska]

vara (f) de pesca	fiskespö (ett)	['fiskəˌspøː]
linha (f) de pesca	fiskelina (en)	['fiskəˌlina]
anzol (m)	krok (en)	['krʊk]

| boia (f), flutuador (m) | flöte (ett) | ['flʲøːtə] |
| isca (f) | agn (en) | ['agn] |

| lançar a linha | att kasta ut | [at 'kasta ʉt] |
| morder (peixe) | att nappa | [at 'napa] |

| pesca (f) | fångst (en) | ['fɔŋst] |
| buraco (m) no gelo | hål (ett) i isen | ['hoːlʲ i 'isən] |

| rede (f) | nät (ett) | ['nɛːt] |
| barco (m) | båt (en) | ['boːt] |

pescar com rede	att fiska med nät	[at 'fiska me 'nɛːt]
lançar a rede	att kasta nätet	[at 'kasta 'nɛːtət]
puxar a rede	att dra upp nätet	[at 'dra up 'nɛːtət]
cair na rede	att bli fångad i nätet	[at bli foːˌŋad i 'nɛːtət]

baleeiro (m)	valfångare (en)	['valʲˌfɔŋarə]
baleeira (f)	valfångstbåt (ett)	['valʲfɔŋstˌboːt]
arpão (m)	harpun (en)	[harˈpʉːn]

159. Jogos. Bilhar

bilhar (m)	biljard (en)	[bi'lja:d]
sala (f) de bilhar	biljardsalong (en)	[bi'lja:d sa'lɔŋ]
bola (f) de bilhar	biljardboll (en)	[bi'lja:d͡ˌbɔlʲ]

embolsar uma bola	att sänka en boll	[at 'sɛŋka en 'bɔlʲ]
taco (m)	kö (en)	['kø:]
caçapa (f)	hål (ett)	['ho:lʲ]

160. Jogos. Jogar cartas

ouros (m pl)	ruter (pl)	['ru:tər]
espadas (f pl)	spader (pl)	['spadər]
copas (f pl)	hjärter	['jæ:tər]
paus (m pl)	klöver (pl)	['klʲø:vər]

ás (m)	äss (ett)	['ɛs]
rei (m)	kung (en)	['kuŋ]
dama (f), rainha (f)	dam (en)	['dam]
valete (m)	knekt (en)	['knɛkt]

carta (f) de jogar	kort (ett)	['kɔ:t]
cartas (f pl)	kort (pl)	['kɔ:t]
trunfo (m)	trumf (en)	['trumf]
baralho (m)	kortlek (en)	['kɔ:t͡ˌlʲek]

ponto (m)	poäng (en)	[pʊ'ɛŋ]
dar, distribuir (vt)	att ge, att dela ut	[at je:], [at 'delʲa ut]
embaralhar (vt)	att blanda	[at 'blʲanda]
vez, jogada (f)	utspel (ett)	['utspelʲ]
trapaceiro (m)	falskspelare (en)	['falʲskˌspelʲarə]

161. Casino. Roleta

cassino (m)	kasino (ett)	[ka'sinʊ]
roleta (f)	roulett (ett)	[ru'lʲet]
aposta (f)	insats (en)	['inˌsats]
apostar (vt)	att satsa	[at 'satsa]

vermelho (m)	röd (en)	['rø:d]
preto (m)	svart (en)	['sva:t]
apostar no vermelho	att satsa på rött	[at 'satsa pɔ 'rœt]
apostar no preto	att satsa på svart	[at 'satsa pɔ 'sva:t]

croupier (m, f)	croupier (en)	[krʊ'pje:]
girar da roleta	att snurra hjulet	[at 'snura 'ju:lʲet]
regras (f pl) do jogo	spelregler (pl)	['spelʲˌrɛglʲər]
ficha (f)	spelmark (en)	['spelʲmark]
ganhar (vi, vt)	att vinna	[at 'vina]
ganho (m)	vinst (en)	['vinst]

| perder (dinheiro) | att förlora | [at fœ:'lʲʊra] |
| perda (f) | förlust (en) | [fœ:'lʉ:st] |

jogador (m)	spelare (en)	['spelʲarə]
blackjack, vinte-e-um (m)	blackjack (ett)	['blʲɛkˌʃɛk]
jogo (m) de dados	tärningsspel (ett)	['tæ:ŋiŋsˌspelʲ]
dados (m pl)	tärningar (pl)	['tɛŋiŋar]
caça-níqueis (m)	spelautomat (en)	['spelʲ autʊ'mat]

162. Descanso. Jogos. Diversos

passear (vi)	att promenera, att ströva	[at prʊme'nera], [at 'strø:va]
passeio (m)	promenad (en)	[prʊme'nad]
viagem (f) de carro	utflykt, biltur (en)	['ʉtˌflʲykt], ['bilʲˌtʉr]
aventura (f)	äventyr (ett)	['ɛ:vɛnˌtyr]
piquenique (m)	picknick (en)	['piknik]

jogo (m)	spel (ett)	['spelʲ]
jogador (m)	spelare (en)	['spelʲarə]
partida (f)	parti (ett)	[pa:'ʈi:]

colecionador (m)	samlare (en)	['samlʲarə]
colecionar (vt)	att samla	[at 'samlʲa]
coleção (f)	samling (en)	['samliŋ]

palavras (f pl) cruzadas	korsord (ett)	['kɔ:ʂˌʊ:ɖ]
hipódromo (m)	galoppbana (en)	[ga'lʲɔpˌbana]
discoteca (f)	diskotek (ett)	[diskɔ'tek]

| sauna (f) | sauna (en) | ['sauna] |
| loteria (f) | lotteri (ett) | [lʲote'ri:] |

campismo (m)	campingresa (en)	['kampiŋˌresa]
acampamento (m)	läger (ett)	['lʲɛ:gər]
barraca (f)	tält (ett)	['tɛlʲt]
bússola (f)	kompass (en)	[kɔm'pas]
campista (m)	campare (en)	['kamparə]

ver (vt), assistir à ...	att se på	[at 'se: pɔ]
telespectador (m)	tv-tittare (en)	['teveˌtitarə]
programa (m) de TV	tv-show (ett)	['teveˌʃow]

163. Fotografia

| máquina (f) fotográfica | kamera (en) | ['kamera] |
| foto, fotografia (f) | foto, fotografi (ett) | ['fʊtʊ], [fʊtʊgra'fi:] |

fotógrafo (m)	fotograf (en)	[fʊtʊ'graf]
estúdio (m) fotográfico	fotoateljé (en)	['fʊtʊ atəˌlje:]
álbum (m) de fotografias	fotoalbum (ett)	['fʊtʊ ˌalʲbum]
lente (f) fotográfica	objektiv (ett)	[ɔbjɛk'tiv]
lente (f) teleobjetiva	teleobjektiv (ett)	['telʲe ɔbjɛk'tiv]

filtro (m)	filter (ett)	['filⁱtər]
lente (f)	lins (en)	['lins]

ótica (f)	optik (en)	[ɔp'tik]
abertura (f)	bländare (en)	['blⁱɛndarə]
exposição (f)	exponeringstid (en)	[ɛkspʉ'neriŋs‚tid]
visor (m)	sökare (en)	['sø:karə]

câmera (f) digital	digitalkamera (en)	[digi'talⁱ ‚kamera]
tripé (m)	stativ (ett)	[sta'tiv]
flash (m)	blixt (en)	['blikst]

fotografar (vt)	att fotografera	[at fʉtʉgra'fera]
tirar fotos	att ta bilder	[at ta 'bilⁱdər]
fotografar-se (vr)	att bli fotograferad	[at bli fʉtʉgra'ferad]

foco (m)	skärpa (en)	['ɧærpa]
focar (vt)	att ställa in skärpan	[at 'stɛlⁱa in 'ɧærpan]
nítido (adj)	skarp	['skarp]
nitidez (f)	skärpa (en)	['ɧærpa]

contraste (m)	kontrast (en)	[kɔn'trast]
contrastante (adj)	kontrast-	[kɔn'trast-]

retrato (m)	bild (en)	['bilⁱd]
negativo (m)	negativ (ett)	['nega‚tiv]
filme (m)	film (en)	['filⁱm]
fotograma (m)	bild, kort (en)	['bilⁱd], ['kɔ:t]
imprimir (vt)	att skriva ut	[at 'skriva ʉt]

164. Praia. Natação

praia (f)	badstrand (en)	['bad‚strand]
areia (f)	sand (en)	['sand]
deserto (adj)	öde	['ø:də]

bronzeado (m)	solbränna (en)	['sʉlⁱ‚brɛna]
bronzear-se (vr)	att sola sig	[at 'sʉlⁱa: sɛj]
bronzeado (adj)	solbränd	['sʉlⁱ‚brɛnd]
protetor (m) solar	solkräm (en)	['sʉlⁱ‚krɛm]

biquíni (m)	bikini (en)	[bi'kini]
maiô (m)	baddräkt (en)	['bad‚drɛkt]
calção (m) de banho	simbyxor (pl)	['sim‚byksʉr]

piscina (f)	simbassäng (en)	['simba‚sɛŋ]
nadar (vi)	att simma	[at 'sima]
chuveiro (m), ducha (f)	dusch (en)	['duʃ]
mudar, trocar (vt)	att klä om sig	[at 'klⁱɛ ɔm sɛj]
toalha (f)	handduk (en)	['hand‚dʉ:k]

barco (m)	båt (en)	['bo:t]
lancha (f)	motorbåt (en)	['mʉtʉr‚bo:t]
esqui (m) aquático	vattenskidor (pl)	['vatən‚ɧidʉr]

barco (m) de pedais	vattencykel (en)	['vatən‚sykəlʲ]
surf, surfe (m)	surfing (en)	['suːrfiŋ]
surfista (m)	surfare (en)	['suːrfarə]

equipamento (m) de mergulho	dykapparat (en)	['dyk‚apa'rat]
pé (m pl) de pato	simfenor (pl)	['sim‚fœnʊr]
máscara (f)	mask (en)	['mask]
mergulhador (m)	dykare (en)	['dykarə]
mergulhar (vi)	att dyka	[at 'dyka]
debaixo d'água	under vatten	['undə‚vatən]

guarda-sol (m)	parasoll (en)	[para'solʲ]
espreguiçadeira (f)	liggstol (en)	['lig‚stʊlʲ]
óculos (m pl) de sol	solglasögon (pl)	['sʊlʲglʲas‚øːgɔn]
colchão (m) de ar	luftmadrass (en)	['lʉft‚mad'ras]

brincar (vi)	att leka	[at 'lʲeka]
ir nadar	att bada	[at 'bada]

bola (f) de praia	boll (en)	['bolʲ]
encher (vt)	att blåsa upp	[at 'blʲoːsa up]
inflável (adj)	uppblåsbar	['up‚blʲoːsbar]

onda (f)	våg (en)	['voːg]
boia (f)	boj (en)	['bɔj]
afogar-se (vr)	att drunkna	[at 'drʉŋkna]

salvar (vt)	att rädda	[at 'rɛda]
colete (m) salva-vidas	räddningsväst (en)	['rɛdniŋ‚vɛst]
observar (vt)	att observera	[at ɔbsɛr'vera]
salva-vidas (pessoa)	badvakt (en)	['bad‚vakt]

EQUIPAMENTO TÉCNICO. TRANSPORTES

Equipamento técnico. Transportes

165. Computador

computador (m)	dator (en)	['datʊr]
computador (m) portátil	bärbar dator (en)	['bærbar 'datʊr]
ligar (vt)	att slå på	[at 'slʲo: pɔ]
desligar (vt)	att slå av	[at 'slʲo: 'av]
teclado (m)	tangentbord (ett)	[tan'jent‚bʊ:d̪]
tecla (f)	tangent (en)	[tan'jent]
mouse (m)	mus (en)	['mʉ:s]
tapete (m) para mouse	musmatta (en)	['mʉ:s‚mata]
botão (m)	knapp (en)	['knap]
cursor (m)	markör (en)	[mar'køːr]
monitor (m)	monitor, bildskärm (en)	[mɔni'tor], ['bilʲdʃæːrm]
tela (f)	skärm (en)	['ʃæːrm]
disco (m) rígido	hårddisk (en)	['ho:d̪‚disk]
capacidade (f) do disco rígido	hårddisk kapacitet (en)	['ho:d̪‚disk kapasi'tet]
memória (f)	minne (ett)	['minə]
memória RAM (f)	operativminne (ett)	[ɔpera'tiv‚minə]
arquivo (m)	fil (en)	['filʲ]
pasta (f)	mapp (en)	['map]
abrir (vt)	att öppna	[at 'øpna]
fechar (vt)	att stänga	[at 'stɛŋa]
salvar (vt)	att bevara	[at be'vara]
deletar (vt)	att ta bort, att radera	[at ta 'bɔ:t̪], [at ra'dera]
copiar (vt)	att kopiera	[at kɔ'pjera]
ordenar (vt)	att sortera	[at sɔ:'t̪era]
copiar (vt)	att överföra	[at øːvə‚føra]
programa (m)	program (ett)	[prɔ'gram]
software (m)	programvara (en)	[prɔ'gram‚vara]
programador (m)	programmerare (en)	[prɔgra'merarə]
programar (vt)	att programmera	[at prɔgra'mera]
hacker (m)	hackare (en)	['hakarə]
senha (f)	lösenord (ett)	['lʲøːsən‚ʉ:d̪]
vírus (m)	virus (ett)	['vi:rʉs]
detectar (vt)	att upptäcka	[at 'up‚tɛka]
byte (m)	byte (ett)	['bajt]

megabyte (m)	megabyte (en)	['mega,bajt]
dados (m pl)	data (pl)	['data]
base (f) de dados	databas (en)	['data,bas]

cabo (m)	kabel (en)	['kabəlʲ]
desconectar (vt)	att koppla från	[at 'koplʲa frɔn]
conectar (vt)	att koppla	[at 'koplʲa]

166. Internet. E-mail

internet (f)	Internet	['intɛ:,ŋɛt]
browser (m)	webbläsare (en)	['vɛb,lʲɛ:sarə]
motor (m) de busca	sökmotor (en)	['sø:k,mutʊr]
provedor (m)	leverantör (en)	[lʲevəran'tø:r]

webmaster (m)	webbmästare (en)	['vɛb,mɛstarə]
website (m)	webbplats (en)	['vɛb,plʲats]
web page (f)	webbsida (en)	['vɛb,sida]

endereço (m)	adress (en)	[a'drɛs]
livro (m) de endereços	adressbok (en)	[a'drɛs,bʊk]

caixa (f) de correio	brevlåda (en)	['brev,lʲo:da]
correio (m)	post (en)	['pɔst]
cheia (caixa de correio)	full	['fulʲ]

mensagem (f)	meddelande (ett)	[me'delʲandə]
mensagens (f pl) recebidas	inkommande meddelanden	[in'kɔmandə me'delʲandən]
mensagens (f pl) enviadas	utgående meddelanden	['ʉt,go:əndə me'delʲandən]
remetente (m)	avsändare (en)	['av,sɛndarə]
enviar (vt)	att skicka	[at 'ɧika]
envio (m)	avsändning (en)	['av,sɛndniŋ]
destinatário (m)	mottagare (en)	['mɔt,tagarə]
receber (vt)	att ta emot	[at ta ɛmo:t]

correspondência (f)	korrespondens (en)	[kɔrɛspon'dɛns]
corresponder-se (vr)	att brevväxla	[at 'brev,vɛkslʲa]

arquivo (m)	fil (en)	['filʲ]
fazer download, baixar (vt)	att ladda ner	[at 'lʲada ner]
criar (vt)	att skapa	[at 'skapa]
deletar (vt)	att ta bort, att radera	[at ta 'bɔ:t], [at ra'dera]
deletado (adj)	borttagen	['bɔ:t,ta:gən]

conexão (f)	förbindelse (en)	[før'bindəlʲsə]
velocidade (f)	hastighet (en)	['hastig,het]
modem (m)	modem (ett)	[mʊ'dem]
acesso (m)	tillträde (ett)	['tilʲtrɛ:də]
porta (f)	port (en)	['pɔ:t]

conexão (f)	uppkoppling (en)	['up,koplʲiŋ]
conectar (vi)	att ansluta	[at 'an,slʉ:ta]
escolher (vt)	att välja	[at 'vɛlʲja]
buscar (vt)	att söka efter ...	[at 'sø:ka ,ɛftər ...]

167. Eletricidade

eletricidade (f)	elektricitet (en)	[ɛlʲektrisiˈtet]
elétrico (adj)	elektrisk	[eˈlʲektrisk]
planta (f) elétrica	kraftverk (ett)	[ˈkraft͵vɛrk]
energia (f)	energi (en)	[ɛnerˈɕi]
energia (f) elétrica	elkraft (en)	[ˈɛlʲ͵kraft]

lâmpada (f)	glödlampa (en)	[ˈglʲøːd͵lʲampa]
lanterna (f)	ficklampa (en)	[ˈfik͵lʲampa]
poste (m) de iluminação	gatlykta (en)	[ˈgat͵lʲykta]

luz (f)	ljus (ett)	[ˈjɵːs]
ligar (vt)	att slå på	[at ˈslʲoː pɔ]
desligar (vt)	att slå av	[at ˈslʲoː ˈav]
apagar a luz	att släcka ljuset	[at ˈslʲɛka ˈjɵːsət]

queimar (vi)	att brinna ut	[at ˈbrina ɵt]
curto-circuito (m)	kortslutning (en)	[ˈkɔːt͵slɵːtnin]
ruptura (f)	kabelbrott (ett)	[ˈkabəlʲ͵brɔt]
contato (m)	kontakt (en)	[kɔnˈtakt]

interruptor (m)	strömbrytare (en)	[ˈstrøːm͵brytarə]
tomada (de parede)	eluttag (ett)	[ˈɛlʲ͵ɵːˈtag]
plugue (m)	stickkontakt (en)	[ˈstik kɔnˈtakt]
extensão (f)	grenuttag (ett)	[ˈgrenɵː͵tag]

fusível (m)	säkring (en)	[ˈsɛkrin]
fio, cabo (m)	ledning (en)	[ˈlʲednin]
instalação (f) elétrica	ledningsnät (ett)	[ˈlʲednins͵nɛːt]

ampère (m)	ampere (en)	[amˈpɛr]
amperagem (f)	strömstyrka (en)	[ˈstrøːm͵styrka]
volt (m)	volt (en)	[ˈvɔlʲt]
voltagem (f)	spänning (en)	[ˈspɛnin]

| aparelho (m) elétrico | elektrisk apparat (en) | [eˈlʲektrisk apaˈrat] |
| indicador (m) | indikator (en) | [indiˈkatʊr] |

eletricista (m)	elektriker (en)	[eˈlʲektrikər]
soldar (vt)	att löda	[at ˈlʲøːda]
soldador (m)	lödkolv (en)	[ˈlʲøːd͵kɔlʲv]
corrente (f) elétrica	ström (en)	[ˈstrøːm]

168. Ferramentas

ferramenta (f)	verktyg (ett)	[ˈvɛrk͵tyg]
ferramentas (f pl)	verktyg (pl)	[ˈvɛrk͵tyg]
equipamento (m)	utrustning (en)	[ˈɵ͵trustnin]

martelo (m)	hammare (en)	[ˈhamarə]
chave (f) de fenda	skruvmejsel (en)	[ˈskrɵːv͵mɛjsəlʲ]
machado (m)	yxa (en)	[ˈyksa]

serra (f)	såg (en)	['soːg]
serrar (vt)	att såga	[at 'soːga]
plaina (f)	hyvel (en)	['hyvəlʲ]
aplainar (vt)	att hyvla	[at 'hʏvlʲa]
soldador (m)	lödkolv (en)	['lʲøːdˌkɔlʲv]
soldar (vt)	att löda	[at 'lʲøːda]

lima (f)	fil (en)	['filʲ]
tenaz (f)	kniptång (en)	['knipˌtɔŋ]
alicate (m)	flacktång (en)	['flʲakˌtɔŋ]
formão (m)	stämjärn, huggjärn (ett)	['stɛmˌjæːɳ], ['hugˌjæːɳ]

broca (f)	borr (en)	['bɔr]
furadeira (f) elétrica	borrmaskin (en)	['bɔrˌma'ɧiːn]
furar (vt)	att borra	[at 'bɔra]

| faca (f) | kniv (en) | ['kniv] |
| lâmina (f) | blad (ett) | ['blʲad] |

afiado (adj)	skarp	['skarp]
cego (adj)	slö	['slʲøː]
embotar-se (vr)	att bli slö	[at bli 'slʲøː]
afiar, amolar (vt)	att slipa, att vässa	[at 'slipa], [at 'vɛsa]

parafuso (m)	bult (en)	['bulʲt]
porca (f)	mutter (en)	['mutər]
rosca (f)	gänga (en)	['jɛŋa]
parafuso (para madeira)	skruv (en)	['skrʉːv]

| prego (m) | spik (en) | ['spik] |
| cabeça (f) do prego | spikhuvud (ett) | ['spikˌhʉːvʉd] |

régua (f)	linjal (en)	[li'njalʲ]
fita (f) métrica	måttband (ett)	['mɔtˌband]
nível (m)	vattenpass (ett)	['vatənˌpas]
lupa (f)	lupp (en)	['lʉp]

medidor (m)	mätinstrument (ett)	['mɛːtˌinstru'mɛnt]
medir (vt)	att mäta	[at 'mɛːta]
escala (f)	skala (en)	['skalʲa]
indicação (f), registro (m)	avläsningar (pl)	['avˌlʲɛsniŋar]

| compressor (m) | kompressor (en) | [kɔm'prɛsʉr] |
| microscópio (m) | mikroskop (ett) | [mikrʉ'skɔp] |

bomba (f)	pump (en)	['pump]
robô (m)	robot (en)	['rɔbɔt]
laser (m)	laser (en)	['lʲasər]

chave (f) de boca	skruvnyckel (en)	['skrʉːvˌnʏkəlʲ]
fita (f) adesiva	tejp (en)	['tɛjp]
cola (f)	lim (ett)	['lim]

lixa (f)	sandpapper (ett)	['sandˌpapər]
mola (f)	fjäder (en)	['fjɛːdər]
ímã (m)	magnet (en)	[mag'net]

luva (f)	handskar (pl)	['hanskar]
corda (f)	rep (ett)	['rep]
cabo (~ de nylon, etc.)	snör (ett)	['snø:r]
fio (m)	tråd, ledning (en)	['tro:d], ['lʲedniŋ]
cabo (~ elétrico)	kabel (en)	['kabəlʲ]

marreta (f)	slägga (en)	['slʲɛga]
pé de cabra (m)	spett, järnspett (ett)	['spɛt], ['jæ:ŋˌspɛt]
escada (f) de mão	stege (en)	['stegə]
escada (m)	trappstege (en)	['trapˌstegə]

enroscar (vt)	att skruva fast	[at 'skrʉ:va fast]
desenroscar (vt)	att skruva av	[at 'skrʉ:va av]
apertar (vt)	att klämma	[at 'klʲɛma]
colar (vt)	att klistra, att limma	[at 'klistra], [at 'lima]
cortar (vt)	att skära	[at 'ɧæ:ra]

falha (f)	funktionsstörning (en)	[fuŋk'ɧʉnsˌstø:ɳiŋ]
conserto (m)	reparation (en)	[repara'ɧʉn]
consertar, reparar (vt)	att reparera	[at repa'rera]
regular, ajustar (vt)	att justera	[at ɧu'stera]

verificar (vt)	att checka	[at 'ɕɛka]
verificação (f)	kontroll (en)	[kɔn'trolʲ]
indicação (f), registro (m)	avläsningar (pl)	['avˌlʲɛsniŋar]

| seguro (adj) | pålitlig | ['poˌlitlig] |
| complicado (adj) | komplex | [kɔm'plʲeks] |

enferrujar (vi)	att rosta	[at 'rɔsta]
enferrujado (adj)	rostig	['rɔstig]
ferrugem (f)	rost (en)	['rɔst]

Transportes

169. Avião

avião (m)	flygplan (ett)	['flⁱygplⁱan]
passagem (f) aérea	flygbiljett (en)	['flⁱyg bi,lⁱet]
companhia (f) aérea	flygbolag (ett)	['flⁱyg,bulⁱag]
aeroporto (m)	flygplats (en)	['flⁱyg,plⁱats]
supersônico (adj)	överljuds-	['ø:vər,jʉ:ds-]
comandante (m) do avião	kapten (en)	[kap'ten]
tripulação (f)	besättning (en)	[be'sætniŋ]
piloto (m)	pilot (en)	[pi'lⁱʊt]
aeromoça (f)	flygvärdinna (en)	['flⁱyg,væ:dina]
copiloto (m)	styrman (en)	['styr,man]
asas (f pl)	vingar (pl)	['viŋar]
cauda (f)	stjärtfena (en)	['ɧæ:ʈ fe:na]
cabine (f)	cockpit, förarkabin (en)	['kɔkpit], ['fø:rar,ka'bin]
motor (m)	motor (en)	['mʊtʊr]
trem (m) de pouso	landningsställ (ett)	['landniŋs,stɛlⁱ]
turbina (f)	turbin (en)	[tur'bin]
hélice (f)	propeller (en)	[prʊ'pɛlⁱər]
caixa-preta (f)	svart låda (en)	['sva:ʈ 'lⁱo:da]
coluna (f) de controle	styrspak (ett)	['sty:,ʂpak]
combustível (m)	bränsle (ett)	['brɛnslⁱe]
instruções (f pl) de segurança	säkerhetsinstruktion (en)	['sɛ:kərhets instruk'ɧʊn]
máscara (f) de oxigênio	syremask (en)	['syre,mask]
uniforme (m)	uniform (en)	[uni'fɔrm]
colete (m) salva-vidas	räddningsväst (en)	['rɛdniŋ,vɛst]
paraquedas (m)	fallskärm (en)	['falⁱ,ɧæ:rm]
decolagem (f)	start (en)	['sta:ʈ]
descolar (vi)	att lyfta	[at 'lⁱyfta]
pista (f) de decolagem	startbana (en)	['sta:ʈ,ba:na]
visibilidade (f)	siktbarhet (en)	['siktbar,het]
voo (m)	flygning (en)	['flⁱygniŋ]
altura (f)	höjd (en)	['hœjd]
poço (m) de ar	luftgrop (en)	['lʉft,grʊp]
assento (m)	plats (en)	['plⁱats]
fone (m) de ouvido	hörlurar (pl)	['hœ:,lⁱʉ:rar]
mesa (f) retrátil	utfällbart bord (ett)	['ʉtfɛlⁱ,bart 'bʊ:d]
janela (f)	fönster (ett)	['fœnstər]
corredor (m)	mittgång (en)	['mit,gɔŋ]

170. Comboio

trem (m)	tåg (ett)	['to:g]
trem (m) elétrico	lokaltåg, pendeltåg (ett)	[lʲɔ'kalʲˌto:g], ['pendelˌto:g],
trem (m)	expresståg (ett)	[ɛks'prɛsˌto:g]
locomotiva (f) diesel	diesellokomotiv (ett)	['disəlʲ lʲokomo'tiv]
locomotiva (f) a vapor	ånglokomotiv (en)	['ɔŋˌlʲokomo'tiv]

vagão (f) de passageiros	vagn (en)	['vagn]
vagão-restaurante (m)	restaurangvagn (en)	[rɛsto'raŋˌvagn]

carris (m pl)	räls, rälsar (pl)	['rɛlʲs], ['rɛlʲsar]
estrada (f) de ferro	järnväg (en)	['jæ:ɳˌve:g]
travessa (f)	sliper (en)	['slipər]

plataforma (f)	perrong (en)	[pɛ'rɔŋ]
linha (f)	spår (ett)	['spo:r]
semáforo (m)	semafor (en)	[sema'fɔr]
estação (f)	station (en)	[sta'ɧʉn]

maquinista (m)	lokförare (en)	['lʲʊkˌfø:rarə]
bagageiro (m)	bärare (en)	['bæ:rarə]
hospedeiro, -a (m, f)	tågvärd (en)	['to:gˌvæ:d̪]
passageiro (m)	passagerare (en)	[pasa'ɧerarə]
revisor (m)	kontrollant (en)	[kɔntrɔ'lʲant]

corredor (m)	korridor (en)	[kɔri'dɔ:r]
freio (m) de emergência	nödbroms (en)	['nø:dˌbrɔms]

compartimento (m)	kupé (en)	[kʉ'pe:]
cama (f)	slaf, säng (en)	['slaf], ['sɛŋ]
cama (f) de cima	överslaf (en)	['øveˌslaf]
cama (f) de baixo	underslaf (en)	['undeˌslaf]
roupa (f) de cama	sängkläder (pl)	['sɛŋˌklʲɛ:dər]

passagem (f)	biljett (en)	[bi'lʲet]
horário (m)	tidtabell (en)	['tid ta'bɛlʲ]
painel (m) de informação	informationstavla (en)	[informa'ɧʉnsˌtavlʲa]

partir (vt)	att avgå	[at 'avˌgo:]
partida (f)	avgång (en)	['avˌgɔŋ]

chegar (vi)	att ankomma	[at 'aŋˌkoma]
chegada (f)	ankomst (en)	['aŋˌkomst]

chegar de trem	att ankomma med tåget	[at 'aŋˌkoma me 'to:gət]
pegar o trem	att stiga på tåget	[at 'stiga pɔ 'to:gət]
descer de trem	att stiga av tåget	[at 'stiga av 'to:gət]

acidente (m) ferroviário	tågolycka (en)	['to:g ʊ:'lʲyka]
descarrilar (vi)	att spåra ur	[at 'spo:ra ʉ:r]
locomotiva (f) a vapor	ånglokomotiv (en)	['ɔŋˌlʲokomo'tiv]
foguista (m)	eldare (en)	['ɛlʲdarə]
fornalha (f)	eldstad (en)	['ɛlʲdˌstad]
carvão (m)	kol (ett)	['kɔlʲ]

171. Barco

navio (m)	skepp (ett)	['ɧɛp]
embarcação (f)	fartyg (ett)	['fa:ˌtyg]
barco (m) a vapor	ångbåt (en)	['ɔŋˌbo:t]
barco (m) fluvial	flodbåt (en)	['flʊdˌbo:t]
transatlântico (m)	kryssningfartyg (ett)	['krysniŋˌfa:'tyg]
cruzeiro (m)	kryssare (en)	['krʏsarə]
iate (m)	jakt (en)	['jakt]
rebocador (m)	bogserbåt (en)	['bʊksɛ:rˌbo:t]
barcaça (f)	pråm (en)	['pro:m]
ferry (m)	färja (en)	['fæ:rja]
veleiro (m)	segelbåt (en)	['segəlʲˌbo:t]
bergantim (m)	brigantin (en)	[brigan'tin]
quebra-gelo (m)	isbrytare (en)	['isˌbrytarə]
submarino (m)	ubåt (en)	[ʉ:'bo:t]
bote, barco (m)	båt (en)	['bo:t]
baleeira (bote salva-vidas)	jolle (en)	['jɔlʲe]
bote (m) salva-vidas	livbåt (en)	['liːvˌbo:t]
lancha (f)	motorbåt (en)	['mʊtʊrˌbo:t]
capitão (m)	kapten (en)	[kap'ten]
marinheiro (m)	matros (en)	[ma'trʊs]
marujo (m)	sjöman (en)	['ɧø:ˌman]
tripulação (f)	besättning (en)	[be'sætniŋ]
contramestre (m)	båtsman (en)	['bɔtsman]
grumete (m)	jungman (en)	['jʉŋˌman]
cozinheiro (m) de bordo	kock (en)	['kɔk]
médico (m) de bordo	skeppsläkare (en)	['ɧɛpˌlʲɛ:karə]
convés (m)	däck (ett)	['dɛk]
mastro (m)	mast (en)	['mast]
vela (f)	segel (ett)	['segəlʲ]
porão (m)	lastrum (ett)	['lʲastˌru:m]
proa (f)	bog (en)	['bʊg]
popa (f)	akter (en)	['aktər]
remo (m)	åra (en)	['o:ra]
hélice (f)	propeller (en)	[prʊ'pɛlʲər]
cabine (m)	hytt (en)	['hʏt]
sala (f) dos oficiais	officersmäss (en)	[ɔfi'se:rsˌmɛs]
sala (f) das máquinas	maskinrum (ett)	[ma'ɧi:nˌru:m]
ponte (m) de comando	kommandobrygga (en)	[kɔm'andʊˌbrʏga]
sala (f) de comunicações	radiohytt (en)	['radiʊˌhʏt]
onda (f)	våg (en)	['vo:g]
diário (m) de bordo	loggbok (en)	['lʲɔgˌbʊk]
luneta (f)	tubkikare (en)	['tʉbˌɕikarə]
sino (m)	klocka (en)	['klʲɔka]

bandeira (f)	flagga (en)	['flⁱaga]
cabo (m)	tross (en)	['trɔs]
nó (m)	knop, knut (en)	['knʊp], ['knʉt]

corrimão (m)	räcken (pl)	['rɛkən]
prancha (f) de embarque	landgång (en)	['lⁱand,gɔŋ]

âncora (f)	ankar (ett)	['aŋkar]
recolher a âncora	att lätta ankar	[at 'lⁱæta 'aŋkar]
jogar a âncora	att kasta ankar	[at 'kasta 'aŋkar]
amarra (corrente de âncora)	ankarkätting (en)	['aŋkar,cætiŋ]

porto (m)	hamn (en)	['hamn]
cais, amarradouro (m)	kaj (en)	['kaj]
atracar (vi)	att förtöja	[at fœ:'ʈœːja]
desatracar (vi)	att kasta loss	[at 'kasta 'lⁱɔs]

viagem (f)	resa (en)	['resa]
cruzeiro (m)	kryssning (en)	['krʏsniŋ]
rumo (m)	kurs (en)	['kuːʂ]
itinerário (m)	rutt (en)	['rut]

canal (m) de navegação	farled, segelled (en)	['fa:[ⁱed], ['segəl,led]
banco (m) de areia	grund (ett)	['grʉnd]
encalhar (vt)	att gå på grund	[at 'go: pɔ 'grʉnd]

tempestade (f)	storm (en)	['stɔrm]
sinal (m)	signal (en)	[sig'nalⁱ]
afundar-se (vr)	att sjunka	[at 'ɧuŋka]
Homem ao mar!	Man överbord!	['man 'øːvə,bʉ:d̪]
SOS	SOS	[ɛso'ɛs]
boia (f) salva-vidas	livboj (en)	['liv,bɔj]

172. Aeroporto

aeroporto (m)	flygplats (en)	['flⁱyg,plⁱats]
avião (m)	flygplan (ett)	['flⁱygplⁱan]
companhia (f) aérea	flygbolag (ett)	['flⁱyg,bʉlⁱag]
controlador (m) de tráfego aéreo	flygledare (en)	['flⁱyg,lⁱedarə]

partida (f)	avgång (en)	['av,gɔŋ]
chegada (f)	ankomst (en)	['aŋ,kɔmst]
chegar (vi)	att ankomma	[at 'aŋ,kɔma]

hora (f) de partida	avgångstid (en)	['avgɔŋs,tid]
hora (f) de chegada	ankomsttid (en)	['aŋkɔmst,tid]

estar atrasado	att bli försenad	[at bli fœ:'ʂɛnad]
atraso (m) de voo	avgångsförsening (en)	['avgɔŋs,fœ:'ʂɛniŋ]

painel (m) de informação	informationstavla (en)	[informa'ɧʊns,tavlⁱa]
informação (f)	information (en)	[informa'ɧʊn]
anunciar (vt)	att meddela	[at 'me,delⁱa]

155

voo (m)	flyg (ett)	['fli̯yg]
alfândega (f)	tull (en)	['tuli̯]
funcionário (m) da alfândega	tulltjänsteman (en)	['tuli̯ 'ɕɛnstə‚man]

declaração (f) alfandegária	tulldeklaration (en)	['tuli̯‚dɛkli̯ara'ɧʊn]
preencher (vt)	att fylla i	[at 'fyli̯a 'i]
preencher a declaração	att fylla i en tulldeklaration	[at 'fyli̯a i en 'tuli̯‚dɛkli̯ara'ɧʊn]
controle (m) de passaporte	passkontroll (en)	['paskɔn‚troli̯]

bagagem (f)	bagage (ett)	[ba'ga:ʃ]
bagagem (f) de mão	handbagage (ett)	['hand ba‚ga:ʃ]
carrinho (m)	bagagevagn (en)	[ba'ga:ʃ‚vagn]

pouso (m)	landning (en)	['li̯andniŋ]
pista (f) de pouso	landningsbana (en)	['li̯andniŋs‚bana]
aterrissar (vi)	att landa	[at 'li̯anda]
escada (f) de avião	trappa (en)	['trapa]

check-in (m)	incheckning (en)	['in‚ɕɛkniŋ]
balcão (m) do check-in	incheckningsdisk (en)	['in‚ɕɛkniŋs 'disk]
fazer o check-in	att checka in	[at 'ɕɛka in]
cartão (m) de embarque	boardingkort (ett)	['bɔ:diŋ‚kɔ:t]
portão (m) de embarque	gate (en)	['gejt]

trânsito (m)	transit (en)	['transit]
esperar (vi, vt)	att vänta	[at 'vɛnta]
sala (f) de espera	väntsal (en)	['vɛnt‚sali̯]
despedir-se (acompanhar)	att vinka av	[at 'viŋka av]
despedir-se (dizer adeus)	att säga adjö	[at 'sɛ:ja a'jø:]

173. Bicicleta. Motocicleta

bicicleta (f)	cykel (en)	['sykəli̯]
lambreta (f)	scooter (en)	['sku:tər]
moto (f)	motorcykel (en)	['mʊtʊr‚sykəli̯]

ir de bicicleta	att cykla	[at 'sʏkli̯a]
guidão (m)	styre (ett)	['styrə]
pedal (m)	pedal (en)	[pe'dali̯]
freios (m pl)	bromsar (pl)	['brɔmsar]
banco, selim (m)	sadel (en)	['sadəli̯]

bomba (f)	pump (en)	['pump]
bagageiro (m) de teto	bagagehållare (en)	[ba'ga:ʃ ‚ho:li̯arə]
lanterna (f)	lykta (en)	['li̯ykta]
capacete (m)	hjälm (en)	['jɛli̯m]

roda (f)	hjul (ett)	['jʉ:li̯]
para-choque (m)	stänkskärm (en)	['stɛŋk‚ɧæ:rm]
aro (m)	fälg (en)	['fɛlj]
raio (m)	eker (en)	['ɛkər]

Carros

174. Tipos de carros

carro, automóvel (m)	bil (en)	['bilʲ]
carro (m) esportivo	sportbil (en)	['spɔːtˌbilʲ]
limusine (f)	limousine (en)	[limu'siːn]
todo o terreno (m)	terrängbil (en)	[tɛ'rɛŋˌbilʲ]
conversível (m)	cabriolet (en)	[kabriɔ'lʲeː]
minibus (m)	minibuss (en)	['miniˌbus]
ambulância (f)	ambulans (en)	[ambʉ'lʲans]
limpa-neve (m)	snöplog (en)	['snøːˌplʲʊg]
caminhão (m)	lastbil (en)	['lʲastˌbilʲ]
caminhão-tanque (m)	tankbil (en)	['taŋkˌbilʲ]
perua, van (f)	skåpbil (en)	['skoːpˌbilʲ]
caminhão-trator (m)	dragbil (en)	['dragˌbilʲ]
reboque (m)	släpvagn (en)	['slʲɛpˌvagn]
confortável (adj)	komfortabel	[kɔmfo'tabelʲ]
usado (adj)	begagnad	[be'gagnad]

175. Carros. Carroçaria

capô (m)	motorhuv (en)	['mʊtʊr hʉːv]
para-choque (m)	stänkskärm (en)	['stɛŋkˌɧæːrm]
teto (m)	tak (ett)	['tak]
para-brisa (m)	vindruta (en)	['vindˌrʉta]
retrovisor (m)	backspegel (en)	['bakˌspegelʲ]
esguicho (m)	vindrutespolar (en)	['vindrʉtəˌspʊlʲar]
limpadores (m) de para-brisas	vindrutetorkare (en)	['vindrʉtəˌtorkarə]
vidro (m) lateral	sidoruta (en)	['sidʊˌrʉːta]
elevador (m) do vidro	fönsterhiss (en)	['fœnsterˌhis]
antena (f)	antenn (en)	[an'tɛn]
teto (m) solar	taklucka (en), soltak (ett)	['takˌlʲʉka], ['solˌtak]
para-choque (m)	stötfångare (en)	['støːtˌfoŋarə]
porta-malas (f)	bagageutrymme (ett)	[ba'gaːʃ 'ʉtˌrymə]
bagageira (f)	takräcke (ett)	['takˌrɛkə]
porta (f)	dörr (en)	['dœr]
maçaneta (f)	dörrhandtag (ett)	['dœrˌhantag]
fechadura (f)	dörrlås (ett)	['dœrˌlʲoːs]
placa (f)	nummerplåt (en)	['numərˌplʲoːt]
silenciador (m)	ljuddämpare (en)	['jʉːdˌdɛmparə]

tanque (m) de gasolina	bensintank (en)	[bɛn'sin,taŋk]
tubo (m) de exaustão	avgasrör (ett)	['avgas,rø:r]

acelerador (m)	gas (en)	['gas]
pedal (m)	pedal (en)	[pe'dalʲ]
pedal (m) do acelerador	gaspedal (en)	['gas pe'dalʲ]

freio (m)	broms (en)	['brɔms]
pedal (m) do freio	bromspedal (en)	['brɔms pe'dalʲ]
frear (vt)	att bromsa	[at 'brɔmsa]
freio (m) de mão	handbroms (en)	['hand,brɔms]

embreagem (f)	koppling (en)	['kopliŋ]
pedal (m) da embreagem	kopplingspedal (en)	['kopliŋs pe'dalʲ]
disco (m) de embreagem	kopplingslamell (en)	['kopliŋs la'mɛlʲ]
amortecedor (m)	stötdämpare (en)	['stø:t,dɛmparə]

roda (f)	hjul (ett)	['jʉ:lʲ]
pneu (m) estepe	reservhjul (ett)	[re'sɛrv,jʉ:lʲ]
pneu (m)	däck (ett)	['dɛk]
calota (f)	navkapsel (en)	['nav,kapsəlʲ]

rodas (f pl) motrizes	drivhjul (pl)	['driv,jʉ:lʲ]
de tração dianteira	framhjulsdriven	['framjʉ:lʲs,drivən]
de tração traseira	bakhjulsdriven	['bakjʉ:lʲs,drivən]
de tração às 4 rodas	fyrahjulsdriven	['fyrajʉ:lʲs,drivən]

caixa (f) de mudanças	växellåda (en)	['vɛksəl,lʲo:da]
automático (adj)	automatisk	[autʊ'matisk]
mecânico (adj)	mekanisk	[me'kanisk]
alavanca (f) de câmbio	växelspak (en)	['vɛksəlʲ,spak]

farol (m)	strålkastare (en)	['stro:lʲ,kastarə]
faróis (m pl)	strålkastare (pl)	['stro:lʲ,kastarə]

farol (m) baixo	halvljus (ett)	[halʲv,jʉ:s]
farol (m) alto	helljus (ett)	['hɛlʲ:,jʉ:s]
luzes (f pl) de parada	stoppljus (ett)	['stɔp,jʉ:s]

luzes (f pl) de posição	positionsljus (ett)	[pʊsi'ɧʊns,jʉ:s]
luzes (f pl) de emergência	nödljus (ett)	['nø:d,jʉ:s]
faróis (m pl) de neblina	dimlykta (en)	['dim,lʲykta]
pisca-pisca (m)	blinker (en)	['bliŋkər]
luz (f) de marcha ré	backljus (ett)	['bak,jʉ:s]

176. Carros. Habitáculo

interior (do carro)	interiör, inredning (en)	[intɛ'rjø:r], ['in,redniŋ]
de couro	läder-	['lʲɛ:dər-]
de veludo	velour-	[ve'lʉ:r-]
estofamento (m)	klädsel (en)	['klʲɛdsəlʲ]

indicador (m)	instrument (ett)	[instru'mɛnt]
painel (m)	instrumentpanel (en)	[instru'mɛnt pa'nəlʲ]

| velocímetro (m) | hastighetsmätare (en) | ['hastighets,mɛ:tarə] |
| ponteiro (m) | visare (en) | ['visarə] |

hodômetro, odômetro (m)	vägmätare (en)	['vɛ:g,mɛ:tarə]
indicador (m)	indikator (en)	[indi'katʊr]
nível (m)	nivå (en)	[ni'vo:]
luz (f) de aviso	varningslampa (en)	['va:niŋs ,lʲampa]

volante (m)	ratt (en)	['rat]
buzina (f)	horn (ett)	['hʊ:ŋ]
botão (m)	knapp (en)	['knap]
interruptor (m)	omskiftare (en)	['ɔm,hʲiftarə]

assento (m)	säte (ett)	['sɛtə]
costas (f pl) do assento	ryggstöd (ett)	['rʏg,stø:d]
cabeceira (f)	nackstöd (ett)	['nak,stø:d]
cinto (m) de segurança	säkerhetsbälte (ett)	['sɛ:kərhets,bɛlʲtə]
apertar o cinto	att sätta fast	[at 'sæta fast
	säkerhetsbältet	'sɛkərhets,bɛlʲtət]

| ajuste (m) | justering (en) | [hʲu'ste:riŋ] |

| airbag (m) | krockkudde (en) | ['krɔk,kudə] |
| ar (m) condicionado | luftkonditionerare (en) | ['lʊft,kɔndihʲu'nerarə] |

rádio (m)	radio (en)	['radiʊ]
leitor (m) de CD	cd-spelare (en)	['sede ,spelʲarə]
ligar (vt)	att slå på	[at 'slʲo: pɔ]
antena (f)	antenn (en)	[an'tɛn]
porta-luvas (m)	handskfack (ett)	['hansk,fak]
cinzeiro (m)	askkopp (en)	['askop]

177. Carros. Motor

motor (m)	motor (en)	['mʊtʊr]
a diesel	diesel-	['disəlʲ-]
a gasolina	bensin-	[bɛn'sin-]

cilindrada (f)	motorvolym (en)	['mʊtʊr vɔ'lʲiym]
potência (f)	styrka (en)	['styrka]
cavalo (m) de potência	hästkraft (en)	['hɛst,kraft]
pistão (m)	kolv (en)	['kɔlʲv]
cilindro (m)	cylinder (en)	[sy'lindər]
válvula (f)	ventil (en)	[vɛn'tilʲ]

injetor (m)	injektor (en)	[in'jɛktʊr]
gerador (m)	generator (en)	[jene'ratʊr]
carburador (m)	förgasare (en)	[før'gasarə]
óleo (m) de motor	motorolja (en)	['mʊtʊr,ɔlja]

radiador (m)	kylare (en)	['çylʲarə]
líquido (m) de arrefecimento	kylvätska (en)	['çylʲ,vɛtska]
ventilador (m)	fläkt (en)	['flʲɛkt]
bateria (f)	batteri (ett)	[batɛ'ri:]
dispositivo (m) de arranque	starter, startmotor (en)	[sta:tə], ['sta:t,mʊtʊr]

| ignição (f) | tändning (en) | ['tɛndniŋ] |
| vela (f) de ignição | tändstift (ett) | ['tɛnd,stift] |

terminal (m)	klämma (en)	['klʲɛma]
terminal (m) positivo	plusklämma (en)	['plʉs,klʲɛma]
terminal (m) negativo	minusklämma (en)	['minʉs,klʲɛma]
fusível (m)	säkring (en)	['sɛkriŋ]

filtro (m) de ar	luftfilter (ett)	['lʉft,filʲtər]
filtro (m) de óleo	oljefilter (ett)	['ɔljə,filʲtər]
filtro (m) de combustível	bränslefilter (ett)	['brɛnslʲe,filʲtər]

178. Carros. Batidas. Reparação

acidente (m) de carro	bilolycka (en)	['bilʲ ʊ:'lʲyka]
acidente (m) rodoviário	trafikolycka (en)	[tra'fik ʊ:'lʲyka]
bater (~ num muro)	att köra in i ...	[at 'çø:ra in i ...]
sofrer um acidente	att haverera	[at have'rera]
dano (m)	skada (en)	['skada]
intato	oskadad	[ʊ:'skadad]

pane (f)	haveri (ett)	[have'ri:]
avariar (vi)	att bryta ihop	[at 'bryta i'hʊp]
cabo (m) de reboque	bogserlina (en)	['bʊksɛ:r,lina]

furo (m)	punktering (en)	[puŋk'teriŋ]
estar furado	att vara punkterat	[at 'vara puŋk'terat]
encher (vt)	att pumpa upp	[at 'pumpa up]
pressão (f)	tryck (ett)	['trʏk]
verificar (vt)	att checka	[at 'çɛka]

reparo (m)	reparation (en)	[repara'ɧʊn]
oficina (f) automotiva	bilverkstad (en)	['bilʲverk,stad]
peça (f) de reposição	reservdel (en)	[re'sɛrv,delʲ]
peça (f)	del (en)	['delʲ]

parafuso (com porca)	bult (en)	['bulʲt]
parafuso (m)	skruv (en)	['skrʉ:v]
porca (f)	mutter (en)	['mutər]
arruela (f)	bricka (en)	['brika]
rolamento (m)	lager (ett)	['lʲagər]

tubo (m)	rör (ett)	['rø:r]
junta, gaxeta (f)	tätning (en)	['tɛtniŋ]
fio, cabo (m)	ledning (en)	['lʲedniŋ]

macaco (m)	domkraft (en)	['dʊm,kraft]
chave (f) de boca	skruvnyckel (en)	['skrʉ:v,nʏkəlʲ]
martelo (m)	hammare (en)	['hamarə]
bomba (f)	pump (en)	['pump]
chave (f) de fenda	skruvmejsel (en)	['skrʉ:v,mɛjsəlʲ]

| extintor (m) | brandsläckare (en) | ['brand,slʲɛkarə] |
| triângulo (m) de emergência | varningstriangel (en) | ['va:ŋiŋs tri'aŋəlʲ] |

morrer (motor)	att stanna	[at 'stana]
paragem, "morte" (f)	tjuvstopp (ett)	['ɕʉvstɔp]
estar quebrado	att vara trasig	[at 'vara ˌtrasig]

superaquecer-se (vr)	att bli överhettad	[at bli 'øvəˌhɛtad]
entupir-se (vr)	att bli igensatt	[at bli 'ijɛnsat]
congelar-se (vr)	att frysa	[at 'frysa]
rebentar (vi)	att spricka, att brista	[at 'sprika], [at 'brista]

pressão (f)	tryck (ett)	['trʏk]
nível (m)	nivå (en)	[ni'voː]
frouxo (adj)	slak	['slʲak]

batida (f)	buckla (en)	['buklʲa]
ruído (m)	knackande ljud (ett)	['knakandəˌjʉːd]
fissura (f)	spricka (en)	['sprika]
arranhão (m)	repa, skråma (en)	['repa], ['skroma]

179. Carros. Estrada

estrada (f)	väg (en)	['vɛːg]
autoestrada (f)	huvudväg (en)	['hʉːvʉdˌvɛːg]
rodovia (f)	motorväg (en)	['mʊtʊrˌvɛːg]
direção (f)	riktning (en)	['riktniŋ]
distância (f)	avstånd (ett)	['avˌstɔnd]

ponte (f)	bro (en)	['brʊ]
parque (m) de estacionamento	parkeringsplats (en)	[par'keriŋsˌplʲats]
praça (f)	torg (ett)	['tɔrj]
nó (m) rodoviário	trafikplats, vägkorsning (en)	[tra'fikˌplʲats], ['vɛːgˌkɔːʂniŋ]
túnel (m)	tunnel (en)	['tunəlʲ]

posto (m) de gasolina	bensinstation (en)	[bɛn'sinˌsta'ʃʊn]
parque (m) de estacionamento	parkeringsplats (en)	[par'keriŋsˌplʲats]
bomba (f) de gasolina	bensinpump (en)	[bɛn'sinˌpump]
oficina (f) automotiva	bilverkstad (en)	['bilʲvɛrkˌstad]
abastecer (vt)	att tanka	[at 'taŋka]
combustível (m)	bränsle (ett)	['brɛnslʲe]
galão (m) de gasolina	dunk (en)	['duːŋk]

asfalto (m)	asfalt (en)	['asfalʲt]
marcação (f) de estradas	vägmarkering (en)	['vɛːgˌmar'keriŋ]
meio-fio (m)	trottoarkant (en)	[trotʊ'arˌkant]
guard-rail (m)	vägräcke (ett)	['vɛːgˌrɛkə]
valeta (f)	vägdike (ett)	['vɛːgˌdikə]
acostamento (m)	vägkant (en)	['vɛːgˌkant]
poste (m) de luz	lyktstolpe (en)	['lʲykˌstɔlʲpə]

dirigir (vt)	att köra	[at 'ɕøːra]
virar (~ para a direita)	att svänga	[at 'svɛŋa]
dar retorno	att göra en u-sväng	[at 'jøːra en 'ʉːˌsvɛŋ]
ré (f)	backning (en)	['bakniŋ]
buzinar (vi)	att tuta	[at 'tʉːta]

buzina (f)	tuta (en)	['tʉːta]
atolar-se (vr)	att köra fast	[at 'çøːra fast]
patinar (na lama)	att spinna	[at 'spɪna]
desligar (vt)	att stanna	[at 'stana]

velocidade (f)	hastighet (en)	['hastig‚het]
exceder a velocidade	att överstiga hastighetsgränsen	[at 'øːvə‚stiga 'hastigheʦ‚grɛnsən]
multar (vt)	att bötfälla	[at 'bøt‚fɛlʲa]
semáforo (m)	trafikljus (ett)	[traˈfikjʉːs]
carteira (f) de motorista	körkort (ett)	['çøːr‚kɔːt]

passagem (f) de nível	överkörsväg (en)	['øːvə‚çøːʂvɛːg]
cruzamento (m)	korsning (en)	['kɔːʂnɪŋ]
faixa (f)	övergångsställe (ett)	['øːvərgɔŋs‚stɛlʲe]
curva (f)	kurva, krök (en)	['kurva], ['krøːk]
zona (f) de pedestres	gånggata (en)	['gɔŋ‚gata]

180. Sinais de trânsito

código (m) de trânsito	trafiklag (en)	[traˈfik‚lag]
sinal (m) de trânsito	vägmärke (ett)	['vɛːg‚mæːrkə]
ultrapassagem (f)	omkörning (en)	['ɔm‚çøːnɪŋ]
curva (f)	krök, kurva (en)	['krøːk], ['kurva]
retorno (m)	U-sväng (en)	['ʉː‚svɛŋ]
rotatória (f)	rondell (en)	['rʉn‚dɛlʲ]

sentido proibido	Förbud mot infart med fordon	[før'bjʉːd mʉt 'infaːt mɛ 'fʉːdɔn]
trânsito proibido	förbud mot fordonstrafik	[før'bjʉːd mʉt 'fʉːdɔns traˈfik]
proibido de ultrapassar	Förbud mot omkörning	[før'bjʉːd mʉt 'ɔm‚çøːnɪŋ]
estacionamento proibido	Förbud mot att parkera fordon	[før'bjʉːd mʉt at par'kera 'fʉːdɔn]
paragem proibida	Förbud att stanna och parkera fordon	[før'bjʉːd at 'stana ɔ par'kera 'fʉːdɔn]

curva (f) perigosa	Farlig kurva	['faːlʲig ‚kurva]
descida (f) perigosa	Nedförslutning	['nɛdførˌslʉːtnɪŋ]
trânsito de sentido único	Enkelriktad trafik	['ɛŋkəlʲ‚riktad traˈfik]
faixa (f)	övergångsställe (ett)	['øːvərgɔŋs‚stɛlʲe]
pavimento (m) escorregadio	Slirig väg	['slirig vɛːg]
conceder passagem	Väjningsplikt	['vɛjnɪŋs‚plikt]

PESSOAS. EVENTOS

Eventos

181. Férias. Evento

festa (f)	fest (en)	['fɛst]
feriado (m) nacional	nationaldag (en)	[natɧʉ'nalⁱˌdag]
feriado (m)	helgdag (en)	['hɛljˌdag]
festejar (vt)	att fira	[at 'fira]
evento (festa, etc.)	begivenhet (en)	[be'jivənˌhet]
evento (banquete, etc.)	evenemang (ett)	[ɛvenə'maŋ]
banquete (m)	bankett (en)	[baŋ'ket]
recepção (f)	reception (en)	[resɛp'ɧʊn]
festim (m)	fest (en)	['fɛst]
aniversário (m)	årsdag (en)	['o:ʂˌdag]
jubileu (m)	jubileum (ett)	[jʉbi'lⁱeum]
celebrar (vt)	att fira	[at 'fira]
Ano (m) Novo	nyår (ett)	['ny,o:r]
Feliz Ano Novo!	Gott Nytt År!	[gɔt nʏt 'o:r]
Papai Noel (m)	Jultomten	['julⁱˌtomtən]
Natal (m)	jul (en)	['ju:lⁱ]
Feliz Natal!	God jul!	[ˌgʊd 'ju:lⁱ]
árvore (f) de Natal	julgran (en)	['julⁱˌgran]
fogos (m pl) de artifício	fyrverkeri (ett)	[fyrvɛrke'ri:]
casamento (m)	bröllop (ett)	['brœlⁱɔp]
noivo (m)	brudgum (en)	['brʉ:dˌgu:m]
noiva (f)	brud (en)	['brʉ:d]
convidar (vt)	att inbjuda, att invitera	[at in'bjʉ:da], [at invi'tera]
convite (m)	inbjudan (en)	[in'bjʉ:dan]
convidado (m)	gäst (en)	['jɛst]
visitar (vt)	att besöka	[at be'sø:ka]
receber os convidados	att hälsa på gästerna	[at 'hɛlⁱsa pɔ 'jɛsteŋa]
presente (m)	gåva, present (en)	['go:va], [pre'sɛnt]
oferecer, dar (vt)	att ge	[at je:]
receber presentes	att få presenter	[at fo: pre'sɛntər]
buquê (m) de flores	bukett (en)	[bʉ'kɛt]
felicitações (f pl)	lyckönskning (en)	['lⁱyk,øŋskniŋ]
felicitar (vt)	att gratulera	[at gratʉ'lⁱera]
cartão (m) de parabéns	gratulationskort (ett)	[gratʉlⁱa'ɧʊnsˌkɔ:t]

enviar um cartão postal	att skicka vykort	[at 'ɧika 'vyˌkɔːt]
receber um cartão postal	att få vykort	[at foː 'vyˌkɔːt]

brinde (m)	skål (en)	['skoːlʲ]
oferecer (vt)	att bjuda	[at 'bjʉːda]
champanhe (m)	champagne (en)	[ɧam'panʲ]

divertir-se (vr)	att ha roligt	[at ha 'rʊlit]
diversão (f)	uppsluppenhet (en)	['upˌslupənhet]
alegria (f)	glädje (en)	['glʲɛdjə]

dança (f)	dans (en)	['dans]
dançar (vi)	att dansa	[at 'dansa]

valsa (f)	vals (en)	['valʲs]
tango (m)	tango (en)	['taŋgɔ]

182. Funerais. Enterro

cemitério (m)	kyrkogård (en)	['ɕyrkʉˌgoːd]
sepultura (f), túmulo (m)	grav (en)	['grav]
cruz (f)	kors (ett)	['kɔːʂ]
lápide (f)	gravsten (en)	['gravˌsten]
cerca (f)	stängsel (ett)	['stɛŋsəlʲ]
capela (f)	kapell (ett)	[ka'pɛlʲ]

morte (f)	död (en)	['døːd]
morrer (vi)	att dö	[at 'døː]
defunto (m)	den avlidne	[dɛn 'avˌlidnə]
luto (m)	sorg (en)	['sɔrj]

enterrar, sepultar (vt)	att begrava	[at be'grava]
funerária (f)	begravningsbyrå (en)	[be'gravniŋsˌbyroː]
funeral (m)	begravning (en)	[be'gravniŋ]

coroa (f) de flores	krans (en)	['krans]
caixão (m)	likkista (en)	['likˌɕista]
carro (m) funerário	likvagn (en)	['likˌvagn]
mortalha (f)	liksvepning (en)	['likˌsvɛpniŋ]

procissão (f) funerária	begravningståg (ett)	[be'gravniŋsˌtoːg]
urna (f) funerária	gravurna (en)	['gravˌuːɳa]
crematório (m)	krematorium (ett)	[krema'tɔrium]

obituário (m), necrologia (f)	nekrolog (en)	[nɛkrʊ'lʲɔg]
chorar (vi)	att gråta	[at 'groːta]
soluçar (vi)	att snyfta	[at 'snʏfta]

183. Guerra. Soldados

pelotão (m)	pluton (en)	[plʉ'tʊn]
companhia (f)	kompani (ett)	[kɔmpa'niː]

regimento (m)	regemente (ett)	[rege'mɛntə]
exército (m)	här, armé (en)	['hæː r], [ar'meː]
divisão (f)	division (en)	[divi'ɧʊn]
esquadrão (m)	trupp (en)	['trup]
hoste (f)	här (en)	['hæː r]
soldado (m)	soldat (en)	[sʊlʲ'dat]
oficial (m)	officer (en)	[ɔfi'seː r]
soldado (m) raso	menig (en)	['menig]
sargento (m)	sergeant (en)	[sɛr'ɧant]
tenente (m)	löjtnant (en)	['lʲœjt,nant]
capitão (m)	kapten (en)	[kap'ten]
major (m)	major (en)	[ma'jʊː r]
coronel (m)	överste (en)	['øːvəʂtə]
general (m)	general (en)	[jene'ralʲ]
marujo (m)	sjöman (en)	['ɧøː,man]
capitão (m)	kapten (en)	[kap'ten]
contramestre (m)	båtsman (en)	['bɔtsman]
artilheiro (m)	artillerist (en)	[aːʈilʲe'rist]
soldado (m) paraquedista	fallskärmsjägare (en)	['falʲɧæː rms ˌjɛː garə]
piloto (m)	flygare (en)	['flʲygarə]
navegador (m)	styrman (en)	['styr,man]
mecânico (m)	mekaniker (en)	[me'kanikər]
sapador-mineiro (m)	pionjär (en)	[piʊ'njæː r]
paraquedista (m)	fallskärmshoppare (en)	['falʲɧæː rms ˌhɔparə]
explorador (m)	spaningssoldat (en)	['spaniŋs sʊlʲ'dat]
atirador (m) de tocaia	prickskytt (en)	['prik,ɧyt]
patrulha (f)	patrull (en)	[pat'rulʲ]
patrulhar (vt)	att patrullera	[at patru'lʲera]
sentinela (f)	vakt (en)	['vakt]
guerreiro (m)	krigare (en)	['krigarə]
patriota (m)	patriot (en)	[patri'ʊt]
herói (m)	hjälte (en)	['jɛlʲtə]
heroína (f)	hjältinna (en)	['jɛlʲˌtina]
traidor (m)	förrädare (en)	[fœ:'rɛː darə]
trair (vt)	att förråda	[at fœ:'roː da]
desertor (m)	desertör (en)	[desɛː'ʈøː r]
desertar (vt)	att desertera	[at desɛː'ʈera]
mercenário (m)	legosoldat (en)	['lʲegʊˌsʊlʲ'dat]
recruta (m)	rekryt (en)	[rɛk'ryt]
voluntário (m)	frivillig (en)	['friˌvilig]
morto (m)	döda (en)	['døː da]
ferido (m)	sårad (en)	['soː rad]
prisioneiro (m) de guerra	fånge (en)	['fɔŋə]

184. Guerra. Ações militares. Parte 1

guerra (f)	krig (ett)	['krig]
guerrear (vt)	att vara i krig	[at 'vara i ˌkrig]
guerra (f) civil	inbördeskrig (ett)	['inbøːdɛsˌkrig]
perfidamente	lömsk, förrädisk	['lʲømsk], [fœːˈrɛdisk]
declaração (f) de guerra	krigsförklaring (en)	['krigsˌførˈklʲarin]
declarar guerra	att förklara	[at førˈklʲara]
agressão (f)	aggression (en)	[agrɛˈʄʉn]
atacar (vt)	att angripa	[at 'anˌgripa]
invadir (vt)	att invadera	[at invaˈdera]
invasor (m)	angripare (en)	['anˌgriparə]
conquistador (m)	erövrare (en)	[ɛˈrœvrarə]
defesa (f)	försvar (ett)	[fœːˈʂvar]
defender (vt)	att försvara	[at fœːˈʂvara]
defender-se (vr)	att försvara sig	[at fœːˈʂvara sɛj]
inimigo (m)	fiende (en)	['fjɛndə]
adversário (m)	motståndare (en)	['mʊtˌstɔndarə]
inimigo (adj)	fientlig	['fjɛntlig]
estratégia (f)	strategi (en)	[strateˈʄiː]
tática (f)	taktik (en)	[takˈtik]
ordem (f)	order (en)	['ɔːdər]
comando (m)	order, kommando (en)	['ɔːdər], [kɔmˈmandʊ]
ordenar (vt)	att beordra	[at beˈoːdra]
missão (f)	uppdrag (ett)	['updrag]
secreto (adj)	hemlig	['hɛmlig]
batalha (f)	batalj (en)	[baˈtalʲ]
batalha (f)	slag (ett)	['slʲag]
combate (m)	kamp (en)	['kamp]
ataque (m)	angrepp (ett)	['anˌgrɛp]
assalto (m)	stormning (en)	['stɔrmnin]
assaltar (vt)	att storma	[at 'stɔrma]
assédio, sítio (m)	belägring (en)	[beˈlʲɛgrin]
ofensiva (f)	offensiv (en)	['ɔfɛnˌsiːv]
tomar à ofensiva	att angripa	[at 'anˌgripa]
retirada (f)	reträtt (en)	[rɛˈtræt]
retirar-se (vr)	att retirera	[at retiˈrera]
cerco (m)	omringning (en)	['ɔmˌrinnin]
cercar (vt)	att omringa	[at 'ɔmˌrina]
bombardeio (m)	bombning (en)	['bɔmbnin]
lançar uma bomba	att släppa en bomb	[at 'slʲepa en bɔmb]
bombardear (vt)	att bombardera	[at bɔmbaˈdera]
explosão (f)	explosion (en)	[ɛksplʲɔˈʄʉn]

tiro (m)	skott (ett)	['skɔt]
dar um tiro	att skjuta	[at 'ɧʉ:ta]
tiroteio (m)	skjutande (ett)	['ɧʉ:tandə]

apontar para ...	att sikta på ...	[at 'sikta pɔ ...]
apontar (vt)	att rikta	[at 'rikta]
acertar (vt)	att träffa	[at 'trɛfa]

afundar (~ um navio, etc.)	att sänka	[at 'sɛŋka]
brecha (f)	hål (ett)	['ho:lʲ]
afundar-se (vr)	att sjunka	[at 'ɧuŋka]

frente (m)	front (en)	['frɔnt]
evacuação (f)	evakuering (en)	[ɛvakʉ'e:riŋ]
evacuar (vt)	att evakuera	[at ɛvakʉ'e:ra]

trincheira (f)	skyttegrav (en)	['ɧʏtə,grav]
arame (m) enfarpado	taggtråd (en)	['tag,tro:d]
barreira (f) anti-tanque	avspärning (en)	['av,spɛrniŋ]
torre (f) de vigia	vakttorn (ett)	['vakt,tʉ:ɳ]

hospital (m) militar	militärsjukhus (ett)	[mili'tæ:rs,hʉs]
ferir (vt)	att såra	[at 'so:ra]
ferida (f)	sår (ett)	['so:r]
ferido (m)	sårad (en)	['so:rad]
ficar ferido	att bli sårad	[at bli 'so:rad]
grave (ferida ~)	allvarlig	[alʲ'va:lʲig]

185. Guerra. Ações militares. Parte 2

cativeiro (m)	fångenskap (en)	['fɔŋən,skap]
capturar (vt)	att tillfångata	[at tilʲ'fɔŋata]
estar em cativeiro	att vara i fångenskap	[at 'vara i 'fɔŋən,skap]
ser aprisionado	att bli tagen till fånga	[at bli 'tagən tilʲ 'fɔŋa]

campo (m) de concentração	koncentrationsläger (ett)	[kɔnsentra'ɧʉns,lʲe:gər]
prisioneiro (m) de guerra	fånge (en)	['fɔŋə]
escapar (vi)	att fly	[at flʲy]

trair (vt)	att förråda	[at fœ:'ro:da]
traidor (m)	förrädare (en)	[fœ:'rɛ:darə]
traição (f)	förräderi (ett)	[fœ:rɛ:de'ri:]

fuzilar, executar (vt)	att arkebusera	[at 'arkebʉ,sera]
fuzilamento (m)	arkebusering (en)	['arkebʉ,seriŋ]

equipamento (m)	mundering (en)	[mun'deriŋ]
insígnia (f) de ombro	axelklaff (en)	['aksɛlʲ,klʲaf]
máscara (f) de gás	gasmask (en)	['gas,mask]

rádio (m)	fältradio (en)	['fɛlt,radiʉ]
cifra (f), código (m)	chiffer (ett)	['ɧifər]
conspiração (f)	sekretess (en)	[sɛkre'tɛs]
senha (f)	lösenord (ett)	['lʲø:sən,ʉ:d]

mina (f)	mina (en)	['mina]
minar (vt)	att minera	[at mi'nera]
campo (m) minado	minfält (ett)	['min,fɛlʲt]

alarme (m) aéreo	flyglarm (ett)	['flyg,lʲarm]
alarme (m)	alarm (ett)	[a'lʲarm]
sinal (m)	signal (en)	[sig'nalʲ]
sinalizador (m)	signalraket (en)	[sig'nalʲ,raket]

quartel-general (m)	stab (en)	['stab]
reconhecimento (m)	spaning (en)	['spaniŋ]
situação (f)	situation (en)	[sitɵa'ɧʊn]
relatório (m)	rapport (en)	[ra'pɔːt]
emboscada (f)	bakhåll (ett)	['bak,hoːlʲ]
reforço (m)	förstärkning (en)	[fœ:'ʂtæːkniŋ]

alvo (m)	mål (ett)	['moːlʲ]
campo (m) de tiro	skjutbana (en)	['ɧɵːt,bana]
manobras (f pl)	manövrar (pl)	[ma'nœvrar]

pânico (m)	panik (en)	[pa'nik]
devastação (f)	ödeläggelse (en)	['ø:də,lʲɛgəlʲsə]
ruínas (f pl)	ruiner (pl)	[rɵ'iːnər]
destruir (vt)	att ödelägga	[at 'ødə,lʲɛga]

sobreviver (vi)	att överleva	[at 'ø:və,lʲeva]
desarmar (vt)	att avväpna	[at 'av,vɛpna]
manusear (vt)	att hantera	[at han'tera]

Sentido!	Givakt!	[ji'vakt]
Descansar!	Lystring - STÄLL! Manöver!	['lʲystriŋ - stɛlʲ], [ma'nøvər]

façanha (f)	bedrift (en)	[be'drift]
juramento (m)	ed (en)	['ɛd]
jurar (vi)	att svära	[at 'svæːra]

condecoração (f)	belöning (en)	[be'lʲø:niŋ]
condecorar (vt)	att belöna	[at be'lʲø:na]
medalha (f)	medalj (en)	[me'dalj]
ordem (f)	orden (en)	['ɔːdən]

vitória (f)	seger (en)	['segər]
derrota (f)	nederlag (ett)	['nedə:,lʲag]
armistício (m)	vapenvila (en)	['vapən,vilʲa]

bandeira (f)	fana (en)	['fana]
glória (f)	berömmelse (en)	[be'rœməlʲsə]
parada (f)	parad (en)	[pa'rad]
marchar (vi)	att marschera	[at mar'ʃera]

186. Armas

arma (f)	vapen (ett)	['vapən]
arma (f) de fogo	skjutvapen (ett)	['ɧɵːt,vapən]

arma (f) branca	blank vapen (ett)	['blʲaŋk 'vapən]
arma (f) química	kemiskt vapen (ett)	['çemiskt 'vapən]
nuclear (adj)	kärn-	['çæ:ɳ-]
arma (f) nuclear	kärnvapen (ett)	['çæ:ɳˌvapən]

| bomba (f) | bomb (en) | ['bomb] |
| bomba (f) atômica | atombomb (en) | [a'tɔmˌbomb] |

pistola (f)	pistol (en)	[pi'stʉlʲ]
rifle (m)	gevär (ett)	[je'væ:r]
semi-automática (f)	maskinpistol (en)	[ma'ɧi:n pi'stʉlʲ]
metralhadora (f)	maskingevär (ett)	[ma'ɧi:n je'væ:r]

boca (f)	mynning (en)	['mʏniŋ]
cano (m)	lopp (ett)	['lʲɔp]
calibre (m)	kaliber (en)	[ka'libər]

gatilho (m)	avtryckare (en)	['avˌtrʏkarə]
mira (f)	sikte (ett)	['siktə]
carregador (m)	magasin (ett)	[maga'sin]
coronha (f)	kolv (en)	['kɔlʲv]

| granada (f) de mão | handgranat (en) | ['hand graˌnat] |
| explosivo (m) | sprängämne (ett) | ['sprɛŋˌɛmnə] |

bala (f)	kula (en)	['kʉ:lʲa]
cartucho (m)	patron (en)	[pa'trʊn]
carga (f)	laddning (en)	['lʲadniŋ]
munições (f pl)	ammunition (en)	[amʉni'ɧʊn]

bombardeiro (m)	bombplan (ett)	['bombˌplʲan]
avião (m) de caça	jaktplan (ett)	['jaktˌplʲan]
helicóptero (m)	helikopter (en)	[heli'kɔptər]

canhão (m) antiaéreo	luftvärnskanon (en)	['lʉftvæ:ɳs ka'nʊn]
tanque (m)	stridsvagn (en)	['stridsˌvagn]
canhão (de um tanque)	kanon (en)	[ka'nʊn]

artilharia (f)	artilleri (ett)	[a:tilʲe'ri:]
canhão (m)	kanon (en)	[ka'nʊn]
fazer a pontaria	att rikta in	[at 'rikta in]

projétil (m)	projektil (en)	[prʊɧek'tilʲ]
granada (f) de morteiro	granat (en)	[gra'nat]
morteiro (m)	granatkastare (en)	[gra'natˌkastarə]
estilhaço (m)	splitter (ett)	['splitər]

submarino (m)	ubåt (en)	[ʉ:'bo:t]
torpedo (m)	torped (en)	[tɔr'ped]
míssil (m)	robot, missil (en)	['rɔbɔt], [mi'silʲ]

carregar (uma arma)	att ladda	[at 'lʲada]
disparar, atirar (vi)	att skjuta	[at 'ɧʉ:ta]
apontar para ...	att sikta på ...	[at 'sikta pɔ ...]
baioneta (f)	bajonett (en)	[bajʊ'nɛt]
espada (f)	värja (en)	['væ:rja]

169

sabre (m)	sabel (en)	['sabəlʲ]
lança (f)	spjut (ett)	['spjʉ:t]
arco (m)	båge (en)	['bo:gə]
flecha (f)	pil (en)	['pilʲ]
mosquete (m)	musköt (en)	[mu'skø:t]
besta (f)	armborst (ett)	['arm‚bɔ:ʂt]

187. Povos da antiguidade

primitivo (adj)	ur-	['ʉr-]
pré-histórico (adj)	förhistorisk	['førhi‚stʉrisk]
antigo (adj)	forntida, antikens	['fʉ:n‚tida], [an'tikəns]
Idade (f) da Pedra	Stenåldern	['sten‚ɔ:lʲdɛ:n]
Idade (f) do Bronze	bronsålder (en)	['brɔns‚ɔ:lʲdər]
Era (f) do Gelo	istid (en)	['is‚tid]
tribo (f)	stam (en)	['stam]
canibal (m)	kannibal (en)	[kani'balʲ]
caçador (m)	jägare (en)	['jɛ:garə]
caçar (vi)	att jaga	[at 'jaga]
mamute (m)	mammut (en)	[ma'mut]
caverna (f)	grotta (en)	['grɔta]
fogo (m)	eld (en)	['ɛlʲd]
fogueira (f)	bål (ett)	['bo:lʲ]
pintura (f) rupestre	hällristning (en)	['hɛlʲ‚ristniŋ]
ferramenta (f)	redskap (ett)	['rɛd‚skap]
lança (f)	spjut (ett)	['spjʉ:t]
machado (m) de pedra	stenyxa (en)	['sten‚yksa]
guerrear (vt)	att vara i krig	[at 'vara i ‚krig]
domesticar (vt)	att tämja	[at 'tɛmja]
ídolo (m)	idol (en)	[i'dɔlʲ]
adorar, venerar (vt)	att dyrka	[at 'dyrka]
superstição (f)	vidskepelse (en)	['vid‚ɧepəlʲsə]
ritual (m)	ritual (en)	[ritu'alʲ]
evolução (f)	evolution (en)	[ɛvɔlʉ'ɧʊn]
desenvolvimento (m)	utveckling (en)	['ʉt‚vɛkliŋ]
extinção (f)	försvinnande (ett)	[fœ:'ʂvinandə]
adaptar-se (vr)	att anpassa sig	[at 'an‚pasa sɛj]
arqueologia (f)	arkeologi (en)	[‚arkeʊlʲo'gi:]
arqueólogo (m)	arkeolog (en)	[‚arkeʊ'lʲog]
arqueológico (adj)	arkeologisk	[‚arkeʊ'lʲɔgisk]
escavação (sítio)	utgrävningsplats (en)	['ʉt‚grɛvniŋs 'plʲats]
escavações (f pl)	utgrävningar (pl)	['ʉt‚grɛvniŋar]
achado (m)	fynd (ett)	['fʏnd]
fragmento (m)	fragment (ett)	[frag'mɛnt]

188. Idade média

povo (m)	folk (ett)	['fol'k]
povos (m pl)	folk (pl)	['fol'k]
tribo (f)	stam (en)	['stam]
tribos (f pl)	stammar (pl)	['stamar]

bárbaros (pl)	barbarer (pl)	[bar'barər]
galeses (pl)	galler (pl)	['gal'er]
godos (pl)	goter (pl)	['gutər]
eslavos (pl)	slavar (pl)	['sl'avar]
viquingues (pl)	vikingar (pl)	['vikiŋar]

| romanos (pl) | romare (pl) | ['rumarə] |
| romano (adj) | romersk | ['rumɛʂk] |

bizantinos (pl)	bysantiner (pl)	[bysan'tinər]
Bizâncio	Bysans	['bysans]
bizantino (adj)	bysantinsk	[bysan'tinsk]

imperador (m)	kejsare (en)	['çejsarə]
líder (m)	hövding (en)	['hœvdiŋ]
poderoso (adj)	mäktig, kraftfull	['mɛktig], ['kraft,ful']
rei (m)	kung (en)	['kuŋ]
governante (m)	härskare (en)	['hæː,ʂkarə]

cavaleiró (m)	riddare (en)	['ridarə]
senhor feudal (m)	feodalherre (en)	[feʊ'dal',hærə]
feudal (adj)	feodal-	[feʊ'dal'-]
vassalo (m)	vasall (en)	[va'sal']

duque (m)	hertig (en)	['hɛː,ţig]
conde (m)	greve (en)	['grevə]
barão (m)	baron (en)	[ba'run]
bispo (m)	biskop (en)	['biskɔp]

armadura (f)	rustning (en)	['rustniŋ]
escudo (m)	sköld (en)	['ɧœl'd]
espada (f)	svärd (ett)	['svæːd]
viseira (f)	visir (ett)	[vi'sir]
cota (f) de malha	ringbrynja (en)	['riŋ,brʏnja]

| cruzada (f) | korståg (ett) | ['kɔːʂ,toːg] |
| cruzado (m) | korsfarare (en) | ['kɔːʂ,fararə] |

território (m)	territorium (ett)	[tɛri'turium]
atacar (vt)	att angripa	[at 'an,gripa]
conquistar (vt)	att erövra	[at ɛ'rœvra]
ocupar, invadir (vt)	att ockupera	[at ɔkup'era]

assédio, sítio (m)	belägring (en)	[be'l'ɛgriŋ]
sitiado (adj)	belägrad	[be'l'ɛgrad]
assediar, sitiar (vt)	att belägra	[at be'l'ɛgra]
inquisição (f)	inkvisition (en)	[iŋkvisi'ɧun]
inquisidor (m)	inkvisitor (en)	[iŋkvi'situr]

tortura (f)	tortyr (en)	[tɔː'tyr]
cruel (adj)	brutal	[brʉ'talʲ]
herege (m)	kättare (en)	['ɕætarə]
heresia (f)	kätteri (ett)	[ɕæte'riː]

navegação (f) marítima	sjöfart (en)	['ɧøːˌfaːt]
pirata (m)	pirat, sjörövare (en)	[pi'rat], ['ɧøːˌrøːvarə]
pirataria (f)	sjöröveri (ett)	['ɧøːˌrøːve'riː]
abordagem (f)	äntring (en)	['ɛntriŋ]
presa (f), butim (m)	byte (ett)	['bytə]
tesouros (m pl)	skatter (pl)	['skatər]

descobrimento (m)	upptäckt (en)	['upˌtɛkt]
descobrir (novas terras)	att upptäcka	[at 'upˌtɛka]
expedição (f)	expedition (en)	[ɛkspedi'ɧʉn]

mosqueteiro (m)	musketör (en)	[muskə'tøːr]
cardeal (m)	kardinal (en)	[kaːɖi'nalʲ]
heráldica (f)	heraldik (en)	[heralʲ'dik]
heráldico (adj)	heraldisk	[he'ralʲdisk]

189. Líder. Chefe. Autoridades

rei (m)	kung (en)	['kuŋ]
rainha (f)	drottning (en)	['drɔtniŋ]
real (adj)	kunglig	['kuŋlig]
reino (m)	kungarike (ett)	['kuŋaˌrikə]

| príncipe (m) | prins (en) | ['prins] |
| princesa (f) | prinsessa (en) | [prin'sɛsa] |

presidente (m)	president (en)	[prɛsi'dɛnt]
vice-presidente (m)	vicepresident (en)	['visəˌprɛsi'dɛnt]
senador (m)	senator (en)	[se'natʊr]

monarca (m)	monark (en)	[mʊ'nark]
governante (m)	härskare (en)	['hæːʂkarə]
ditador (m)	diktator (en)	[dik'tatʊr]
tirano (m)	tyrann (en)	[ty'ran]
magnata (m)	magnat (en)	[mag'nat]

diretor (m)	direktör (en)	[dirɛk'tøːr]
chefe (m)	chef (en)	['ɧef]
gerente (m)	föreståndare (en)	[førə'stɔndarə]
patrão (m)	boss (en)	['bɔs]
dono (m)	ägare (en)	['ɛːgarə]

líder (m)	ledare (en)	['lʲedarə]
chefe (m)	ledare (en)	['lʲedarə]
autoridades (f pl)	myndigheter (pl)	['mɣndiˌhetər]
superiores (m pl)	överordnade (pl)	['øːvərˌɔːɖnadə]

| governador (m) | guvernör (en) | [gʉvɛː'ɳøːr] |
| cônsul (m) | konsul (en) | ['kɔnsulʲ] |

diplomata (m)	diplomat (en)	[diplˡɔ'mat]
Presidente (m) da Câmara	borgmästare (en)	['bɔrjˌmɛstarə]
xerife (m)	sheriff (en)	[ʃe'rif]

imperador (m)	kejsare (en)	['ɕejsarə]
czar (m)	tsar (en)	['tsar]
faraó (m)	farao (en)	['faraʊ]
cã, khan (m)	kan (en)	['kan]

190. Estrada. Caminho. Direções

| estrada (f) | väg (en) | ['vɛ:g] |
| via (f) | väg (en) | ['vɛ:g] |

rodovia (f)	motorväg (en)	['mʊtʊrˌvɛ:g]
autoestrada (f)	huvudväg (en)	['hʉ:vʉdˌvɛ:g]
estrada (f) nacional	riksväg (en)	['riksˌvɛ:g]

| estrada (f) principal | huvudväg (en) | ['hʉ:vʉdˌvɛ:g] |
| estrada (f) de terra | byväg (en) | ['byˌvɛ:g] |

| trilha (f) | stig (en) | ['stig] |
| pequena trilha (f) | stig (en) | ['stig] |

Onde?	Var?	['var]
Para onde?	Vart?	['va:t]
De onde?	Varifrån?	['varifro:n]

| direção (f) | riktning (en) | ['riktniŋ] |
| indicar (~ o caminho) | att peka | [at 'peka] |

para a esquerda	till vänster	[tilˡ 'vɛnstər]
para a direita	till höger	[tilˡ 'hø:gər]
em frente	rakt fram	['rakt fram]
para trás	tillbaka	[tilˡ'baka]

curva (f)	kurva, krök (en)	['kurva], ['krø:k]
virar (~ para a direita)	att svänga	[at 'svɛŋa]
dar retorno	att göra en u-sväng	[at 'jø:ra en 'ʉ:ˌsvɛŋ]

| estar visível | att vara synlig | [at 'vara 'synlig] |
| aparecer (vi) | att visa sig | [at 'visa sɛj] |

paragem (pausa)	uppehåll (ett)	['upəˌhɔ:lˡ]
descansar (vi)	att vila	[at 'vilˡa]
descanso, repouso (m)	vila (en)	['vilˡa]

perder-se (vr)	att gå vilse	[at 'go: 'vilˡsə]
conduzir a ... (caminho)	att leda till ...	[at 'lˡeda tilˡ ...]
chegar a ...	att komma ut ...	[at 'kɔma ʉt ...]
trecho (m)	sträckning (en)	['strɛkning]

| asfalto (m) | asfalt (en) | ['asfalˡt] |
| meio-fio (m) | trottoarkant (en) | [trɔtʉ'arˌkant] |

valeta (f)	vägdike (ett)	['vɛːgˌdikə]
tampa (f) de esgoto	manlucka (en)	['manˌlʉka]
acostamento (m)	vägkant (en)	['vɛːgˌkant]
buraco (m)	grop (en)	['grʊp]

| ir (a pé) | att gå | [at 'goː] |
| ultrapassar (vt) | att passera | [at pa'sera] |

| passo (m) | steg, fotsteg (ett) | ['steg], ['fʊtˌsteg] |
| a pé | till fots | [tilʲ 'fʊts] |

bloquear (vt)	att spärra	[at 'spɛra]
cancela (f)	bom (en)	['bʊm]
beco (m) sem saída	återvändsgränd (en)	['oːtərvɛnsˌgrɛnd]

191. Violação da lei. Criminosos. Parte 1

bandido (m)	bandit (en)	[ban'dit]
crime (m)	brott (ett)	['brɔt]
criminoso (m)	förbrytare (en)	[før'brytarə]

ladrão (m)	tjuv (en)	['ɕʉːv]
roubar (vt)	att stjäla	[at 'ɧɛːlʲa]
roubo (atividade)	tjuveri (ett)	[ɕʉve'riː]
furto (m)	stöld (en)	['stølʲd]

raptar, sequestrar (vt)	att kidnappa	[at 'kidˌnapa]
sequestro (m)	kidnapping (en)	['kidˌnapiŋ]
sequestrador (m)	kidnappare (en)	['kidˌnaparə]

| resgate (m) | lösesumma (en) | ['lʲøːsəˌsuma] |
| pedir resgate | att kräva lösesumma | [at 'krɛːva 'lʲøːsəˌsuma] |

roubar (vt)	att råna	[at 'roːna]
assalto, roubo (m)	rån (ett)	['roːn]
assaltante (m)	rånare (en)	['roːnarə]

extorquir (vt)	att pressa ut	[at 'prɛsa ʉt]
extorsionário (m)	utpressare (en)	['ʉtˌprɛsarə]
extorsão (f)	utpressning (en)	['ʉtˌprɛsniŋ]

matar, assassinar (vt)	att mörda	[at 'møːɖa]
homicídio (m)	mord (ett)	['mʊːɖ]
homicida, assassino (m)	mördare (en)	['møːɖarə]

tiro (m)	skott (ett)	['skɔt]
dar um tiro	att skjuta	[at 'ɧʉːta]
matar a tiro	att skjuta ner	[at 'ɧʉːta ner]
disparar, atirar (vi)	att skjuta	[at 'ɧʉːta]
tiroteio (m)	skjutande (ett)	['ɧʉːtandə]

incidente (m)	händelse (en)	['hɛndəlʲsə]
briga (~ de rua)	slagsmål (ett)	['slʲaksˌmoːlʲ]
Socorro!	Hjälp!	['jɛlʲp]

vítima (f)	offer (ett)	['ɔfər]
danificar (vt)	att skada	[at 'skada]
dano (m)	skada (en)	['skada]
cadáver (m)	lik (ett)	['lik]
grave (adj)	allvarligt	[alʲ'vaːlit]

atacar (vt)	att anfalla	[at 'anfalʲa]
bater (espancar)	att slå	[at 'slʲoː]
espancar (vt)	att prygla	[at 'prʏglʲa]
tirar, roubar (dinheiro)	att beröva	[at be'røːva]
esfaquear (vt)	att skära ihjäl	[at 'ʃæːra i'jɛlʲ]
mutilar (vt)	att lemlästa	[at 'lemˌlɛsta]
ferir (vt)	att såra	[at 'soːra]

chantagem (f)	utpressning (en)	['ʉtˌprɛsniŋ]
chantagear (vt)	att utpressa	[at 'ʉtˌprɛsa]
chantagista (m)	utpressare (en)	['ʉtˌprɛsarə]

extorsão (f)	utpressning (en)	['ʉtˌprɛsniŋ]
extorsionário (m)	utpressare (en)	['ʉtˌprɛsarə]
gângster (m)	gangster (en)	['gaŋstər]
máfia (f)	maffia (en)	['mafia]

punguista (m)	ficktjuv (en)	['fikˌɕʉːv]
assaltante, ladrão (m)	inbrottstjuv (en)	['inbrɔtsˌɕʉːv]
contrabando (m)	smuggling (en)	['smugliŋ]
contrabandista (m)	smugglare (en)	['smuglʲarə]

falsificação (f)	förfalskning (en)	[før'falʲskniŋ]
falsificar (vt)	att förfalska	[at før'falʲska]
falsificado (adj)	falsk	['falʲsk]

192. Violação da lei. Criminosos. Parte 2

estupro (m)	våldtäkt (en)	['voːlʲˌtɛkt]
estuprar (vt)	att våldta	[at 'voːlʲˌta]
estuprador (m)	våldtäktsman (en)	['voːlʲtɛktsˌman]
maníaco (m)	maniker (en)	['manikər]

prostituta (f)	prostituerad (en)	[prɔstitʉ'ɛrad]
prostituição (f)	prostitution (en)	[prɔstitʉ'ʄʊn]
cafetão (m)	hallik (en)	['halik]

drogado (m)	narkoman (en)	[narkʊ'man]
traficante (m)	droglangare (en)	['drʊgˌlʲaŋarə]

explodir (vt)	att spränga	[at 'sprɛŋa]
explosão (f)	explosion (en)	[ɛksplʲɔ'ʄʊn]
incendiar (vt)	att sätta eld	[at 'sæta ˌɛlʲd]
incendiário (m)	mordbrännare (en)	['mʊːdˌbrɛnarə]

terrorismo (m)	terrorism (en)	[tɛrʊ'rism]
terrorista (m)	terrorist (en)	[tɛrʊ'rist]
refém (m)	gisslan (en)	['jislʲan]

enganar (vt)	att bedra	[at be'dra]
engano (m)	bedrägeri (en)	[bedrɛ:ge'ri:]
vigarista (m)	bedragare (en)	[be'dragarə]

subornar (vt)	att muta, att besticka	[at 'mʉ:ta], [at be'stika]
suborno (atividade)	muta (en)	['mʉ:ta]
suborno (dinheiro)	muta (en)	['mʉ:ta]

veneno (m)	gift (en)	['jift]
envenenar (vt)	att förgifta	[at før'jifta]
envenenar-se (vr)	att förgifta sig själv	[at før'jifta sɛj ɧɛlʲv]

suicídio (m)	självmord (ett)	['ɧɛlʲvˌmʉ:ɖ]
suicida (m)	självmördare (en)	['ɧɛlʲvˌmø:ɖarə]

ameaçar (vt)	att hota	[at 'hʊta]
ameaça (f)	hot (ett)	['hʊt]
atentar contra a vida de ...	att begå mordförsök	[at be'go 'mʉ:ɖfœ:ˌʂø:k]
atentado (m)	mordförsök (ett)	['mʉ:ɖfœ:ˌʂø:k]

roubar (um carro)	att stjäla	[at 'ɧɛ:lʲa]
sequestrar (um avião)	att kapa	[at 'kapa]

vingança (f)	hämnd (en)	['hɛmnd]
vingar (vt)	att hämnas	[at 'hɛmnas]

torturar (vt)	att tortera	[at tɔ:'ʈera]
tortura (f)	tortyr (en)	[tɔ:'ʈyr]
atormentar (vt)	att plåga	[at 'plʲo:ga]

pirata (m)	pirat, sjörövare (en)	[pi'rat], ['ɧø:ˌrø:varə]
desordeiro (m)	buse (en)	['bʉ:sə]
armado (adj)	beväpnad	[be'vɛpnad]
violência (f)	våld (ett)	['vo:lʲd]
ilegal (adj)	illegal	['ilʲeˌgalʲ]

espionagem (f)	spioneri (ett)	[spiʊne'ri:]
espionar (vi)	att spionera	[at spiʊ'nera]

193. Polícia. Lei. Parte 1

justiça (sistema de ~)	rättvisa (en)	['rætˌvisa]
tribunal (m)	rättssal (en)	['rætˌsalʲ]

juiz (m)	domare (en)	['dʊmarə]
jurados (m pl)	jurymedlemmer (pl)	['jʉriˌmedle'mər]
tribunal (m) do júri	juryrättegång (en)	['jʉriˌræte'goŋ]
julgar (vt)	att döma	[at 'dø:ma]

advogado (m)	advokat (en)	[advʊ'kat]
réu (m)	anklagad (en)	['aŋˌklʲagad]
banco (m) dos réus	anklagades bänk (en)	['aŋˌklʲagadəs ˌbɛŋk]
acusação (f)	anklagelse (en)	['aŋˌklʲagelʲsə]
acusado (m)	den anklagade	[dɛn 'aŋˌklʲagadə]

| sentença (f) | dom (en) | ['dɔm] |
| sentenciar (vt) | att döma | [at 'dø:ma] |

culpado (m)	skyldig (en)	['ɧylˡdig]
punir (vt)	att straffa	[at 'strafa]
punição (f)	straff (ett)	['straf]

multa (f)	bot (en)	['bʊt]
prisão (f) perpétua	livstids fängelse (ett)	['livstids 'fɛŋəlˡsə]
pena (f) de morte	dödsstraff (ett)	['dø:d̩straf]
cadeira (f) elétrica	elektrisk stol (en)	[ɛ'lˡektrisk ˌstʊlˡ]
forca (f)	galge (en)	['galjə]

| executar (vt) | att avrätta | [at 'avˌræta] |
| execução (f) | avrättning (en) | ['avˌrætniŋ] |

| prisão (f) | fängelse (ett) | ['fɛŋəlˡsə] |
| cela (f) de prisão | cell (en) | ['sɛlˡ] |

escolta (f)	eskort (en)	[ɛs'kɔ:t]
guarda (m) prisional	fångvaktare (en)	['fɔŋˌvaktarə]
preso, prisioneiro (m)	fånge (en)	['fɔŋə]

| algemas (f pl) | handbojor (pl) | ['handˌbɔjʊr] |
| algemar (vt) | att sätta handbojor | [at 'sæta 'handˌbɔjʊr] |

fuga, evasão (f)	flukt (en)	['flʉkt]
fugir (vi)	att rymma	[at 'rʏma]
desaparecer (vi)	att försvinna	[at fœ:'ʂvina]
soltar, libertar (vt)	att frige	[at 'frije]
anistia (f)	amnesti (en)	[amnɛs'ti:]

polícia (instituição)	polis (en)	[pʊ'lis]
polícia (m)	polis (en)	[pʊ'lis]
delegacia (f) de polícia	polisstation (en)	[pʊ'lisˌsta'ɧʊn]
cassetete (m)	gummibatong (en)	['gumibaˌtʊŋ]
megafone (m)	megafon (en)	[mega'fɔn]

carro (m) de patrulha	patrullbil (en)	[pat'rulˡˌbil]
sirene (f)	siren (en)	[si'ren]
ligar a sirene	att slå på sirenen	[at slˡo: pɔ si'renən]
toque (m) da sirene	siren tjut (ett)	[si'ren ˌɕʉ:t]

cena (f) do crime	brottsplats (en)	['brɔts plˡats]
testemunha (f)	vittne (ett)	['vitnə]
liberdade (f)	frihet (en)	['friˌhet]
cúmplice (m)	medskyldig (en)	['mɛdˌɧylˡdig]
escapar (vi)	att fly	[at flˡy]
traço (não deixar ~s)	spår (ett)	['spo:r]

194. Polícia. Lei. Parte 2

| procura (f) | undersökning (en) | ['undəˌsœkniŋ] |
| procurar (vt) | att söka efter ... | [at 'sø:ka ˌɛftər ...] |

suspeita (f)	misstanke (en)	['mis,taŋkə]
suspeito (adj)	misstänksam	['mistɛŋksam]
parar (veículo, etc.)	att stanna	[at 'stana]
deter (fazer parar)	att anhålla	[at 'an,ho:lʲa]

caso (~ criminal)	sak, rättegång (en)	[sak], ['rætə,gɔŋ]
investigação (f)	undersökning (en)	['undə,sœkniŋ]
detetive (m)	detektiv (en)	[detɛk'tiv]
investigador (m)	undersökare (en)	['undə,sø:karə]
versão (f)	version (en)	[vɛr'ʃʊn]

motivo (m)	motiv (ett)	[mʊ'tiv]
interrogatório (m)	förhör (ett)	[før'hø:r]
interrogar (vt)	att förhöra	[at før'hø:ra]
questionar (vt)	att avhöra	[at 'av,hø:ra]
verificação (f)	kontroll (en)	[kɔn'trolʲ]

batida (f) policial	razzia (en)	['ratsia]
busca (f)	rannsakan (en)	['ran,sakan]
perseguição (f)	jakt (en)	['jakt]
perseguir (vt)	att förfölja	[at før'følja]
seguir, rastrear (vt)	att spåra	[at 'spo:ra]

prisão (f)	arrest (en)	[a'rɛst]
prender (vt)	att arrestera	[at arɛ'stera]
pegar, capturar (vt)	att fånga	[at 'fɔŋa]
captura (f)	gripande (en)	['gripandə]

documento (m)	dokument (ett)	[dɔku'mɛnt]
prova (f)	bevis (ett)	[be'vis]
provar (vt)	att bevisa	[at be'visa]
pegada (f)	fotspår (ett)	['fʊt,spo:r]
impressões (f pl) digitais	fingeravtryck (pl)	['fiŋer,avtrʏk]
prova (f)	bevis (ett)	[be'vis]

álibi (m)	alibi (ett)	['alibi]
inocente (adj)	oskyldig	[ʊ:'fʲylʲdig]
injustiça (f)	orättfärdighet (en)	['ʊræt,fæ:dihet]
injusto (adj)	orättfärdig	['ʊræt,fæ:dig]

criminal (adj)	kriminell	[krimi'nɛlʲ]
confiscar (vt)	att konfiskera	[at kɔnfi'skera]
droga (f)	drog, narkotika (en)	['drʊg], [nar'kotika]
arma (f)	vapen (ett)	['vapən]
desarmar (vt)	att avväpna	[at 'av,vɛpna]
ordenar (vt)	att befalla	[at be'falʲa]
desaparecer (vi)	att försvinna	[at fœ:'ʂvina]

lei (f)	lag (en)	['lʲag]
legal (adj)	laglig	['lʲaglig]
ilegal (adj)	olovlig	[ʊ:'lʲovlig]

| responsabilidade (f) | ansvar (ett) | ['an,svar] |
| responsável (adj) | ansvarig | ['an,svarig] |

NATUREZA

A Terra. Parte 1

195. Espaço sideral

espaço, cosmo (m)	rymden, kosmos (ett)	[rʏmden], ['kosmɔs]
espacial, cósmico (adj)	rymd-	['rʏmd-]
espaço (m) cósmico	yttre rymd (en)	['ytrə ˌrʏmd]
mundo (m)	värld (en)	['væːd̦]
universo (m)	universum (ett)	[uniˈvɛːʂum]
galáxia (f)	galax (en)	[gaˈlʲaks]
estrela (f)	stjärna (en)	['ɦæːŋa]
constelação (f)	stjärnbild (en)	['ɦæːn̩ˌbilʲd]
planeta (m)	planet (en)	[plʲaˈnet]
satélite (m)	satellit (en)	[satɛˈliːt]
meteorito (m)	meteorit (en)	[meteʊˈrit]
cometa (m)	komet (en)	[kʊˈmet]
asteroide (m)	asteroid (en)	[asterʊˈid]
órbita (f)	bana (en)	['bana]
girar (vi)	att rotera	[at rʊˈtera]
atmosfera (f)	atmosfär (en)	[atmʊˈsfæːr]
Sol (m)	Solen	['sʊlʲən]
Sistema (m) Solar	solsystem (ett)	['sʊlʲ ˌsʏˈstem]
eclipse (m) solar	solförmörkelse (en)	['sʊlʲfør'mœːrkəlʲsə]
Terra (f)	Jorden	['jʊːd̦ən]
Lua (f)	Månen	['moːnən]
Marte (m)	Mars	['maːʂ]
Vênus (f)	Venus	['veːnus]
Júpiter (m)	Jupiter	['jupitər]
Saturno (m)	Saturnus	[saˈtuːŋus]
Mercúrio (m)	Merkurius	[mɛrˈkʉrius]
Urano (m)	Uranus	[ʉˈranus]
Netuno (m)	Neptunus	[nepˈtʉnus]
Plutão (m)	Pluto	['plʉtʊ]
Via Láctea (f)	Vintergatan	['vintəˌgatan]
Ursa Maior (f)	Stora bjornen	['stʉra 'bjuːɳən]
Estrela Polar (f)	Polstjärnan	['pʊlʲˌɦæːŋan]
marciano (m)	marsian (en)	[maːʂiˈan]
extraterrestre (m)	utomjording (en)	['ʉtɔmˌjʊːd̦isk]

alienígena (m)	rymdväsen (ett)	['rʏmd‚vɛsən]
disco (m) voador	flygande tefat (ett)	['flⁱygandə 'tefat]
espaçonave (f)	rymdskepp (ett)	['rʏmd‚ʃɛp]
estação (f) orbital	rymdstation (en)	['rʏmd sta'ʃʊn]
lançamento (m)	start (en)	['staːt]
motor (m)	motor (en)	['mʊtʊr]
bocal (m)	dysa (en)	['dysa]
combustível (m)	bränsle (ett)	['brɛnslⁱe]
cabine (f)	cockpit, flygdäck (en)	['kɔkpit], ['flʏg‚dɛk]
antena (f)	antenn (en)	[an'tɛn]
vigia (f)	fönster (ett)	['fœnstər]
bateria (f) solar	solbatteri (ett)	['sʊlⁱ‚batɛ'riː]
traje (m) espacial	rymddräkt (en)	['rʏmd‚drɛkt]
imponderabilidade (f)	tyngdlöshet (en)	['tʏŋdlⁱøs‚het]
oxigênio (m)	syre, oxygen (ett)	['syrə], ['oksygən]
acoplagem (f)	dockning (en)	['dɔkniŋ]
fazer uma acoplagem	att docka	[at 'dɔka]
observatório (m)	observatorium (ett)	[ɔbsɛrva'tʊrium]
telescópio (m)	teleskop (ett)	[telⁱe'skɔp]
observar (vt)	att observera	[at ɔbsɛr'vera]
explorar (vt)	att utforska	[at 'ʉt‚fɔːʂka]

196. A Terra

Terra (f)	Jorden	['jʊːdən]
globo terrestre (Terra)	jordklot (ett)	['jʊːd‚klⁱʊt]
planeta (m)	planet (en)	[plⁱa'net]
atmosfera (f)	atmosfär (en)	[atmʊ'sfæːr]
geografia (f)	geografi (en)	[jeʊgra'fiː]
natureza (f)	natur (en)	[na'tʉːr]
globo (mapa esférico)	glob (en)	['glⁱʊb]
mapa (m)	karta (en)	['kaːʈa]
atlas (m)	atlas (en)	['atlⁱas]
Europa (f)	Europa	[eu'rʊpa]
Ásia (f)	Asien	['asiən]
África (f)	Afrika	['afrika]
Austrália (f)	Australien	[au'straliən]
América (f)	Amerika	[a'merika]
América (f) do Norte	Nordamerika	['nʊːd a'merika]
América (f) do Sul	Sydamerika	['syd a'merika]
Antártida (f)	Antarktis	[an'tarktis]
Ártico (m)	Arktis	['arktis]

197. Pontos cardeais

norte (m)	norr	['nɔr]
para norte	norrut	['nɔrʉt]
no norte	i norr	[i 'nɔr]
do norte (adj)	nordlig	['nuːdlig]
sul (m)	söder (en)	['søːdər]
para sul	söderut	['søːdərʉt]
no sul	i söder	[i 'søːdər]
do sul (adj)	syd-, söder	['syd-], ['søːdər]
oeste, ocidente (m)	väster (en)	['vɛstər]
para oeste	västerut	['vɛstərʉt]
no oeste	i väst	[i vɛst]
ocidental (adj)	västra	['vɛstra]
leste, oriente (m)	öster (en)	['œstər]
para leste	österut	['œstərʉt]
no leste	i öst	[i 'œst]
oriental (adj)	östra	['œstra]

198. Mar. Oceano

mar (m)	hav (ett)	['hav]
oceano (m)	ocean (en)	[ʉseˈan]
golfo (m)	bukt (en)	['bukt]
estreito (m)	sund (ett)	['sund]
terra (f) firme	fastland (ett)	['fast‚lʲand]
continente (m)	fastland (ett), kontinent (en)	['fast‚lʲand], [kɔntiˈnɛnt]
ilha (f)	ö (en)	['øː]
península (f)	halvö (en)	['halʲv‚øː]
arquipélago (m)	skärgård, arkipelag (en)	['ɧæːr‚goːd], [arkipeˈlʲag]
baía (f)	bukt (en)	['bukt]
porto (m)	hamn (en)	['hamn]
lagoa (f)	lagun (en)	[lʲaˈgʉːn]
cabo (m)	udde (en)	['udə]
atol (m)	atoll (en)	[aˈtɔlʲ]
recife (m)	rev (ett)	['rev]
coral (m)	korall (en)	[kɔˈralʲ]
recife (m) de coral	korallrev (ett)	[kɔˈralʲ‚rev]
profundo (adj)	djup	['jʉːp]
profundidade (f)	djup (ett)	['jʉːp]
abismo (m)	avgrund (en)	['av‚grʉnd]
fossa (f) oceânica	djuphavsgrav (en)	['jʉːphavs‚grav]
corrente (f)	ström (en)	['strøːm]
banhar (vt)	att omge	[at 'ɔmje]
litoral (m)	kust (en)	['kust]

costa (f)	kust (en)	['kust]
maré (f) alta	flod (en)	['flʉd]
refluxo (m)	ebb (en)	['ɛb]
restinga (f)	sandbank (en)	['sand͵baŋk]
fundo (m)	botten (en)	['bɔtən]

onda (f)	våg (en)	['vo:g]
crista (f) da onda	vågkam (en)	['vo:g͵kam]
espuma (f)	skum (ett)	['skum]

tempestade (f)	storm (en)	['stɔrm]
furacão (m)	orkan (en)	[ɔr'kan]
tsunami (m)	tsunami (en)	[tsu'nami]
calmaria (f)	stiltje (en)	['stilʲtjə]
calmo (adj)	stilla	['stilʲa]

polo (m)	pol (en)	['pʊlʲ]
polar (adj)	pol-, polar-	['pʊlʲ-], [pʊ'lʲar-]

latitude (f)	latitud (en)	[lʲati'tʉ:d]
longitude (f)	longitud (en)	[lʲɔŋi'tʉ:d]
paralela (f)	breddgrad (en)	['brɛd͵grad]
equador (m)	ekvator (en)	[ɛ'kvatʊr]

céu (m)	himmel (en)	['himəlʲ]
horizonte (m)	horisont (en)	[hʊri'sɔnt]
ar (m)	luft (en)	['lʉft]

farol (m)	fyr (en)	['fyr]
mergulhar (vi)	att dyka	[at 'dyka]
afundar-se (vr)	att sjunka	[at 'ɧuŋka]
tesouros (m pl)	skatter (pl)	['skatər]

199. Nomes de Mares e Oceanos

Oceano (m) Atlântico	Atlanten	[at'lʲantən]
Oceano (m) Índico	Indiska oceanen	['indiska ʊse'anən]
Oceano (m) Pacífico	Stilla havet	['stilʲa 'havɛt]
Oceano (m) Ártico	Norra ishavet	['nɔra ͵is'havɛt]

Mar (m) Negro	Svarta havet	['sva:ʈa 'havɛt]
Mar (m) Vermelho	Röda havet	['rø:da 'havɛt]
Mar (m) Amarelo	Gula havet	['gʉ:lʲa 'havɛt]
Mar (m) Branco	Vita havet	['vita 'havɛt]

Mar (m) Cáspio	Kaspiska havet	['kaspiska 'havɛt]
Mar (m) Morto	Döda havet	['dø:da 'havɛt]
Mar (m) Mediterrâneo	Medelhavet	['medəlʲ͵havɛt]

Mar (m) Egeu	Egeiska havet	[ɛ'gejska 'havɛt]
Mar (m) Adriático	Adriatiska havet	[adri'atiska 'havɛt]

Mar (m) Arábico	Arabiska havet	[a'rabiska 'havɛt]
Mar (m) do Japão	Japanska havet	[ja'panska 'havɛt]

| Mar (m) de Bering | Beringshavet | ['berings,havɛt] |
| Mar (m) da China Meridional | Sydkinesiska havet | ['sydɕi,nesiska 'havɛt] |

Mar (m) de Coral	Korallhavet	[kɔ'ralʲ,havɛt]
Mar (m) de Tasman	Tasmanhavet	[tas'man,havɛt]
Mar (m) do Caribe	Karibiska havet	[ka'ribiska 'havɛt]

| Mar (m) de Barents | Barentshavet | ['barɛnts,havɛt] |
| Mar (m) de Kara | Karahavet | ['kara,havɛt] |

Mar (m) do Norte	Nordsjön	['nʊːɖ,ɧøːn]
Mar (m) Báltico	Östersjön	['œstɛː,ɧøːn]
Mar (m) da Noruega	Norska havet	['nɔːʂka 'havɛt]

200. Montanhas

montanha (f)	berg (ett)	['bɛrj]
cordilheira (f)	bergskedja (en)	['bɛrj,ɕedja]
serra (f)	bergsrygg (en)	['bɛrjs,rʏg]

cume (m)	topp (en)	['tɔp]
pico (m)	tinne (en)	['tinə]
pé (m)	fot (en)	['fʊt]
declive (m)	sluttning (en)	['slɵːtniŋ]

vulcão (m)	vulkan (en)	[vulʲ'kan]
vulcão (m) ativo	verksam vulkan (en)	['vɛrksam vulʲ'kan]
vulcão (m) extinto	slocknad vulkan (en)	['slʲɔknad vulʲ'kan]

erupção (f)	utbrott (ett)	['ɵt,brɔt]
cratera (f)	krater (en)	['kratər]
magma (m)	magma (en)	['magma]
lava (f)	lava (en)	['lʲava]
fundido (lava ~a)	glödgad	['glʲœdgad]

cânion, desfiladeiro (m)	kanjon (en)	['kanjɔn]
garganta (f)	klyfta (en)	['klʲyfta]
fenda (f)	skreva (en)	['skreva]
precipício (m)	avgrund (en)	['av,grɵnd]

passo, colo (m)	pass (ett)	['pas]
planalto (m)	platå (en)	[plʲa'toː]
falésia (f)	klippa (en)	['klipa]
colina (f)	kulle, backe (en)	['kulʲə], ['bakə]

geleira (f)	glaciär, jökel (en)	[glʲas'jæːr], ['jøːkəlʲ]
cachoeira (f)	vattenfall (ett)	['vatən,falʲ]
gêiser (m)	gejser (en)	['gɛjsər]
lago (m)	sjö (en)	['ɧøː]

planície (f)	slätt (en)	['slʲæt]
paisagem (f)	landskap (ett)	['lʲan,skap]
eco (m)	eko (ett)	['ɛkʊ]
alpinista (m)	alpinist (en)	['alʲpi,nist]

escalador (m)	bergsbestigare (en)	['bɛrjs̩be'stigarə]
conquistar (vt)	att erövra	[at ɛ'rœvra]
subida, escalada (f)	bestigning (en)	[be'stigniŋ]

201. Nomes de montanhas

Alpes (m pl)	Alperna	['alᵖpɛ:ɳa]
Monte Branco (m)	Mont Blanc	[ˌmɔn'blᵖaŋ]
Pirineus (m pl)	Pyrenéerna	[pyre'neæ:ɳa]

Cárpatos (m pl)	Karpaterna	[kar'patɛ:ɳa]
Urais (m pl)	Uralbergen	[ʉ'ralᵖˌbɛrjən]
Cáucaso (m)	Kaukasus	['kaukasus]
Elbrus (m)	Elbrus	['ɛlᵖbrʉs]

Altai (m)	Altaj	[alᵖ'taj]
Tian Shan (m)	Tian Shan	[ti'an ʃan]
Pamir (m)	Pamir	[pa'mir]
Himalaia (m)	Himalaya	[hi'malᵖaja]
monte Everest (m)	Everest	[ɛve'rɛst]

| Cordilheira (f) dos Andes | Anderna | ['andɛ:ɳa] |
| Kilimanjaro (m) | Kilimanjaro | [kiliman'jarʉ] |

202. Rios

rio (m)	älv, flod (en)	['ɛlᵖv], ['flᵖʉd]
fonte, nascente (f)	källa (en)	['ɕɛlᵖa]
leito (m) de rio	flodbädd (en)	['flᵖʉdˌbɛd]
bacia (f)	flodbassäng (en)	['flᵖʉdˌba'sɛŋ]
desaguar no ...	att mynna ut ...	[at 'mʏna ʉt ...]

| afluente (m) | biflod (en) | ['biˌflᵖʉd] |
| margem (do rio) | strand (en) | ['strand] |

corrente (f)	ström (en)	['strø:m]
rio abaixo	nedströms	['nɛdˌstrœms]
rio acima	motströms	['mʊtˌstrœms]

inundação (f)	översvämning (en)	['ø:vəˌsvɛmniŋ]
cheia (f)	flöde (ett)	['flᵖø:də]
transbordar (vi)	att flöda över	[at 'flᵖø:da ˌø:vər]
inundar (vt)	att översvämma	[at 'ø:vəˌsvɛma]

| banco (m) de areia | grund (ett) | ['grʉnd] |
| corredeira (f) | forsar (pl) | [fo'ʂar] |

barragem (f)	damm (en)	['dam]
canal (m)	kanal (en)	[ka'nalᵖ]
reservatório (m) de água	reservoar (ett)	[resɛrvʉ'a:r]
eclusa (f)	sluss (en)	['slʉ:s]
corpo (m) de água	vattensamling (en)	['vatənˌsamliŋ]

pântano (m)	myr, mosse (en)	['myr], ['mʊsə]
lamaçal (m)	gungfly (ett)	['guŋ,fly]
redemoinho (m)	strömvirvel (en)	['strø:m,virvəlʲ]

riacho (m)	bäck (en)	['bɛk]
potável (adj)	dricks-	['driks-]
doce (água)	söt-, färsk-	['sø:t-], ['fæ:ʂk-]

| gelo (m) | is (en) | ['is] |
| congelar-se (vr) | att frysa till | [at 'frysa tilʲ] |

203. Nomes de rios

| rio Sena (m) | Seine | ['sɛ:n] |
| rio Loire (m) | Loire | [lʲʊ'a:r] |

rio Tâmisa (m)	Themsen	['tɛmsən]
rio Reno (m)	Rhen	['ren]
rio Danúbio (m)	Donau	['dɔnaʊ]

rio Volga (m)	Volga	['volʲga]
rio Don (m)	Don	['dɔn]
rio Lena (m)	Lena	['lʲena]

rio Amarelo (m)	Hwang-ho	[huaŋ'hʊ]
rio Yangtzé (m)	Yangtze	['jɑŋtsə]
rio Mekong (m)	Mekong	[me'kɔŋ]
rio Ganges (m)	Ganges	['gaŋəs]

rio Nilo (m)	Nilen	['nilʲen]
rio Congo (m)	Kongo	['kɔngʊ]
rio Cubango (m)	Okavango	[ɔka'vangʊ]
rio Zambeze (m)	Zambezi	[sam'besi]
rio Limpopo (m)	Limpopo	[lim'pɔpɔ]
rio Mississippi (m)	Mississippi	[misi'sipi]

204. Floresta

| floresta (f), bosque (m) | skog (en) | ['skʊg] |
| florestal (adj) | skogs- | ['skʊgs-] |

mata (f) fechada	tät skog (en)	['tɛt ˌskʊg]
arvoredo (m)	lund (en)	['lʉnd]
clareira (f)	glänta (en)	['glʲɛnta]

| matagal (m) | snår (ett) | ['sno:r] |
| mato (m), caatinga (f) | buskterräng (en) | ['busk tɛ'rɛŋ] |

pequena trilha (f)	stig (en)	['stig]
ravina (f)	ravin (en)	[ra'vin]
árvore (f)	träd (ett)	['trɛ:d]
folha (f)	löv (ett)	['lʲø:v]

folhagem (f)	löv, lövverk (ett)	['lʲøːv], ['lʲøːværk]
queda (f) das folhas	lövfällning (en)	['lʲøːvˌfɛlʲniŋ]
cair (vi)	att falla	[at 'falʲa]
topo (m)	trädtopp (en)	['trɛːˌtɔp]

ramo (m)	gren, kvist (en)	['gren], ['kvist]
galho (m)	gren (en)	['gren]
botão (m)	knopp (en)	['knɔp]
agulha (f)	nål (en)	['noːlʲ]
pinha (f)	kotte (en)	['kɔtə]

buraco (m) de árvore	trädhål (ett)	['trɛːdˌhoːlʲ]
ninho (m)	bo (ett)	['bʊ]
toca (f)	lya, håla (en)	['lʲya], ['hoːlʲa]

tronco (m)	stam (en)	['stam]
raiz (f)	rot (en)	['rʊt]
casca (f) de árvore	bark (en)	['bark]
musgo (m)	mossa (en)	['mɔsa]

arrancar pela raiz	att rycka upp med rötterna	[at 'rʏka up me 'rœttɛːŋa]
cortar (vt)	att fälla	[at 'fɛlʲa]
desflorestar (vt)	att hugga ner	[at 'huga ner]
toco, cepo (m)	stubbe (en)	['stubə]

fogueira (f)	bål (ett)	['boːlʲ]
incêndio (m) florestal	skogsbrand (en)	['skʊgsˌbrand]
apagar (vt)	att släcka	[at 'slʲɛka]

guarda-parque (m)	skogsvakt (en)	['skʊgsˌvakt]
proteção (f)	värn, skydd (ett)	['væːn], [ʃʏd]
proteger (a natureza)	att skydda	[at 'ʃʏda]
caçador (m) furtivo	tjuvskytt (en)	['ɕʉːvˌʃʏt]
armadilha (f)	sax (en)	['saks]

| colher (cogumelos, bagas) | att plocka | [at 'plʲɔka] |
| perder-se (vr) | att gå vilse | [at 'goː 'vilʲsə] |

205. Recursos naturais

recursos (m pl) naturais	naturresurser (pl)	[na'tʉːr re'surʂər]
minerais (m pl)	mineraler (pl)	[mine'ralʲər]
depósitos (m pl)	fyndigheter (pl)	['fʏndiˌhetər]
jazida (f)	fält (ett)	['fɛlʲt]

extrair (vt)	att utvinna	[at 'ʉtˌvina]
extração (f)	utvinning (en)	['ʉtˌviniŋ]
minério (m)	malm (en)	['malʲm]
mina (f)	gruva (en)	['grʉva]
poço (m) de mina	gruvschakt (ett)	['grʉːvˌʃakt]
mineiro (m)	gruvarbetare (en)	['grʉːvˌarˈbetarə]

| gás (m) | gas (en) | ['gas] |
| gasoduto (m) | gasledning (en) | ['gasˌlʲedniŋ] |

petróleo (m)	olja (en)	['ɔlja]
oleoduto (m)	oljeledning (en)	['ɔljəˌlʲedniŋ]
poço (m) de petróleo	oljekälla (en)	['ɔljəˌçæla]
torre (f) petrolífera	borrtorn (ett)	['bɔrˌtʊːn]
petroleiro (m)	tankfartyg (ett)	['taŋkˌfaːˈtyg]
areia (f)	sand (en)	['sand]
calcário (m)	kalksten (en)	[kalʲkˌsten]
cascalho (m)	grus (ett)	['grʉːs]
turfa (f)	torv (en)	['tɔrv]
argila (f)	lera (en)	['lʲera]
carvão (m)	kol (ett)	['kɔlʲ]
ferro (m)	järn (ett)	['jæːn]
ouro (m)	guld (ett)	['gulʲd]
prata (f)	silver (ett)	['silʲvər]
níquel (m)	nickel (en)	['nikəlʲ]
cobre (m)	koppar (en)	['kopar]
zinco (m)	zink (en)	['siŋk]
manganês (m)	mangan (en)	[man'gan]
mercúrio (m)	kvicksilver (ett)	['kvikˌsilʲvər]
chumbo (m)	bly (ett)	['blʲy]
mineral (m)	mineral (ett)	[minəˈralʲ]
cristal (m)	kristall (en)	[kriˈstalʲ]
mármore (m)	marmor (en)	['marmʊr]
urânio (m)	uran (ett)	[ʉˈran]

A Terra. Parte 2

206. Tempo

tempo (m)	väder (ett)	['vɛːdər]
previsão (f) do tempo	väderprognos (en)	['vɛːdər‚prɔg'nɔːs]
temperatura (f)	temperatur (en)	[tɛmpəra'tʉːr]
termômetro (m)	termometer (en)	[tɛrmʉ'metər]
barômetro (m)	barometer (en)	[barʉ'metər]
úmido (adj)	fuktig	['fuːktig]
umidade (f)	fuktighet (en)	['fuːktig‚het]
calor (m)	hetta (en)	['hɛta]
tórrido (adj)	het	['het]
está muito calor	det är hett	[dɛ æːr 'hɛt]
está calor	det är varmt	[dɛ æːr varmt]
quente (morno)	varm	['varm]
está frio	det är kallt	[dɛ æːr 'kalʲt]
frio (adj)	kall	['kalʲ]
sol (m)	sol (en)	['sʊlʲ]
brilhar (vi)	att skina	[at 'ɧina]
de sol, ensolarado	solig	['sʊlig]
nascer (vi)	att gå upp	[at 'go: 'up]
pôr-se (vr)	att gå ner	[at 'go: ‚ner]
nuvem (f)	moln (ett), sky (en)	['mɔlʲn], ['ɧy]
nublado (adj)	molnig	['mɔlʲnig]
nuvem (f) preta	regnmoln (ett)	['rɛgn‚mɔlʲn]
escuro, cinzento (adj)	mörk, mulen	['mœːrk], ['mʉːlʲen]
chuva (f)	regn (ett)	['rɛgn]
está a chover	det regnar	[dɛ 'rɛgnar]
chuvoso (adj)	regnväders-	['rɛgn‚vɛdəṣ-]
chuviscar (vi)	att duggregna	[at 'dug‚rɛgna]
chuva (f) torrencial	hällande regn (ett)	['hɛlʲandə 'rɛgn]
aguaceiro (m)	spöregn (ett)	['spøː‚rɛgn]
forte (chuva, etc.)	kraftigt, häftigt	['kraftigt], ['hɛftigt]
poça (f)	pöl, vattenpuss (en)	['pøːlʲ], ['vatən‚pus]
molhar-se (vr)	att bli våt	[at bli 'voːt]
nevoeiro (m)	dimma (en)	['dima]
de nevoeiro	dimmig	['dimig]
neve (f)	snö (en)	['snøː]
está nevando	det snöar	[dɛ 'snøːar]

207. Tempo extremo. Catástrofes naturais

trovoada (f)	åskväder (ett)	['ɔskˌvɛdər]
relâmpago (m)	blixt (en)	['blikst]
relampejar (vi)	att blixtra	[at 'blikstra]
trovão (m)	åska (en)	['ɔska]
trovejar (vi)	att åska	[at 'ɔska]
está trovejando	det åskar	[dɛ 'ɔskar]
granizo (m)	hagel (ett)	['hagəlʲ]
está caindo granizo	det haglar	[dɛ 'haglʲar]
inundar (vt)	att översvämma	[at 'ø:vəˌsvɛma]
inundação (f)	översvämning (en)	['ø:vəˌsvɛmniŋ]
terremoto (m)	jordskalv (ett)	['juːdˌskalv]
abalo, tremor (m)	skalv (ett)	['skalʲv]
epicentro (m)	epicentrum (ett)	[ɛpi'sɛntrum]
erupção (f)	utbrott (ett)	['ʉtˌbrɔt]
lava (f)	lava (en)	['lʲava]
tornado (m)	tromb (en)	['trɔmb]
tornado (m)	tornado (en)	[tʊ'ŋadʊ]
tufão (m)	tyfon (en)	[ty'fɔn]
furacão (m)	orkan (en)	[ɔr'kan]
tempestade (f)	storm (en)	['stɔrm]
tsunami (m)	tsunami (en)	[tsu'nami]
ciclone (m)	cyklon (en)	[tsʏ'klʲɔn]
mau tempo (m)	oväder (ett)	[ʊ:'vɛːdər]
incêndio (m)	brand (en)	['brand]
catástrofe (f)	katastrof (en)	[kata'strɔf]
meteorito (m)	meteorit (en)	[meteʊ'rit]
avalanche (f)	lavin (en)	[lʲa'vin]
deslizamento (m) de neve	snöskred, snöras (ett)	['snø:ˌskred], ['snø:ˌras]
nevasca (f)	snöstorm (en)	['snø:ˌstɔrm]
tempestade (f) de neve	snöstorm (en)	['snø:ˌstɔrm]

208. Ruídos. Sons

silêncio (m)	stillhet (en)	['stʏlʲˌhet]
som (m)	ljud (ett)	['jʉːd]
ruído, barulho (m)	stoj (ett)	['stɔj]
fazer barulho	att stoja	[at 'stoja]
ruidoso, barulhento (adj)	stojande	['stojandə]
alto	högt	['hœgt]
alto (ex. voz ~a)	hög	['hø:g]
constante (ruído, etc.)	konstant	[kɔn'stant]

grito (m)	skrik (ett)	['skrik]
gritar (vi)	att skrika	[at 'skrika]
sussurro (m)	viskning (en)	['visknin]
sussurrar (vi, vt)	att viska	[at 'viska]

latido (m)	skall (ett)	['skalʲ]
latir (vi)	att skälla	[at 'ɧɛlʲa]

gemido (m)	stön (ett)	['støːn]
gemer (vi)	att stöna	[at 'støːna]
tosse (f)	hosta (en)	['hʊsta]
tossir (vi)	att hosta	[at 'hʊsta]

assobio (m)	vissling (en)	['vislin]
assobiar (vi)	att vissla	[at 'vislʲa]
batida (f)	knackning (en)	['knaknin]
bater (à porta)	att knacka	[at 'knaka]

estalar (vi)	att spricka	[at 'sprika]
estalido (m)	spricka (en)	['sprika]

sirene (f)	siren (en)	[si'ren]
apito (m)	vissla (en)	['vislʲa]
apitar (vi)	att tuta	[at 'tʉːta]
buzina (f)	tuta (en)	['tʉːta]
buzinar (vi)	att tuta	[at 'tʉːta]

209. Inverno

inverno (m)	vinter (en)	['vintər]
de inverno	vinter-	['vintər-]
no inverno	på vintern	[pɔ 'vintərn]

neve (f)	snö (en)	['snøː]
está nevando	det snöar	[dɛ 'snøːar]
queda (f) de neve	snöfall (ett)	['snøːˌfalʲ]
amontoado (m) de neve	snödriva (en)	['snøːˌdriva]

floco (m) de neve	snöflinga (en)	['snøːˌflina]
bola (f) de neve	snöboll (en)	['snøːˌbɔlʲ]
boneco (m) de neve	snögubbe (en)	['snøːˌgubə]
sincelo (m)	istapp (en)	['isˌtap]

dezembro (m)	december (en)	[de'sɛmbər]
janeiro (m)	januari (en)	['januˌari]
fevereiro (m)	februari (en)	[fɛbru'ari]

gelo (m)	frost (en)	['frɔst]
gelado (tempo ~)	frostig	['frɔstig]

abaixo de zero	under noll	['undə ˌnɔlʲ]
primeira geada (f)	lätt frost (en)	[lʲæt frɔst]
geada (f) branca	rimfrost (en)	['rimˌfrɔst]
frio (m)	kyla (en)	['ɕylʲa]

está frio	**det är kallt**	[dɛ æːr 'kalʲt]
casaco (m) de pele	**päls (en)**	['pɛlʲs]
mitenes (f pl)	**vantar** (pl)	['vantar]
adoecer (vi)	**att bli sjuk**	[at bli 'ɧʉːk]
resfriado (m)	**förkylning (en)**	[før'ɕylʲniŋ]
ficar resfriado	**att bli förkyld**	[at bli før'ɕylʲd]
gelo (m)	**is (en)**	['is]
gelo (m) na estrada	**isbeläggning (en)**	['is,be'lʲɛgniŋ]
congelar-se (vr)	**att frysa till**	[at 'frysa tilʲ]
bloco (m) de gelo	**isflak (ett)**	['is,flʲak]
esqui (m)	**skidor** (pl)	['ɧidʊr]
esquiador (m)	**skidåkare (en)**	['ɧid,oːkarə]
esquiar (vi)	**att åka skidor**	[at 'oːka 'ɧidʊr]
patinar (vi)	**att åka skridskor**	[at 'oːka 'skri,skʊr]

Fauna

210. Mamíferos. Predadores

predador (m)	rovdjur (ett)	['rʊvˌjɵːr]
tigre (m)	tiger (en)	['tigər]
leão (m)	lejon (ett)	['lʲejɔn]
lobo (m)	ulv (en)	['ulʲv]
raposa (f)	räv (en)	['rɛːv]

jaguar (m)	jaguar (en)	[jaguar]
leopardo (m)	leopard (en)	[lʲeʊ'paːd]
chita (f)	gepard (en)	[je'paːd]

pantera (f)	panter (en)	['pantər]
puma (m)	puma (en)	['pɵːma]
leopardo-das-neves (m)	snöleopard (en)	['snøː lʲeʊ'paːd]
lince (m)	lodjur (ett), lo (en)	['lʲʊˌjɵːr], ['lʲʊ]

coiote (m)	koyot, prärievarg (en)	[kɔ'jʊt], ['præːrieˌvarj]
chacal (m)	sjakal (en)	[ɧa'kalʲ]
hiena (f)	hyena (en)	[hy'ena]

211. Animais selvagens

| animal (m) | djur (ett) | ['jɵːr] |
| besta (f) | best (en), djur (ett) | ['bɛst], ['jɵːr] |

esquilo (m)	ekorre (en)	['ɛkɔrə]
ouriço (m)	igelkott (en)	['igəlʲˌkɔt]
lebre (f)	hare (en)	['harə]
coelho (m)	kanin (en)	[ka'nin]

texugo (m)	grävling (en)	['grɛvliŋ]
guaxinim (m)	tvättbjörn (en)	['tvæt bjøːn]
hamster (m)	hamster (en)	['hamstər]
marmota (f)	murmeldjur (ett)	['murməlʲ jɵːr]

toupeira (f)	mullvad (en)	['mulʲ vad]
rato (m)	mus (en)	['mɵːs]
ratazana (f)	råtta (en)	['rɔta]
morcego (m)	fladdermus (en)	['flʲadər mɵːs]

arminho (m)	hermelin (en)	[hɛrme'lin]
zibelina (f)	sobel (en)	['sɔbəlʲ]
marta (f)	mård (en)	['mɔːd]
doninha (f)	vessla (en)	['vɛslʲa]
visom (m)	mink (en)	['miŋk]

| castor (m) | bäver (en) | ['bɛ:vər] |
| lontra (f) | utter (en) | ['ʉ:tər] |

cavalo (m)	häst (en)	['hɛst]
alce (m)	älg (en)	['ɛlj]
veado (m)	hjort (en)	['jʊ:t]
camelo (m)	kamel (en)	[kaˈmelʲ]

bisão (m)	bison (en)	['bisɔn]
auroque (m)	uroxe (en)	['ʉ̩rɔksə]
búfalo (m)	buffel (en)	['bufəlʲ]

zebra (f)	sebra (en)	['sebra]
antílope (m)	antilop (en)	[antiˈlʲʊp]
corça (f)	rådjur (ett)	['rɔ:ʝʉ:r]
gamo (m)	dovhjort (en)	['dɔvˌjʊ:t]
camurça (f)	gems (en)	['jɛms]
javali (m)	vildsvin (ett)	['vilʲdˌsvin]

baleia (f)	val (en)	['valʲ]
foca (f)	säl (en)	['sɛ:lʲ]
morsa (f)	valross (en)	['valʲˌrɔs]
urso-marinho (m)	pälssäl (en)	['pɛlʲsˌsɛlʲ]
golfinho (m)	delfin (en)	[dɛlʲˈfin]

urso (m)	björn (en)	['bjø:ɳ]
urso (m) polar	isbjörn (en)	['isˌbjø:ɳ]
panda (m)	panda (en)	['panda]

macaco (m)	apa (en)	['apa]
chimpanzé (m)	schimpans (en)	[ɧimˈpans]
orangotango (m)	orangutang (en)	[ʊˈraŋgʊˌtaŋ]
gorila (m)	gorilla (en)	[gɔˈrilʲa]
macaco (m)	makak (en)	[maˈkak]
gibão (m)	gibbon (en)	[giˈbʊn]

elefante (m)	elefant (en)	[ɛlʲeˈfant]
rinoceronte (m)	noshörning (en)	['nʊsˌhø:ɳiŋ]
girafa (f)	giraff (en)	[ɧiˈraf]
hipopótamo (m)	flodhäst (en)	['flʲʊdˌhɛst]

| canguru (m) | känguru (en) | ['ɕɛngurʊ] |
| coala (m) | koala (en) | [kʊˈalʲa] |

mangusto (m)	mangust, mungo (en)	['mangust], ['muŋgʊ]
chinchila (f)	chinchilla (en)	[ɧinˈɧilʲa]
cangambá (f)	skunk (en)	['skuŋk]
porco-espinho (m)	piggsvin (ett)	['pigˌsvin]

212. Animais domésticos

gata (f)	katt (en)	['kat]
gato (m) macho	hankatt (en)	['hanˌkat]
cão (m)	hund (en)	['hund]

cavalo (m)	häst (en)	['hɛst]
garanhão (m)	hingst (en)	['hiŋst]
égua (f)	sto (ett)	['stʉ:]

vaca (f)	ko (en)	['kɔ:]
touro (m)	tjur (en)	['ɕʉ:r]
boi (m)	oxe (en)	['ʊksə]

ovelha (f)	får (ett)	['fo:r]
carneiro (m)	bagge (en)	['bagə]
cabra (f)	get (en)	['jet]
bode (m)	getabock (en)	['jeta‚bɔk]

| burro (m) | åsna (en) | ['ɔsna] |
| mula (f) | mula (en) | ['mʉlʲa] |

porco (m)	svin (ett)	['svin]
leitão (m)	griskulting (en)	['gris‚kulʲtiŋ]
coelho (m)	kanin (en)	[ka'nin]

| galinha (f) | höna (en) | ['hø:na] |
| galo (m) | tupp (en) | ['tup] |

pata (f), pato (m)	anka (en)	['aŋka]
pato (m)	andrik, andrake (en)	['andrik], ['andrakə]
ganso (m)	gås (en)	['go:s]

| peru (m) | kalkontupp (en) | [kalʲ'kʊn‚tup] |
| perua (f) | kalkonhöna (en) | [kalʲ'kʊn‚hø:na] |

animais (m pl) domésticos	husdjur (pl)	['hʉsˌjʉ:r]
domesticado (adj)	tam	['tam]
domesticar (vt)	att tämja	[at 'tɛmja]
criar (vt)	att avla, att föda upp	[at 'avlʲa], [at 'fø:da up]

fazenda (f)	farm, lantgård (en)	[farm], ['lʲant‚go:d]
aves (f pl) domésticas	fjäderfä (ett)	['fjɛːdər‚fɛ:]
gado (m)	boskap (en)	['bʊskap]
rebanho (m), manada (f)	hjord (en)	['jʊ:d]

estábulo (m)	stall (ett)	['stalʲ]
chiqueiro (m)	svinstia (en)	['svin‚stia]
estábulo (m)	ladugård (en), kostall (ett)	['lʲadʉ‚go:d], ['kostalʲ]
coelheira (f)	kaninbur (en)	[ka'nin‚bʉ:r]
galinheiro (m)	hönshus (ett)	['hø:ns‚hʉs]

213. Cães. Raças de cães

cão (m)	hund (en)	['hund]
cão pastor (m)	vallhund (en)	['valʲ‚hund]
pastor-alemão (m)	tysk schäferhund (en)	['tʏsk 'ʃɛfər‚hund]
poodle (m)	pudel (en)	['pʉ:dəlʲ]
linguicinha (m)	tax (en)	['taks]
buldogue (m)	bulldogg (en)	['bulʲ‚dɔg]

boxer (m)	boxare (en)	['bʊksarə]
mastim (m)	mastiff (en)	[mas'tif]
rottweiler (m)	rottweiler (en)	['rɔtˌvejlʲer]
dóberman (m)	dobermann (en)	['dɔbɛrman]

basset (m)	basset (en)	['basɛt]
pastor inglês (m)	bobtail (en)	['bʊbtɛjlʲ]
dálmata (m)	dalmatiner (en)	[dalʲma'tinər]
cocker spaniel (m)	cocker spaniel (en)	['kɔker ˌspaniəlʲ]

| terra-nova (m) | newfoundland (en) | [nju'faʊndˌlʲend] |
| são-bernardo (m) | sankt bernhardshund (en) | ['saŋkt 'bɛ:ɳa:dʂˌhund] |

husky (m) siberiano	husky (en)	['haski]
Chow-chow (m)	chow chow (en)	['tʃaʊ tʃaʊ]
spitz alemão (m)	spets (en)	['spets]
pug (m)	mops (en)	['mɔps]

214. Sons produzidos pelos animais

latido (m)	skall (ett)	['skalʲ]
latir (vi)	att skälla	[at 'ɧɛlʲa]
miar (vi)	att jama	[at 'jama]
ronronar (vi)	att spinna	[at 'spina]

mugir (vaca)	att råma	[at 'ro:ma]
bramir (touro)	att ryta	[at 'ryta]
rosnar (vi)	att morra	[at 'mo:ra]

uivo (m)	yl (ett)	['ylʲ]
uivar (vi)	att yla	[at 'ylʲa]
ganir (vi)	att gnälla	[at 'gnɛlʲa]

balir (vi)	att bräka	[at 'brɛ:ka]
grunhir (vi)	att grymta	[at 'grʏmta]
guinchar (vi)	att skrika	[at 'skrika]

coaxar (sapo)	att kväka	[at 'kvɛ:ka]
zumbir (inseto)	att surra	[at 'sura]
ziziar (vi)	att gnissla	[at 'gnislʲa]

215. Animais jovens

cria (f), filhote (m)	unge (en)	['uŋə]
gatinho (m)	kattunge (en)	['katˌuŋə]
ratinho (m)	musunge (en)	['mʉ:sˌuŋə]
cachorro (m)	valp (en)	['valʲp]

filhote (m) de lebre	harunge (en)	['harˌuŋə]
coelhinho (m)	kaninunge (en)	[ka'ninˌuŋə]
lobinho (m)	ulvunge (en)	['ulʲvˌuŋə]
filhote (m) de raposa	rävunge (en)	['rɛ:vˌuŋə]

filhote (m) de urso	björnunge (en)	['bjø:ɳˌuŋə]
filhote (m) de leão	lejonunge (en)	['lʲejonˌuŋə]
filhote (m) de tigre	tigerunge (en)	['tigərˌuŋə]
filhote (m) de elefante	elefantunge (en)	[ɛlʲe'fantˌuŋə]

leitão (m)	griskulting (en)	['grisˌkulʲtiŋ]
bezerro (m)	kalv (en)	['kalʲv]
cabrito (m)	killing (en)	['ɕiliŋ]
cordeiro (m)	lamm (ett)	['lʲam]
filhote (m) de veado	hjortkalv (en)	['jʊ:ṭˌkalʲv]
cria (f) de camelo	kamelunge (en)	[ka'melʲˌuŋə]

filhote (m) de serpente	ormunge (en)	['ʊrmˌuŋə]
filhote (m) de rã	grodunge (en)	['grʊdˌuŋə]

cria (f) de ave	fågelunge (en)	['fo:gəlʲˌuŋə]
pinto (m)	kyckling (en)	['ɕykliŋ]
patinho (m)	ankunge (en)	['aŋkˌuŋə]

216. Pássaros

pássaro (m), ave (f)	fågel (en)	['fo:gəlʲ]
pombo (m)	duva (en)	['dʉ:va]
pardal (m)	sparv (en)	['sparv]
chapim-real (m)	talgoxe (en)	['taljʊksə]
pega-rabuda (f)	skata (en)	['skata]

corvo (m)	korp (en)	['kɔrp]
gralha-cinzenta (f)	kråka (en)	['kro:ka]
gralha-de-nuca-cinzenta (f)	kaja (en)	['kaja]
gralha-calva (f)	råka (en)	['ro:ka]

pato (m)	anka (en)	['aŋka]
ganso (m)	gås (en)	['go:s]
faisão (m)	fasan (en)	[fa'san]

águia (f)	örn (en)	['ø:ɳ]
açor (m)	hök (en)	['hø:k]
falcão (m)	falk (en)	['falʲk]
abutre (m)	gam (en)	['gam]
condor (m)	kondor (en)	['konˌdor]

cisne (m)	svan (en)	['svan]
grou (m)	trana (en)	['trana]
cegonha (f)	stork (en)	['stɔrk]

papagaio (m)	papegoja (en)	[pape'gɔja]
beija-flor (m)	kolibri (en)	['kolibri]
pavão (m)	påfågel (en)	['po:ˌfo:gəlʲ]

avestruz (m)	struts (en)	['struts]
garça (f)	häger (en)	['hɛ:gər]
flamingo (m)	flamingo (en)	[flʲa'mingɔ]
pelicano (m)	pelikan (en)	[peli'kan]

| rouxinol (m) | näktergal (en) | ['nɛktəˌgalʲ] |
| andorinha (f) | svala (en) | ['svalʲa] |

tordo-zornal (m)	trast (en)	['trast]
tordo-músico (m)	sångtrast (en)	['sɔŋˌtrast]
melro-preto (m)	koltrast (en)	['kɔlʲˌtrast]

andorinhão (m)	tornseglare, tornsvala (en)	['tʊːɳˌseglarə], ['tʊːɳˌsvalʲa]
cotovia (f)	lärka (en)	['lʲæːrka]
codorna (f)	vaktel (en)	['vaktəlʲ]

pica-pau (m)	hackspett (en)	['hakˌspet]
cuco (m)	gök (en)	['jøːk]
coruja (f)	uggla (en)	['uglʲa]
bufo-real (m)	berguv (en)	['bɛrjˌʉːv]
tetraz-grande (m)	tjäder (en)	['ɕɛːdər]
tetraz-lira (m)	orre (en)	['ɔrə]
perdiz-cinzenta (f)	rapphöna (en)	['rapˌhøːna]

estorninho (m)	stare (en)	['starə]
canário (m)	kanariefågel (en)	[ka'narieˌfoːgəlʲ]
galinha-do-mato (f)	järpe (en)	['jæːrpə]
tentilhão (m)	bofink (en)	['bʊˌfiŋk]
dom-fafe (m)	domherre (en)	['dʊmhɛrə]

gaivota (f)	mås (en)	['moːs]
albatroz (m)	albatross (en)	['alʲbaˌtrɔs]
pinguim (m)	pingvin (en)	[piŋ'vin]

217. Pássaros. Canto e sons

cantar (vi)	att sjunga	[at 'ɧuːŋa]
gritar, chamar (vi)	att skrika	[at 'skrika]
cantar (o galo)	att gala	[at 'galʲa]
cocorocó (m)	kuckeliku	[kʉkeli'kʉː]

cacarejar (vi)	att kackla	[at 'kaklʲa]
crocitar (vi)	att kraxa	[at 'kraksa]
grasnar (vi)	att snattra	[at 'snatra]
piar (vi)	att pipa	[at 'pipa]
chilrear, gorjear (vi)	att kvittra	[at 'kvitra]

218. Peixes. Animais marinhos

brema (f)	brax (en)	['braks]
carpa (f)	karp (en)	['karp]
perca (f)	ábborre (en)	['abɔrə]
siluro (m)	mal (en)	['malʲ]
lúcio (m)	gädda (en)	['jɛda]

| salmão (m) | lax (en) | ['lʲaks] |
| esturjão (m) | stör (en) | ['støːr] |

arenque (m)	sill (en)	['silʲ]
salmão (m) do Atlântico	atlanterhavslax (en)	[at'lantərhav‚lʲaks]
cavala, sarda (f)	makrill (en)	['makrilʲ]
solha (f), linguado (m)	rödspätta (en)	['rø:d‚spæta]

lúcio perca (m)	gös (en)	['jø:s]
bacalhau (m)	torsk (en)	['tɔ:ʂk]
atum (m)	tonfisk (en)	['tʉn‚fisk]
truta (f)	öring (en)	['ø:riŋ]

enguia (f)	ål (en)	['o:lʲ]
raia (f) elétrica	elektrisk rocka (en)	[ɛ'lʲektrisk‚rɔka]
moreia (f)	muräna (en)	[mʉ'rɛna]
piranha (f)	piraya (en)	[pi'raja]

tubarão (m)	haj (en)	['haj]
golfinho (m)	delfin (en)	[dɛlʲ'fin]
baleia (f)	val (en)	['valʲ]

caranguejo (m)	krabba (en)	['kraba]
água-viva (f)	manet, medusa (en)	[ma'net], [me'dʉsa]
polvo (m)	bläckfisk (en)	['blʲɛk‚fisk]

estrela-do-mar (f)	sjöstjärna (en)	['ɧø:‚ɧæ:ɳa]
ouriço-do-mar (m)	sjöpiggsvin (ett)	['ɧø:‚pigsvin]
cavalo-marinho (m)	sjöhäst (en)	['ɧø:‚hɛst]

ostra (f)	ostron (ett)	['ʊstrʊn]
camarão (m)	räka (en)	['rɛ:ka]
lagosta (f)	hummer (en)	['humər]
lagosta (f)	languster (en)	[lʲaŋ'gustər]

219. Anfíbios. Répteis

| cobra (f) | orm (en) | ['ʊrm] |
| venenoso (adj) | giftig | ['jiftig] |

víbora (f)	huggorm (en)	['hʉg‚ʊrm]
naja (f)	kobra (en)	['kɔbra]
píton (m)	pytonorm (en)	[py'tɔn‚ʊrm]
jiboia (f)	boaorm (en)	['bʊa‚ʊrm]

cobra-de-água (f)	snok (en)	['snʊk]
cascavel (f)	skallerorm (en)	['skalʲer‚ʊrm]
anaconda (f)	anaconda (en)	[ana'kɔnda]

lagarto (m)	ödla (en)	['ødlʲa]
iguana (f)	iguana (en)	[igu'ana]
varano (m)	varan (en)	[va'ran]
salamandra (f)	salamander (en)	[salʲa'mandər]
camaleão (m)	kameleont (en)	[kamelʲe'ɔnt]
escorpião (m)	skorpion (en)	[skɔrpi'ʊn]
tartaruga (f)	sköldpadda (en)	['ɧœlʲd‚pada]
rã (f)	groda (en)	['grʊda]

| sapo (m) | padda (en) | ['pada] |
| crocodilo (m) | krokodil (en) | [krɔkɔ'dilʲ] |

220. Insetos

inseto (m)	insekt (en)	['insɛkt]
borboleta (f)	fjäril (en)	['fʲæːrilʲ]
formiga (f)	myra (en)	['myra]
mosca (f)	fluga (en)	['fluːga]
mosquito (m)	mygga (en)	['mɣga]
escaravelho (m)	skalbagge (en)	['skalʲˌbagə]

vespa (f)	geting (en)	['jɛtiŋ]
abelha (f)	bi (ett)	['bi]
mamangaba (f)	humla (en)	['humlʲa]
moscardo (m)	styngfluga (en)	['stɣŋˌfluːga]

| aranha (f) | spindel (en) | ['spindəlʲ] |
| teia (f) de aranha | spindelnät (ett) | ['spindəlˌnɛːt] |

libélula (f)	trollslända (en)	['trɔlʲˌslʲɛnda]
gafanhoto (m)	gräshoppa (en)	['grɛsˌhɔpa]
traça (f)	nattfjäril (en)	['natˌfʲæːrilʲ]

barata (f)	kackerlacka (en)	['kakɛːˌlʲaka]
carrapato (m)	fästing (en)	['fɛstiŋ]
pulga (f)	loppa (en)	['lʲɔpa]
borrachudo (m)	knott (ett)	['knot]

gafanhoto (m)	vandringsgräshoppa (en)	['vandriŋˌgrɛs'hɔparə]
caracol (m)	snigel (en)	['snigəlʲ]
grilo (m)	syrsa (en)	['sɣʂa]
pirilampo, vaga-lume (m)	lysmask (en)	['lʲysˌmask]
joaninha (f)	nyckelpiga (en)	['nɣkəlʲˌpiga]
besouro (m)	ollonborre (en)	['ɔlʲɔnˌbɔrə]

sanguessuga (f)	igel (en)	['iːgəlʲ]
lagarta (f)	fjärilslarv (en)	['fʲæːrilʲsˌlʲarv]
minhoca (f)	daggmask (en)	['dagˌmask]
larva (f)	larv (en)	['lʲarv]

221. Animais. Partes do corpo

bico (m)	näbb (ett)	['nɛb]
asas (f pl)	vingar (pl)	['viŋar]
pata (f)	fot (en)	['fut]
plumagem (f)	fjäderdräkt (en)	['fʲɛːdəˌdrɛkt]
pena, pluma (f)	fjäder (en)	['fʲɛːdər]
crista (f)	tofs (en)	['tɔfs]

| brânquias, guelras (f pl) | gälar (pl) | ['jɛːˌlʲar] |
| ovas (f pl) | rom (en), ägg (pl) | ['rɔm], ['ɛg] |

larva (f)	larv (en)	['lʲarv]
barbatana (f)	fena (en)	['fena]
escama (f)	fjäll (ett)	['fʲælʲ]

presa (f)	hörntand (en)	['hø:n̩ˌtand]
pata (f)	tass (en)	['tas]
focinho (m)	mule (en)	['mʉlʲe]
boca (f)	gap (ett)	['gap]
cauda (f), rabo (m)	svans (en)	['svans]
bigodes (m pl)	morrhår (ett)	['mɔrˌhɔ:r]

| casco (m) | klöv, hov (en) | ['klø:v], ['hɔ:v] |
| corno (m) | horn (ett) | ['hʊ:n̩] |

carapaça (f)	ryggsköld (en)	['rʏgˌɧœlʲd]
concha (f)	skal (ett)	['skalʲ]
casca (f) de ovo	äggskal (ett)	['ɛgˌskalʲ]

| pelo (m) | päls (en) | ['pɛlʲs] |
| pele (f), couro (m) | skinn (ett) | ['ɧin] |

222. Ações dos animais

| voar (vi) | att flyga | [at 'flʲyga] |
| dar voltas | att kretsa | [at 'krɛtsa] |

| voar (para longe) | att flyga bort | [at 'flʲyga ˌbɔ:t] |
| bater as asas | att flaxa | [at 'flʲaksa] |

| bicar (vi) | att picka | [at 'pika] |
| incubar (vt) | att kläcka ägg | [at 'klʲɛka 'ɛg] |

| sair do ovo | att kläckas | [at 'klʲɛkas] |
| fazer o ninho | att bygga boet | [at 'bɣga 'boət] |

rastejar (vi)	att krypa	[at 'krypa]
picar (vt)	att sticka	[at 'stika]
morder (cachorro, etc.)	att bita	[at 'bita]

cheirar (vt)	att sniffa	[at 'snifa]
latir (vi)	att skälla	[at 'ɧɛlʲa]
silvar (vi)	att väsa	[at 'vɛ:sa]

| assustar (vt) | att skrämma | [at 'skrɛma] |
| atacar (vt) | att överfalla | [at 'ø:vəˌfalʲa] |

roer (vt)	att gnaga	[at 'gnaga]
arranhar (vt)	att klösa	[at 'klʲø:sa]
esconder-se (vr)	att gömma sig	[at 'jœma sɛj]

brincar (vi)	att leka	[at 'lʲeka]
caçar (vi)	att jaga	[at 'jaga]
hibernar (vi)	att gå i dvala	[at 'go: i 'dvala]
extinguir-se (vr)	att dö ut	[at 'dø: ʉt]

223. Animais. Habitats

hábitat (m)	habitat	[habi'tat]
migração (f)	migration (en)	[migra'ɧʊn]
montanha (f)	berg (ett)	['bɛrj]
recife (m)	rev (ett)	['rev]
falésia (f)	klippa (en)	['klipa]
floresta (f)	skog (en)	['skʊg]
selva (f)	djungel (en)	['juŋəlʲ]
savana (f)	savann (en)	[sa'van]
tundra (f)	tundra (en)	['tundra]
estepe (f)	stäpp (en)	['stɛp]
deserto (m)	öken (en)	['øːkən]
oásis (m)	oas (en)	[ɔ'as]
mar (m)	hav (ett)	['hav]
lago (m)	sjö (en)	['ɧøː]
oceano (m)	ocean (en)	[ʊsə'an]
pântano (m)	träsk (ett), myr (en)	['trɛsk], ['myr]
de água doce	sötvattens-	['søːtˌvatəns-]
lagoa (f)	damm (en)	['dam]
rio (m)	älv, flod (en)	['ɛlʲv], ['flʲʊd]
toca (f) do urso	ide (ett)	['ide]
ninho (m)	bo (ett)	['bʊ]
buraco (m) de árvore	trädhål (ett)	['trɛːdˌhoːlʲ]
toca (f)	lya, håla (en)	['lʲya], ['hoːlʲa]
formigueiro (m)	myrstack (en)	['myrˌstak]

224. Cuidados com os animais

jardim (m) zoológico	zoo (ett)	['sʊː]
reserva (f) natural	naturreservat (ett)	[na'tʉːr resɛr'vat]
viveiro (m)	uppfödare (en)	['upˌføːdarə]
jaula (f) de ar livre	voljär (en)	[vɔ'ljær]
jaula, gaiola (f)	bur (en)	['bʉːr]
casinha (f) de cachorro	hundkoja (en)	['hundˌkɔja]
pombal (m)	duvslag (ett)	['dʉvˌslʲag]
aquário (m)	akvarium (ett)	[a'kvarium]
delfinário (m)	delfinarium (ett)	[dɛlʲfi'narium]
criar (vt)	att avla, att föda upp	[at 'avlʲa], [at 'føːda up]
cria (f)	kull (en)	['kulʲ]
domesticar (vt)	att tämja	[at 'tɛmja]
adestrar (vt)	att dressera	[at drɛ'sera]
ração (f)	foder (ett)	['fʊdər]
alimentar (vt)	att utfodra	[at 'ʉtˌfɔːdra]

loja (f) de animais	djuraffär (en)	['jʉːra'fæːr]
focinheira (m)	munkorg (ett)	['muŋˌkɔrj]
coleira (f)	halsband (ett)	['halˡsˌband]
nome (do animal)	namn (ett)	['namn]
pedigree (m)	stamtavla (en)	['stamˌtavlˡa]

225. Animais. Diversos

alcateia (f)	flock (en)	['flˡɔk]
bando (pássaros)	flock (en)	['flˡɔk]
cardume (peixes)	stim (ett)	['stim]
manada (cavalos)	hjord (en)	['jʉːɖ]

| macho (m) | hane (en) | ['hanə] |
| fêmea (f) | hona (en) | ['hʊna] |

faminto (adj)	hungrig	['huŋrig]
selvagem (adj)	vild	['vilˡd]
perigoso (adj)	farlig	['faːlˡig]

226. Cavalos

| cavalo (m) | häst (en) | ['hɛst] |
| raça (f) | ras (en) | ['ras] |

| potro (m) | föl (ett) | ['føːlˡ] |
| égua (f) | sto (ett) | ['stʊː] |

mustangue (m)	mustang (en)	[mʉ'staŋ]
pônei (m)	ponny (en)	['pɔni]
cavalo (m) de tiro	kallblodshäst (en)	['kalˡblˡʊdˌhɛst]

| crina (f) | man (en) | ['man] |
| rabo (m) | svans (en) | ['svans] |

casco (m)	hov (en)	['hɔːv]
ferradura (f)	hästsko (en)	['hɛstˌskʊ]
ferrar (vt)	att sko	[at 'skʊː]
ferreiro (m)	smed (en)	['smed]

sela (f)	sadel (en)	['sadəlˡ]
estribo (m)	stigbygel (en)	['stigˌbygəlˡ]
brida (f)	betsel (ett)	['bɛtsəlˡ]
rédeas (f pl)	tömmar (pl)	['tœmar]
chicote (m)	piska (en)	['piska]

cavaleiro (m)	ryttare (en)	['rytarə]
colocar sela	att sadla	[at 'sadlˡa]
montar no cavalo	att stiga till häst	[at 'stiga tilˡ 'hɛst]

| galope (m) | galopp (en) | [ga'lˡɔp] |
| galopar (vi) | att galoppera | [at galˡo'pera] |

trote (m)	trav (ett)	['trav]
a trote	i trav	[i 'trav]
ir a trote	att trava	[at 'trava]
cavalo (m) de corrida	kapplöpningshäst (en)	['kap‚lœpniŋs 'hɛst]
corridas (f pl)	hästkapplöpning (en)	['hɛst‚kap'l‚œpniŋ]
estábulo (m)	stall (ett)	['staǀ']
alimentar (vt)	att utfodra	[at 'ʉt‚fɔ:dra]
feno (m)	hö (ett)	['hø:]
dar água	att vattna	[at 'vatna]
limpar (vt)	att borsta	[at 'bɔ:ʂta]
carroça (f)	kärra (en)	['ɕæ:ra]
pastar (vi)	att beta	[at 'beta]
relinchar (vi)	att gnägga	[at 'gnɛga]
dar um coice	att sparka bakut	[at 'sparka ‚bakʉt]

Flora

227. Árvores

árvore (f)	träd (ett)	['trɛ:d]
decídua (adj)	löv-	['lʲø:v-]
conífera (adj)	barr-	['bar-]
perene (adj)	eviggrönt	['ɛviˌɡrœnt]

macieira (f)	äppelträd (ett)	['ɛpelʲˌtrɛd]
pereira (f)	päronträd (ett)	['pæ:ronˌtrɛd]
cerejeira (f)	fågelbärsträd (ett)	['fo:ɡelʲbæ:ʂˌtrɛd]
ginjeira (f)	körsbärsträd (ett)	['ɕø:ʂbæ:ʂˌtrɛd]
ameixeira (f)	plommonträd (ett)	['plʲumɔnˌtrɛd]

bétula (f)	björk (en)	['bjœrk]
carvalho (m)	ek (en)	['ɛk]
tília (f)	lind (en)	['lind]
choupo-tremedor (m)	asp (en)	['asp]
bordo (m)	lönn (en)	['lʲøn]
espruce (m)	gran (en)	['ɡran]
pinheiro (m)	tall (en)	['talʲ]
alerce, lariço (m)	lärk (en)	['lʲæ:rk]
abeto (m)	silvergran (en)	['silʲvərˌɡran]
cedro (m)	ceder (en)	['sedər]

choupo, álamo (m)	poppel (en)	['pɔpəlʲ]
tramazeira (f)	rönn (en)	['rœn]
salgueiro (m)	pil (en)	['pilʲ]
amieiro (m)	al (en)	['alʲ]
faia (f)	bok (en)	['buk]
ulmeiro, olmo (m)	alm (en)	['alʲm]
freixo (m)	ask (en)	['ask]
castanheiro (m)	kastanjeträd (ett)	[ka'stanjeˌtrɛd]

magnólia (f)	magnolia (en)	[maŋ'nulia]
palmeira (f)	palm (en)	['palʲm]
cipreste (m)	cypress (en)	[sɣ'prɛs]

mangue (m)	mangroveträd (ett)	[maŋ'rɔvəˌtrɛd]
embondeiro, baobá (m)	apbrödsträd (ett)	['apbrødsˌtrɛd]
eucalipto (m)	eukalyptus (en)	[euka'lʲyptʉs]
sequoia (f)	sequoia (en)	[sek'vɔja]

228. Arbustos

arbusto (m)	buske (en)	['buskə]
arbusto (m), moita (f)	buske (en)	['buskə]

| videira (f) | vinranka (en) | ['vin,raŋka] |
| vinhedo (m) | vingård (en) | ['vin,goːd̦] |

framboeseira (f)	hallonsnår (ett)	['halʲɔn,snoːr]
groselheira-negra (f)	svarta vinbär (ett)	['svaːʈa 'vinbæːr]
groselheira-vermelha (f)	röd vinbärsbuske (en)	['røːd 'vinbæːʂ,buskə]
groselheira (f) espinhosa	krusbärsbuske (en)	['kruːsbæːʂ,buskə]

acácia (f)	akacia (en)	[a'kasia]
bérberis (f)	berberis (en)	['bɛrberis]
jasmim (m)	jasmin (en)	[has'min]

junípero (m)	en (en)	['en]
roseira (f)	rosenbuske (en)	['rusən,buskə]
roseira (f) brava	stenros, hundros (en)	['stenrus], ['hundrus]

229. Cogumelos

cogumelo (m)	svamp (en)	['svamp]
cogumelo (m) comestível	matsvamp (en)	['mat,svamp]
cogumelo (m) venenoso	giftig svamp (en)	['jiftig ,svamp]
chapéu (m)	hatt (en)	['hat]
pé, caule (m)	fot (en)	['fut]

boleto, porcino (m)	stensopp (en)	['sten,sɔp]
boleto (m) alaranjado	aspsopp (en)	['asp,sɔp]
boleto (m) de bétula	björksopp (en)	['bjœrk,sɔp]
cantarelo (m)	kantarell (en)	[kanta'rɛlʲ]
rússula (f)	kremla (en)	['krɛmlʲa]

morchella (f)	murkla (en)	['muːrklʲa]
agário-das-moscas (m)	flugsvamp (en)	['fluːg,svamp]
cicuta (f) verde	lömsk flugsvamp (en)	['lʲømsk 'fluːg,svamp]

230. Frutos. Bagas

fruta (f)	frukt (en)	['frukt]
frutas (f pl)	frukter (pl)	['fruktər]
maçã (f)	äpple (ett)	['ɛplʲe]
pera (f)	päron (ett)	['pæːrɔn]
ameixa (f)	plommon (ett)	['plʲumɔn]

morango (m)	jordgubbe (en)	['juːd̦,gubə]
ginja (f)	körsbär (ett)	['çøːʂ,bæːr]
cereja (f)	fågelbär (ett)	['foːgəlʲ,bæːr]
uva (f)	druva (en)	['druːva]

framboesa (f)	hallon (ett)	['halʲɔn]
groselha (f) negra	svarta vinbär (ett)	['svaːʈa 'vinbæːr]
groselha (f) vermelha	röda vinbär (ett)	['røːda 'vinbæːr]
groselha (f) espinhosa	krusbär (ett)	['kruːs,bæːr]
oxicoco (m)	tranbär (ett)	['tran,bæːr]

laranja (f)	apelsin (en)	[apɛlʲ'sin]
tangerina (f)	mandarin (en)	[manda'rin]
abacaxi (m)	ananas (en)	['ananas]
banana (f)	banan (en)	['banan]
tâmara (f)	dadel (en)	['dadəlʲ]

limão (m)	citron (en)	[si'trʊn]
damasco (m)	aprikos (en)	[apri'kʊs]
pêssego (m)	persika (en)	['pɛʂika]
quiuí (m)	kiwi (en)	['kivi]
toranja (f)	grapefrukt (en)	['grɛjp‚frʉkt]

baga (f)	bär (ett)	['bæ:r]
bagas (f pl)	bär (pl)	['bæ:r]
arando (m) vermelho	lingon (ett)	['liŋɔn]
morango-silvestre (m)	skogssmultron (ett)	['skʊgs‚smulʲtrɔ:n]
mirtilo (m)	blåbär (ett)	['blʲo:‚bæ:r]

231. Flores. Plantas

| flor (f) | blomma (en) | ['blʲʊma] |
| buquê (m) de flores | bukett (en) | [bʉ'kɛt] |

rosa (f)	ros (en)	['rʊs]
tulipa (f)	tulpan (en)	[tulʲ'pan]
cravo (m)	nejlika (en)	['nɛjlika]
gladíolo (m)	gladiolus (en)	[glʲadi'ɔlʉ:s]

centáurea (f)	blåklint (en)	['blʲo:‚klint]
campainha (f)	blåklocka (en)	['blʲo:‚klʲɔka]
dente-de-leão (m)	maskros (en)	['maskrʊs]
camomila (f)	kamomill (en)	[kamɔ'milʲ]

aloé (m)	aloe (en)	['alʲʊe]
cacto (m)	kaktus (en)	['kaktus]
fícus (m)	fikus (en)	['fikus]

lírio (m)	lilja (en)	['lilja]
gerânio (m)	geranium (en)	[je'ranium]
jacinto (m)	hyacint (en)	[hya'sint]

mimosa (f)	mimosa (en)	[mi'mɔ:sa]
narciso (m)	narciss (en)	[nar'sis]
capuchinha (f)	blomsterkrasse (en)	['blʲɔmstər‚krasə]

orquídea (f)	orkidé (en)	[ɔrki'de:]
peônia (f)	pion (en)	[pi'ʊn]
violeta (f)	viol (en)	[vi'ʊlʲ]

amor-perfeito (m)	styvmorsviol (en)	['styvmʊrs vi'ʊlʲ]
não-me-esqueças (m)	förgätmigej (en)	[fø‚rʲæt mi 'gej]
margarida (f)	tusensköna (en)	['tʉ:sən‚ɧø:na]
papoula (f)	vallmo (en)	['valʲmʊ]
cânhamo (m)	hampa (en)	['hampa]

hortelã, menta (f)	mynta (en)	['mʏnta]
lírio-do-vale (m)	liljekonvalje (en)	['lilje kʊn 'valjə]
campânula-branca (f)	snödropp (en)	['snø:ˌdrɔp]

urtiga (f)	nässla (en)	['nɛslʲa]
azedinha (f)	syra (en)	['syra]
nenúfar (m)	näckros (en)	['nɛkrʊs]
samambaia (f)	ormbunke (en)	['ʊrmˌbuŋkə]
líquen (m)	lav (en)	['lʲav]

estufa (f)	drivhus (ett)	['drivˌhʉs]
gramado (m)	gräsplan, gräsmatta (en)	['grɛsˌplan], ['grɛsˌmata]
canteiro (m) de flores	blomsterrabatt (en)	['blʲomstərˌrabat]

planta (f)	växt (en)	['vɛkst]
grama (f)	gräs (ett)	['grɛ:s]
folha (f) de grama	grässtrå (ett)	['grɛ:sˌstro:]

folha (f)	löv (ett)	['lʲø:v]
pétala (f)	kronblad (ett)	['krɔnˌblʲad]
talo (m)	stjälk (en)	['fjɛlʲk]
tubérculo (m)	rotknöl (en)	['rʊtˌknø:lʲ]

broto, rebento (m)	ung planta (en)	['uŋ 'planta]
espinho (m)	törne (ett)	['tø:ŋə]

florescer (vi)	att blomma	[at 'blʲʊma]
murchar (vi)	att vissna	[at 'visna]
cheiro (m)	lukt (en)	['lʉkt]
cortar (flores)	att skära av	[at 'fjæ:ra av]
colher (uma flor)	att plocka	[at 'plʲɔka]

232. Cereais, grãos

grão (m)	korn, spannmål (ett)	['kʊ:ŋ], ['spanˌmo:lʲ]
cereais (plantas)	spannmål (ett)	['spanˌmo:lʲ]
espiga (f)	ax (ett)	['aks]

trigo (m)	vete (ett)	['vetə]
centeio (m)	råg (en)	['ro:g]
aveia (f)	havre (en)	['havrə]

painço (m)	hirs (en)	['hyʂ]
cevada (f)	korn (ett)	['kʊ:ŋ]

milho (m)	majs (en)	['majs]
arroz (m)	ris (ett)	['ris]
trigo-sarraceno (m)	bovete (ett)	['bʊˌvetə]

ervilha (f)	ärt (en)	['æ:t]
feijão (m) roxo	böna (en)	['bøna]
soja (f)	soja (en)	['sɔja]
lentilha (f)	lins (en)	['lins]
feijão (m)	bönor (pl)	['bønʊr]

233. Vegetais. Verduras

vegetais (m pl)	grönsaker (pl)	['grø:n‚sakər]
verdura (f)	grönsaker (pl)	['grø:n‚sakər]
tomate (m)	tomat (en)	[tʊ'mat]
pepino (m)	gurka (en)	['gurka]
cenoura (f)	morot (en)	['mʊ‚rʊt]
batata (f)	potatis (en)	[pʊ'tatis]
cebola (f)	lök (en)	['lʲø:k]
alho (m)	vitlök (en)	['vit‚lʲø:k]
couve (f)	kål (en)	['ko:lʲ]
couve-flor (f)	blomkål (en)	['blʲʊm‚ko:lʲ]
couve-de-bruxelas (f)	brysselkål (en)	['brʏsɛlʲ‚ko:lʲ]
brócolis (m pl)	broccoli (en)	['brɔkɔli]
beterraba (f)	rödbeta (en)	['rø:d‚beta]
berinjela (f)	aubergine (en)	[ɔbɛr'ʒin]
abobrinha (f)	squash, zucchini (en)	['skvɔ:ç], [su'kini]
abóbora (f)	pumpa (en)	['pumpa]
nabo (m)	rova (en)	['rʊva]
salsa (f)	persilja (en)	[pɛ'ɕilja]
endro, aneto (m)	dill (en)	['dilʲ]
alface (f)	sallad (en)	['salʲad]
aipo (m)	selleri (en)	['sɛlʲeri]
aspargo (m)	sparris (en)	['sparis]
espinafre (m)	spenat (en)	[spe'nat]
ervilha (f)	ärter (pl)	['æ:ʈər]
feijão (~ soja, etc.)	bönor (pl)	['bønʊr]
milho (m)	majs (en)	['majs]
feijão (m) roxo	böna (en)	['bøna]
pimentão (m)	peppar (en)	['pɛpar]
rabanete (m)	rädisa (en)	['rɛ:disa]
alcachofra (f)	kronärtskocka (en)	['krʊnæ:ʈ‚skɔka]

GEOGRAFIA REGIONAL

Países. Nacionalidades

234. Europa Ocidental

Europa (f)	Europa	[eu'rʊpa]
União (f) Europeia	Europeiska unionen	[eurʊ'peiska un'jʊnən]
europeu (m)	europé (en)	[eurʊ'pe:]
europeu (adj)	europeisk	[eurʊ'peisk]
Áustria (f)	Österrike	['œstɛˌrikə]
austríaco (m)	österrikare (en)	['œstɛˌri:karə]
austríaca (f)	österrikiska (en)	['œstɛˌri:kiska]
austríaco (adj)	österrikisk	['œstɛˌri:kisk]
Grã-Bretanha (f)	Storbritannien	['stʊrˌbri'taniən]
Inglaterra (f)	England	['ɛŋlʲand]
inglês (m)	britt (en)	['brit]
inglesa (f)	britt (en)	['brit]
inglês (adj)	engelsk, britisk	['ɛŋɛlʲsk], ['britisk]
Bélgica (f)	Belgien	['bɛlʲgiən]
belga (m)	belgare (en)	['bɛlʲgarə]
belga (f)	belgiska (en)	['bɛlʲgiska]
belga (adj)	belgisk	['bɛlʲgisk]
Alemanha (f)	Tyskland	['tʏsklʲand]
alemão (m)	tysk (en)	['tʏsk]
alemã (f)	tyska (en)	['tʏska]
alemão (adj)	tysk	['tʏsk]
Países Baixos (m pl)	Nederländerna	['nedɛːˌlʲɛndɛːŋa]
Holanda (f)	Holland	['hɔlʲand]
holandês (m)	holländare (en)	['hɔˌlʲɛndarə]
holandesa (f)	holländska (en)	['hɔˌlʲɛnska]
holandês (adj)	holländsk	['hɔˌlʲɛnsk]
Grécia (f)	Grekland	['greklʲand]
grego (m)	grek (en)	['grek]
grega (f)	grekiska (en)	['grekiska]
grego (adj)	grekisk	['grekisk]
Dinamarca (f)	Danmark	['daŋmark]
dinamarquês (m)	dansk (en)	['daŋsk]
dinamarquesa (f)	danska (en)	['daŋska]
dinamarquês (adj)	dansk	['daŋsk]
Irlanda (f)	Irland	['iˌlʲand]
irlandês (m)	irer (en)	['irər]

irlandesa (f)	iriska (en)	['iriska]
irlandês (adj)	irisk	['irisk]

Islândia (f)	Island	['islʲand]
islandês (m)	islänning (en)	['is,lʲɛnin]
islandesa (f)	isländska (en)	['is,lʲɛŋska]
islandês (adj)	isländsk	['is,lʲɛŋsk]

Espanha (f)	Spanien	['spaniən]
espanhol (m)	spanjor (en)	['span,jʋ:r]
espanhola (f)	spanjorska (en)	['span,jʋ:ʂka]
espanhol (adj)	spansk	['spansk]

Itália (f)	Italien	[i'taliən]
italiano (m)	italienare (en)	[ita'ljɛnarə]
italiana (f)	italienska (en)	[ita'ljɛnska]
italiano (adj)	italiensk	[ita'ljɛnsk]

Chipre (m)	Cypern	['sypɛ:ɳ]
cipriota (m)	cypriot (en)	[sypri'ʋt]
cipriota (f)	cypriotiska (en)	[sypri'ʋtiska]
cipriota (adj)	cypriotisk	[sypri'ʋtisk]

Malta (f)	Malta	['malʲta]
maltês (m)	maltesare (en)	[malʲ'tesarə]
maltesa (f)	maltesiska (en)	[malʲ'tesiska]
maltês (adj)	maltesisk	[malʲ'tesisk]

Noruega (f)	Norge	['nɔrjə]
norueguês (m)	norrman (en)	['nɔrman]
norueguesa (f)	norska (en)	['nɔ:ʂka]
norueguês (adj)	norsk	['nɔ:ʂk]

Portugal (m)	Portugal	['pɔ:ʈugalʲ]
português (m)	portugis (en)	[pɔ:ʈu'gi:s]
portuguesa (f)	portugisiska (en)	[pɔ:ʈu'gi:siska]
português (adj)	portugisisk	[pɔ:ʈu'gi:sisk]

Finlândia (f)	Finland	['finlʲand]
finlandês (m)	finne (en)	['finə]
finlandesa (f)	finska (en)	['finska]
finlandês (adj)	finsk	['finsk]

França (f)	Frankrike	['fraŋkrikə]
francês (m)	fransman (en)	['frans,man]
francesa (f)	fransyska (en)	['fransyska]
francês (adj)	fransk	['fransk]

Suécia (f)	Sverige	['svɛrijə]
sueco (m)	svensk (en)	['svɛnsk]
sueca (f)	svenska (en)	['svɛnska]
sueco (adj)	svensk	['svɛnsk]

Suíça (f)	Schweiz	['ʃvɛjts]
suíço (m)	schweizare (en)	['ʃvɛjtsarə]
suíça (f)	schweiziska (en)	['ʃvɛjtsiska]

suíço (adj)	schweizisk	['ʃvɛjtsisk]
Escócia (f)	Skottland	['skɔtlˈand]
escocês (m)	skotte (en)	['skɔtə]
escocesa (f)	skotska (en)	['skɔtska]
escocês (adj)	skotsk	['skɔtsk]

Vaticano (m)	Vatikanstaten	[vati'kanˌstatən]
Liechtenstein (m)	Liechtenstein	['lihtənstajn]
Luxemburgo (m)	Luxemburg	['lʉksəmˌburj]
Mônaco (m)	Monaco	['mɔnakɔ]

235. Europa Central e de Leste

Albânia (f)	Albanien	[alˈbaniən]
albanês (m)	alban (en)	[alˈban]
albanesa (f)	albanska (en)	[alˈbanska]
albanês (adj)	albansk	[alˈbansk]

Bulgária (f)	Bulgarien	[bʉlˈgariən]
búlgaro (m)	bulgar (en)	[bʉlˈgar]
búlgara (f)	bulgariska (en)	[bʉlˈgariska]
búlgaro (adj)	bulgarisk	[bʉlˈgarisk]

Hungria (f)	Ungern	['uŋɛːŋ]
húngaro (m)	ungrare (en)	['uŋrarə]
húngara (f)	ungerska (en)	['uŋɛʂka]
húngaro (adj)	ungersk	['uŋɛʂk]

Letônia (f)	Lettland	['lˈetlˈand]
letão (m)	lett (en)	['lˈet]
letã (f)	lettiska (en)	['lˈetiska]
letão (adj)	lettisk	['lˈetisk]

Lituânia (f)	Litauen	[li'tauən]
lituano (m)	litauer (en)	[li'tauər]
lituana (f)	litauiska (en)	[li'tauiska]
lituano (adj)	litauisk	[li'tauisk]

Polônia (f)	Polen	['pɔlˈen]
polonês (m)	polack (en)	[pɔ'lˈak]
polonesa (f)	polska (en)	['pɔlˈska]
polonês (adj)	polsk	['pɔlˈsk]

Romênia (f)	Rumänien	[rʉ'mɛːniən]
romeno (m)	rumän (en)	[rʉ'mɛːn]
romena (f)	rumänska (en)	[rʉ'mɛːnska]
romeno (adj)	rumänsk	[rʉ'mɛːnsk]

Sérvia (f)	Serbien	['sɛrbiən]
sérvio (m)	serb (en)	['sɛrb]
sérvia (f)	serbiska (en)	['sɛrbiska]
sérvio (adj)	serbisk	['sɛrbisk]
Eslováquia (f)	Slovakien	[slˈɔ'vakiən]
eslovaco (m)	slovak (en)	[slˈɔ'vak]

eslovaca (f)	slovakiska (en)	[slʲɔ'vakiska]
eslovaco (adj)	slovakisk	[slʲɔ'vakisk]
Croácia (f)	Kroatien	[kru'atiən]
croata (m)	kroat (en)	[kru'at]
croata (f)	kroatiska (en)	[kru'atiska]
croata (adj)	kroatisk	[kru'atisk]
República (f) Checa	Tjeckien	['ɕɛkiən]
checo (m)	tjeck (en)	['ɕɛk]
checa (f)	tjeckiska (en)	['ɕɛkiska]
checo (adj)	tjeckisk	['ɕɛkisk]
Estônia (f)	Estland	['ɛstlʲand]
estônio (m)	estländare (en)	['ɛst,lʲɛndarə]
estônia (f)	estländska (en)	['ɛst,lʲɛŋska]
estônio (adj)	estnisk	['ɛstnisk]
Bósnia e Herzegovina (f)	Bosnien-Hercegovina	['bɔsniən hɛrsəgɔ'vina]
Macedônia (f)	Makedonien	[make'duniən]
Eslovênia (f)	Slovenien	[slʲɔ'veniən]
Montenegro (m)	Montenegro	['mɔntə,nɛgru]

236. Países da ex-URSS

Azerbaijão (m)	Azerbajdzjan	[asɛrbaj'dʒʲan]
azeri (m)	azerbajdzjan (en)	[asɛrbaj'dʒʲan]
azeri (f)	azerbajdzjanska (en)	[asɛrbaj'dʒʲanska]
azeri, azerbaijano (adj)	azerbajdzjansk	[asɛrbaj'dʒʲansk]
Armênia (f)	Armenien	[ar'meniən]
armênio (m)	armenier (en)	[ar'meniɛr]
armênia (f)	armeniska (en)	[ar'meniska]
armênio (adj)	armenisk	[ar'menisk]
Belarus	Vitryssland	['vit,rʏslʲand]
bielorrusso (m)	vitryss (en)	['vit,rʏs]
bielorrussa (f)	vitryska (en)	['vit,rʏska]
bielorrusso (adj)	vitrysk	['vit,rʏsk]
Geórgia (f)	Georgien	[je'ɔrgiən]
georgiano (m)	georgier (en)	[je'ɔrgiər]
georgiana (f)	georgiska (en)	[je'ɔrgiska]
georgiano (adj)	georgisk	[je'ɔrgisk]
Cazaquistão (m)	Kazakstan	[ka'sak,stan]
cazaque (m)	kazakstanier (en)	[kasak'staniər]
cazaque (f)	kazakiska (en)	[ka'sakiska]
cazaque (adj)	kazakisk	[ka'sakisk]
Quirguistão (m)	Kirgizistan	[kir'gisi,stan]
quirguiz (m)	kirgiz (en)	[kir'gis]
quirguiz (f)	kirgiziska (en)	[kir'gisiska]
quirguiz (adj)	kirgizisk	[kir'gisisk]

Moldávia (f)	Moldavien	[mʊlʲ'daviən]
moldavo (m)	moldav (en)	[mʊlʲ'dav]
moldava (f)	moldaviska (en)	[mʊlʲ'daviska]
moldavo (adj)	moldavisk	[mʊlʲ'davisk]

Rússia (f)	Ryssland	['rʏslʲand]
russo (m)	ryss (en)	['rʏs]
russa (f)	ryska (en)	['rʏska]
russo (adj)	rysk	['rʏsk]

Tajiquistão (m)	Tadzjikistan	[ta'dʒiki̯stan]
tajique (m)	tadzjik (en)	[ta'dʒik]
tajique (f)	tadzjikiska (en)	[ta'dʒikiska]
tajique (adj)	tadzjikisk	[ta'dʒikisk]

Turquemenistão (m)	Turkmenistan	[turk'meni̯stan]
turcomeno (m)	turkmen (en)	[turk'mən]
turcomena (f)	turkmenska (en)	[turk'mɛnska]
turcomeno (adj)	turkmensk	[turk'mɛnsk]

Uzbequistão (f)	Uzbekistan	[us'beki̯stan]
uzbeque (m)	uzbek (en)	[us'bek]
uzbeque (f)	uzbekiska (en)	[us'bekiska]
uzbeque (adj)	uzbekisk	[us'bekisk]

Ucrânia (f)	Ukraina	[u'krajna]
ucraniano (m)	ukrainare (en)	[u'krajnarə]
ucraniana (f)	ukrainska (en)	[u'krajnska]
ucraniano (adj)	ukrainsk	[u'krajnsk]

237. Asia

| Ásia (f) | Asien | ['asiən] |
| asiático (adj) | asiatisk | [asi'atisk] |

Vietnã (m)	Vietnam	['vjɛtnam]
vietnamita (m)	vietnames (en)	[vjɛtna'mes]
vietnamita (f)	vietnamesiska (en)	[vjɛtna'mesiska]
vietnamita (adj)	vietnamesisk	[vjɛtna'mesisk]

Índia (f)	Indien	['indiən]
indiano (m)	indier (en)	['indiər]
indiana (f)	indiska (en)	['indiska]
indiano (adj)	indisk	['indisk]

Israel (m)	Israel	['israəlʲ]
israelense (m)	israel (en)	[isra'elʲ]
israelita (f)	israeliska (en)	[isra'eliska]
israelense (adj)	israelisk	[isra'elisk]

judeu (m)	jude (en)	['jʉdə]
judia (f)	judinna (en)	[jʉ'dina]
judeu (adj)	judisk	['jʉdisk]
China (f)	Kina	['çina]

chinês (m)	kines (en)	[ɕi'nes]
chinesa (f)	kinesiska (en)	[ɕi'nesiska]
chinês (adj)	kinesisk	[ɕi'nesisk]
coreano (m)	korean (en)	[kʊre'an]
coreana (f)	koreanska (en)	[kʊre'anska]
coreano (adj)	koreansk	[kʊre'ansk]
Líbano (m)	Libanon	['libanɔn]
libanês (m)	libanes (en)	[liba'nes]
libanesa (f)	libanesiska (en)	[liba'nesiska]
libanês (adj)	libanesisk	[liba'nesisk]
Mongólia (f)	Mongoliet	[mʊngʊ'liet]
mongol (m)	mongol (en)	[mʊn'gʊlʲ]
mongol (f)	mongoliska (en)	[mʊn'gʊliska]
mongol (adj)	mongolisk	[mʊn'gʊlisk]
Malásia (f)	Malaysia	[ma'lʲajsia]
malaio (m)	malaysier (en)	[ma'lʲajsiər]
malaia (f)	malajiska (en)	[ma'lʲajiska]
malaio (adj)	malaysisk	[ma'lʲajsisk]
Paquistão (m)	Pakistan	['paki,stan]
paquistanês (m)	pakistanier (en)	[paki'staniər]
paquistanesa (f)	pakistanska (en)	[paki'stanska]
paquistanês (adj)	pakistansk	[paki'stansk]
Arábia (f) Saudita	Saudiarabien	['saudi a'rabiən]
árabe (m)	arab (en)	[a'rab]
árabe (f)	arabiska (en)	[a'rabiska]
árabe (adj)	arabisk	[a'rabisk]
Tailândia (f)	Thailand	['tajlʲand]
tailandês (m)	thailändare (en)	[taj'lʲɛndarə]
tailandesa (f)	thailändska (en)	['taj,lʲɛndska]
tailandês (adj)	thailändsk	[taj'lʲɛŋsk]
Taiwan (m)	Taiwan	[taj'van]
taiwanês (m)	taiwanes (en)	[tajva'nes]
taiwanesa (f)	taiwanesiska (en)	[tajva'nesiska]
taiwanês (adj)	taiwanesisk	[tajva'nesisk]
Turquia (f)	Turkiet	[turkiet]
turco (m)	turk (en)	['turk]
turca (f)	turkiska (en)	['turkiska]
turco (adj)	turkisk	['turkisk]
Japão (m)	Japan	['japan]
japonês (m)	japan (en)	[ja'pan]
japonesa (f)	japanska (en)	[ja'panska]
japonês (adj)	japansk	[ja'pansk]
Afeganistão (m)	Afghanistan	[af'gani,stan]
Bangladesh (m)	Bangladesh	[banglʲa'dɛʃ]
Indonésia (f)	Indonesien	[indʊ'nesiən]

Jordânia (f)	Jordanien	[jʊ:'dʒaniən]
Iraque (m)	Irak	[i'rak]
Irã (m)	Iran	[i'ran]
Camboja (f)	Kambodja	[kam'bɔdja]
Kuwait (m)	Kuwait	[kʉ'vajt]

Laos (m)	Laos	['lɩaɔs]
Birmânia (f)	Myanmar	['mjanmar]
Nepal (m)	Nepal	[ne'palʲ]
Emirados Árabes Unidos	Förenade arabrepubliken	[fø'renadə a'rab repub'likən]

Síria (f)	Syrien	['syriən]
Palestina (f)	Palestina	[palʲe'stina]
Coreia (f) do Sul	Sydkorea	['syd͵kʉ'rea]
Coreia (f) do Norte	Nordkorea	['nʊ:d͵ kʉ'rea]

238. América do Norte

Estados Unidos da América	Amerikas Förenta Stater	[a'mɛrikas fø'rɛnta 'statər]
americano (m)	amerikan (en)	[ameri'kan]
americana (f)	amerikanska (en)	[ameri'kanska]
americano (adj)	amerikansk	[ameri'kansk]

Canadá (m)	Kanada	['kanada]
canadense (m)	kanadensare (en)	[kana'dɛnsarə]
canadense (f)	kanadensiska (en)	[kana'dɛnsiska]
canadense (adj)	kanadensisk	[kana'dɛnsisk]

México (m)	Mexiko	['mɛksikɔ]
mexicano (m)	mexikan (en)	[mɛksi'kan]
mexicana (f)	mexikanska (en)	[mɛksi'kanska]
mexicano (adj)	mexikansk	[mɛksi'kansk]

239. América Central do Sul

Argentina (f)	Argentina	[argɛn'tina]
argentino (m)	argentinare (en)	[argɛn'tinarə]
argentina (f)	argentinska (en)	[argɛn'tinska]
argentino (adj)	argentinsk	[argɛn'tinsk]

Brasil (m)	Brasilien	[bra'siliən]
brasileiro (m)	brasilianare (en)	[brasili'anarə]
brasileira (f)	brasilianska (en)	[brasili'anska]
brasileiro (adj)	brasiliansk	[brasili'ansk]

Colômbia (f)	Colombia	[kɔ'lʲʊmbia]
colombiano (m)	colombian (en)	[kɔlʲʊmbi'an]
colombiana (f)	colombianska (en)	[kɔlʲʊmbi'anska]
colombiano (adj)	colombiansk	[kɔlʲʊmbi'ansk]

| Cuba (f) | Kuba | ['kʉ:ba] |
| cubano (m) | kuban (en) | [kʉ'ban] |

| cubana (f) | kubanska (en) | [ku'banska] |
| cubano (adj) | kubansk | [ku'bansk] |

Chile (m)	Chile	['ɕiːlʲe]
chileno (m)	chilenare (en)	[ɕi'lʲenarə]
chilena (f)	chilenska (en)	[ɕi'lʲenska]
chileno (adj)	chilensk	[ɕi'lʲensk]

Bolívia (f)	Bolivia	[bʊ'livia]
Venezuela (f)	Venezuela	[venesu'ɛlʲa]
Paraguai (m)	Paraguay	[parag'waj]
Peru (m)	Peru	[pɛ'rʉ]

Suriname (m)	Surinam	['surɪˌnam]
Uruguai (m)	Uruguay	[ʉrug'waj]
Equador (m)	Ecuador	[ɛkva'dʊr]

Bahamas (f pl)	Bahamas	[ba'hamas]
Haiti (m)	Haiti	[ha'iti]
República Dominicana	Dominikanska republiken	[dɔmini'kanska repu'blikən]
Panamá (m)	Panama	['panama]
Jamaica (f)	Jamaica	[ja'majka]

240. Africa

Egito (m)	Egypten	[e'jyptən]
egípcio (m)	egyptier (en)	[e'jyptiər]
egípcia (f)	egyptiska (en)	[e'jyptiska]
egípcio (adj)	egyptisk	[e'jyptisk]

Marrocos	Marocko	[ma'rɔkʊ]
marroquino (m)	marockan (en)	[marʊ'kan]
marroquina (f)	marockanska (en)	[marʊ'kanska]
marroquino (adj)	marockansk	[marʊ'kansk]

Tunísia (f)	Tunisien	[tʉ'nisiən]
tunisiano (m)	tunisier (en)	[tʉ'nisiər]
tunisiana (f)	tunisiska (en)	[tʉ'nisiska]
tunisiano (adj)	tunisisk	[tʉ'nisisk]

Gana (f)	Ghana	['gana]
Zanzibar (m)	Zanzibar	['sansibar]
Quênia (f)	Kenya	['kenja]
Líbia (f)	Libyen	['libiən]
Madagascar (m)	Madagaskar	[mada'gaskar]

Namíbia (f)	Namibia	[na'mibia]
Senegal (m)	Senegal	[sene'galʲ]
Tanzânia (f)	Tanzania	[tansa'nija]
África (f) do Sul	Republiken Sydafrika	[repu'bliken 'sydˌafrika]

africano (m)	afrikan (en)	[afri'kan]
africana (f)	afrikanska (en)	[afri'kanska]
africano (adj)	afrikansk	[afri'kansk]

241. Austrália. Oceania

Austrália (f)	Australien	[au'straliən]
australiano (m)	australier (en)	[au'straliər]
australiana (f)	australiska (en)	[au'straliska]
australiano (adj)	australisk	[au'stralisk]
Nova Zelândia (f)	Nya Zeeland	['nya 'se:lⁱand]
neozelandês (m)	nyzeeländare (en)	[ny'se:lⁱɛndarə]
neozelandesa (f)	nyzeeländska (en)	[ny'se:lⁱɛŋska]
neozelandês (adj)	nyzeeländsk	[ny'se:lⁱɛŋsk]
Tasmânia (f)	Tasmanien	[tas'maniən]
Polinésia (f) Francesa	Franska Polynesien	['franska polⁱy'nesiən]

242. Cidades

Amesterdã, Amsterdã	Amsterdam	['amstə,dam]
Ancara	Ankara	['aŋkara]
Atenas	Aten	[a'ten]
Bagdade	Bagdad	['bagdad]
Bancoque	Bangkok	['baŋkɔk]
Barcelona	Barcelona	[barsə'lⁱona]
Beirute	Beirut	['bejrut]
Berlim	Berlin	[bɛr'lin]
Bonn	Bonn	['bɔn]
Bordéus	Bordeaux	[bɔ'dɔ:]
Bratislava	Bratislava	[brati'slⁱava]
Bruxelas	Bryssel	['brysəlⁱ]
Bucareste	Bukarest	['bʉkarɛst]
Budapeste	Budapest	['bʉdapɛst]
Cairo	Kairo	['kajrʉ]
Calcutá	Kalkutta	[kalⁱ'kʉta]
Chicago	Chicago	[ɕi'kagʉ]
Cidade do México	Mexico City	['mɛksikɔ 'siti]
Copenhague	Köpenhamn	['ɕø:pɛn,hamn]
Dar es Salaam	Dar es-Salaam	[dar ɛs sa'lⁱam]
Deli	New Delhi	[nju 'dɛlⁱi]
Dubai	Dubai	[dʉ'baj]
Dublim	Dublin	['dablin]
Düsseldorf	Düsseldorf	['dʉsəlⁱ,dɔrf]
Estocolmo	Stockholm	['stɔkɔlⁱm]
Florença	Florens	['flⁱørɛns]
Frankfurt	Frankfurt	['fraŋkfʉ:t]
Genebra	Genève	[ʒe'nɛv]
Haia	Haag	['ha:g]
Hamburgo	Hamburg	['hambʉrj]
Hanói	Hanoi	[ha'nɔj]

217

Havana	Havanna	[ha'vana]
Helsinque	Helsingfors	['hɛlʲsiŋˌfɔːʂ]
Hiroshima	Hiroshima	[hirɔ'ʃima]
Hong Kong	Hongkong	['hɔŋˌkɔŋ]
Istambul	Istanbul	['istambʉlʲ]

Jerusalém	Jerusalem	[je'rʉsalʲem]
Kiev, Quieve	Kiev	['kiev]
Kuala Lumpur	Kuala Lumpur	[ku'alʲa 'lʉmpʉːr]
Lion	Lion	[li'ɔn]
Lisboa	Lissabon	['lisabɔn]

Londres	London	['lʲondɔn]
Los Angeles	Los Angeles	[lʲɔs 'aŋəlʲes]
Madrid	Madrid	[ma'drid]
Marselha	Marseille	[ma'sɛj]
Miami	Miami	[ma'jami]

Montreal	Montreal	[mɔntre'ɔlʲ]
Moscou	Moskva	[mɔ'skva]
Mumbai	Bombay	[bɔm'bɛj]
Munique	München	['mʉnɳən]
Nairóbi	Nairobi	[naj'rɔːbi]
Nápoles	Neapel	[ne'apəlʲ]

Nice	Nice	['nis]
Nova York	New York	[nju 'jork]
Oslo	Oslo	['ʉslʲʉ]
Ottawa	Ottawa	['ɔtava]
Paris	Paris	[pa'ris]

Pequim	Peking	['pekiŋ]
Praga	Prag	['prag]
Rio de Janeiro	Rio de Janeiro	['riʉ de ʃa'nɛjrʉ]
Roma	Rom	['rɔm]
São Petersburgo	Sankt Petersburg	['saŋkt 'peteʂˌburj]
Seul	Söul	[sœulʲ]

Singapura	Singapore	['siŋapʉr]
Sydney	Sydney	['sidni]
Taipé	Taipei	[taj'pɛj]
Tóquio	Tokyo	['tɔkiʉ]
Toronto	Toronto	[tɔ'rɔntʉ]

Varsóvia	Warszawa	[va:'ʂava]
Veneza	Venedig	[ve'nedig]
Viena	Wien	['veːn]
Washington	Washington	['wɔʃiŋtɔn]
Xangai	Shanghai	[ʃan'haj]

243. Política. Governo. Parte 1

política (f)	politik (en)	[pʉli'tik]
político (adj)	politisk	[pʉ'litisk]

político (m)	politiker (en)	[pʊ'litikər]
estado (m)	stat (en)	['stat]
cidadão (m)	medborgare (en)	['mɛd͵bɔrjarə]
cidadania (f)	medborgarskap (ett)	[mɛd'bɔrja͵skap]

| brasão (m) de armas | riksvapen (ett) | ['riks͵vapən] |
| hino (m) nacional | nationalhymn (en) | [natʃʊ'nal͵hʏmn] |

governo (m)	regering (en)	[re'jeriŋ]
Chefe (m) de Estado	statschef (en)	['stats͵ʃef]
parlamento (m)	parlament (ett)	[parla'mɛnt]
partido (m)	parti (ett)	[pa:'ʈi:]

| capitalismo (m) | kapitalism (en) | [kapita'lism] |
| capitalista (adj) | kapitalistisk | [kapita'listisk] |

| socialismo (m) | socialism (en) | [sɔsia'lism] |
| socialista (adj) | socialistisk | [sɔsia'listisk] |

comunismo (m)	kommunism (en)	[kɔmu'nism]
comunista (adj)	kommunistisk	[kɔmu'nistisk]
comunista (m)	kommunist (en)	[kɔmu'nist]

democracia (f)	demokrati (en)	[demʊkra'ti:]
democrata (m)	demokrat (en)	[demʊ'krat]
democrático (adj)	demokratisk	[demʊ'kratisk]
Partido (m) Democrático	Demokratiska partiet	[demɔ'kratiska pa:'ʈi:et]

| liberal (m) | liberal (en) | [libə'ral͡ʲ] |
| liberal (adj) | liberal- | [libə'ral͡ʲ-] |

| conservador (m) | konservativ (en) | [kɔn'sɛrva͵tiv] |
| conservador (adj) | konservativ | [kɔn'sɛrva͵tiv] |

república (f)	republik (en)	[repu'blik]
republicano (m)	republikan (en)	[republi'kan]
Partido (m) Republicano	republikanskt parti (ett)	[republi'kansk pa:'ʈi:]

eleições (f pl)	val (ett)	['val͡ʲ]
eleger (vt)	att välja	[at 'vɛlja]
eleitor (m)	väljare (en)	['vɛljarə]
campanha (f) eleitoral	valkampanj (en)	['val͡ʲkam͵pan͡ʲ]

votação (f)	omröstning (en)	['ɔm͵rœstniŋ]
votar (vi)	att rösta	[at 'rœsta]
sufrágio (m)	rösträtt (en)	['rœst͵ræt]

candidato (m)	kandidat (en)	[kandi'dat]
candidatar-se (vi)	att kandidera	[at kandi'dera]
campanha (f)	kampanj (en)	[kam'pan͡ʲ]

| da oposição | oppositions- | [ɔpɔsi'ʃʊns-] |
| oposição (f) | opposition (en) | [ɔpɔsi'ʃʊn] |

| visita (f) | besök (ett) | [be'sø:k] |
| visita (f) oficial | officiellt besök (ett) | [ɔfi'sjɛl͡ʲt be'sø:k] |

internacional (adj)	internationell	['intɛ:ɳatʰʊˌnɛlʲ]
negociações (f pl)	förhandlingar (pl)	[førˈhandliŋar]
negociar (vi)	att förhandla	[at førˈhandlʲa]

244. Política. Governo. Parte 2

sociedade (f)	samhälle (ett)	['samˌhɛlʲe]
constituição (f)	konstitution (en)	[kɔnstituˈɧʊn]
poder (ir para o ~)	makt (en)	['makt]
corrupção (f)	korruption (en)	[kɔrupˈɧʊn]

| lei (f) | lag (en) | ['lʲag] |
| legal (adj) | laglig | ['lʲaglig] |

| justeza (f) | rättvisa (en) | ['rætˌvisa] |
| justo (adj) | rättvis, rättfärdig | ['rætvis], ['rætˌfæ:dʲig] |

comitê (m)	kommitté (en)	[kɔmiˈte:]
projeto-lei (m)	lagförslag (ett)	['lagˌfœ:'slag]
orçamento (m)	budget (en)	['budjet]
política (f)	policy (en)	['pɔlisi]
reforma (f)	reform (en)	[reˈfɔrm]
radical (adj)	radikal	[radiˈkalʲ]

força (f)	kraft (en)	['kraft]
poderoso (adj)	mäktig, kraftfull	['mɛktig], ['kraftˌfulʲ]
partidário (m)	anhängare (en)	['anˌhɛ:ŋarə]
influência (f)	inflytande (ett)	['inˌflʲytandə]

regime (m)	regim (en)	[reˈɧim]
conflito (m)	konflikt (en)	[kɔnˈflikt]
conspiração (f)	sammansvärning (en)	['samansˌvæ:ɳiŋ]
provocação (f)	provokation (en)	[prɔvʊkaˈɧʊn]

derrubar (vt)	att störta	[at ˈstø:ʈa]
derrube (m), queda (f)	störtande (ett)	['stø:ʈandə]
revolução (f)	revolution (en)	[revʊlʉˈɧʊn]

| golpe (m) de Estado | statskupp (en) | ['statsˌkup] |
| golpe (m) militar | militärkupp (en) | [miliˈtæ:rˌkup] |

crise (f)	kris (en)	['kris]
recessão (f) econômica	ekonomisk nedgång (en)	[ɛkʊˈnɔmisk 'nedˌgɔŋ]
manifestante (m)	demonstrant (en)	[demɔn'strant]
manifestação (f)	demonstration (en)	[demɔnstraˈɧʊn]
lei (f) marcial	krigstillstånd (ett)	['krigsˌtilʲ'stɔnd]
base (f) militar	militärbas (en)	[miliˈtæ:rˌbas]

| estabilidade (f) | stabilitet (en) | [stabiliˈtet] |
| estável (adj) | stabil | [staˈbilʲ] |

exploração (f)	utsugning (en)	['ʉtˌsʉgniŋ]
explorar (vt)	att utnyttja	[at 'ʉtˌnytja]
racismo (m)	rasism (en)	[raˈsism]

racista (m)	rasist (en)	[ra'sist]
fascismo (m)	fascism (en)	[fa'çism]
fascista (m)	fascist (en)	[fa'çist]

245. Países. Diversos

estrangeiro (m)	utlänning (en)	['ʉt̪ˌlˠɛniŋ]
estrangeiro (adj)	utländsk	['ʉt̪ˌlˠɛŋsk]
no estrangeiro	utomlands	['ʉtɔmˌlˠands]

emigrante (m)	emigrant (en)	[ɛmi'grant]
emigração (f)	emigration (en)	[ɛmigra'ʄʊn]
emigrar (vi)	att emigrera	[at ɛmi'grera]

Ocidente (m)	Västen	['vɛstən]
Oriente (m)	Östen	['œstən]
Extremo Oriente (m)	Fjärran Östern	['fˠæːran 'œstɛːŋ]
civilização (f)	civilisation (en)	[sivilisa'ʄʊn]
humanidade (f)	mänsklighet (en)	['mɛnskligˌhet]
mundo (m)	värld (en)	['væːɖ]
paz (f)	fred (en)	['fred]
mundial (adj)	världs-	['væːɖs-]

pátria (f)	hemland (ett)	['hɛmˌlˠand]
povo (população)	folk (ett)	['folˠk]
população (f)	befolkning (en)	[be'folˠkniŋ]
gente (f)	folk (ett)	['folˠk]
nação (f)	nation (en)	[nat'ʄʊn]
geração (f)	generation (en)	[jenera'ʄʊn]
território (m)	territorium (ett)	[tɛri'tʊrium]
região (f)	region (en)	[regi'ʊn]
estado (m)	delstat (en)	['dɛlˠˌstat]

tradição (f)	tradition (en)	[tradi'ʄʊn]
costume (m)	sedvänja (en)	['sedˌvɛnja]
ecologia (f)	ekologi (en)	[ɛkʊlˠɔ'giː]

índio (m)	indian (en)	[indi'an]
cigano (m)	zigenare (en)	[si'jenarə]
cigana (f)	zigenska (en)	[si'jenska]
cigano (adj)	zigensk	[si'jensk]

império (m)	kejsardöme, rike (ett)	['çɛjsardømə], ['rikə]
colônia (f)	koloni (en)	[kʊlˠɔ'niː]
escravidão (f)	slaveri (ett)	[slˠave'riː]
invasão (f)	invasion (en)	[inva'ʄʊn]
fome (f)	hungersnöd (en)	['huŋɛʂˌnøːd]

246. Grupos religiosos mais importantes. Confissões

| religião (f) | religion (en) | [reli'jʊn] |
| religioso (adj) | religiös | [reli'ʄøːs] |

crença (f)	tro (en)	['trʊ]
crer (vt)	att tro	[at 'trʊ]
crente (m)	troende (en)	['trʊəndə]

| ateísmo (m) | ateism (en) | [ate'ism] |
| ateu (m) | ateist (en) | [ate'ist] |

cristianismo (m)	kristendom (en)	['kristən,dʊm]
cristão (m)	kristen (en)	['kristən]
cristão (adj)	kristen	['kristən]

catolicismo (m)	katolicism (en)	[katʊli'sism]
católico (m)	katolik (en)	[katʊ'lik]
católico (adj)	katolsk	[ka'tʊlʲsk]

protestantismo (m)	protestantism (en)	[prʊtɛstan'tism]
Igreja (f) Protestante	den protestantiska kyrkan	[dɛn prʊtɛ'stantiska 'çyrkan]
protestante (m)	protestant (en)	[prʊtɛ'stant]

ortodoxia (f)	ortodoxi (en)	[ɔ:ʈodo'ksi:]
Igreja (f) Ortodoxa	den ortodoxa kyrkan	[dɛn ɔ:ʈo'dɔ:ksa 'çyrkan]
ortodoxo (m)	ortodox (en)	[ɔ:ʈo'dɔ:ks]

presbiterianismo (m)	presbyterianism (en)	[prɛsbyteria'nism]
Igreja (f) Presbiteriana	den presbyterianska kyrkan	[dɛn prɛsbyteri'anska 'çyrkan]
presbiteriano (m)	presbyter (en)	[prɛ'sbytər]

luteranismo (m)	lutherdom (en)	['lʉtərdʊm]
luterano (m)	lutheran (en)	[lʉte'ran]
Igreja (f) Batista	baptism (en)	[bap'tism]
batista (m)	baptist (en)	[bap'tist]

| Igreja (f) Anglicana | den anglikanska kyrkan | [dɛn aŋli'kanska 'çyrkan] |
| anglicano (m) | anglikan (en) | ['aŋli,kan] |

| mormonismo (m) | mormonism (en) | [mɔrmʊ'nism] |
| mórmon (m) | mormon (en) | [mɔr'mʊn] |

| Judaísmo (m) | judendom (en) | ['jʉdən,dʊm] |
| judeu (m) | jude (en) | ['jʉdə] |

| budismo (m) | Buddism (en) | [bu'dism] |
| budista (m) | buddist (en) | [bu'dist] |

| hinduísmo (m) | hinduism (en) | [hindʉ'i:sm] |
| hindu (m) | hindu (en) | [hin'dʉ:] |

Islã (m)	islam (en)	[is'lʲam]
muçulmano (m)	muselman (en)	[mʉsɛlʲ'man]
muçulmano (adj)	muselmansk	[mʉsɛlʲ'mansk]

xiismo (m)	shiism (en)	[ʃi'ism]
xiita (m)	shiit (en)	[ʃi'it]
sunismo (m)	sunnism (en)	[su'ni:sm]
sunita (m)	sunnit (en)	[su'nit]

247. Religiões. Padres

padre (m)	**präst (en)**	['prɛst]
Papa (m)	**Påven**	['po:vən]
monge (m)	**munk (en)**	['muŋk]
freira (f)	**nunna (en)**	['nuna]
pastor (m)	**pastor (en)**	['pastʊr]
abade (m)	**abbé (en)**	[a'be:]
vigário (m)	**kyrkoherde (en)**	['ɕyrkʊ,hɛ:də]
bispo (m)	**biskop (en)**	['biskɔp]
cardeal (m)	**kardinal (en)**	[ka:dʲi'nalʲ]
pregador (m)	**predikant (en)**	[predi'kant]
sermão (m)	**predikan (en)**	[pre'dikan]
paroquianos (pl)	**sockenbor (pl)**	['sɔkən,bʊr]
crente (m)	**troende (en)**	['trʊəndə]
ateu (m)	**ateist (en)**	[ate'ist]

248. Fé. Cristianismo. Islão

Adão	**Adam**	['adam]
Eva	**Eva**	['ɛva]
Deus (m)	**Gud**	['gʉ:d]
Senhor (m)	**Herren**	['hɛrən]
Todo Poderoso (m)	**Den Allsmäktige**	[dɛn 'alʲsmɛktigə]
pecado (m)	**synd (en)**	['sʏnd]
pecar (vi)	**att synda**	[at 'sʏnda]
pecador (m)	**syndare (en)**	['sʏndarə]
pecadora (f)	**synderska (en)**	['sʏndɛʂka]
inferno (m)	**helvete (ett)**	['hɛlʲvetə]
paraíso (m)	**paradis (ett)**	['para,dis]
Jesus	**Jesus**	['jesus]
Jesus Cristo	**Jesus Kristus**	['jesus ,kristus]
Espírito (m) Santo	**Den Helige Ande**	[dɛn 'helige ,andə]
Salvador (m)	**Frälsaren**	['frɛlʲsarən]
Virgem Maria (f)	**Jungfru Maria**	['juɲfrʉ ma'ria]
Diabo (m)	**Djävul (en)**	['jɛ:vulʲ]
diabólico (adj)	**djävulsk**	['jɛ:vulʲsk]
Satanás (m)	**Satan**	['satan]
satânico (adj)	**satanisk**	[sa'tanisk]
anjo (m)	**ängel (en)**	['ɛŋəlʲ]
anjo (m) da guarda	**skyddsängel (en)**	['ɦʏds,ɛŋəlʲ]
angelical	**änglalik**	['ɛɲlʲalik]

apóstolo (m)	apostel (en)	[a'pɔstəlʲ]
arcanjo (m)	ärkeängel (en)	['æːrkəˌɛŋəlʲ]
anticristo (m)	Antikrist (en)	['antiˌkrist]

Igreja (f)	Kyrkan	['ɕyrkan]
Bíblia (f)	bibel (en)	['bibəlʲ]
bíblico (adj)	biblisk	['biblisk]

Velho Testamento (m)	Gamla Testamentet	['gamlʲa tɛsta'mɛntət]
Novo Testamento (m)	Nya Testamentet	['nya tɛsta'mɛntət]
Evangelho (m)	evangelium (ett)	[ɛva'ŋeːlium]
Sagradas Escrituras (f pl)	Den Heliga Skrift	[dɛn 'heliga ˌskrift]
Céu (sete céus)	Himmelen, Guds rike	['himelʲən], ['guds 'rikə]

mandamento (m)	bud (ett)	['bʉːd]
profeta (m)	profet (en)	[prʊ'fet]
profecia (f)	profetia (en)	[prʊfe'tsia]

Alá (m)	Allah	['alʲa]
Maomé (m)	Muhammed	[mʉ'hamed]
Alcorão (m)	Koranen	[kʊ'ranən]

mesquita (f)	moské (en)	[mʊs'keː]
mulá (m)	mullah (en)	[mu'lʲaː]
oração (f)	bön (en)	['bøːn]
rezar, orar (vi)	att be	[at 'beː]

peregrinação (f)	pilgrimsresa (en)	['pilʲrimˌresa]
peregrino (m)	pilgrim (en)	['pilʲrim]
Meca (f)	Mecka	['meka]

igreja (f)	kyrka (en)	['ɕyrka]
templo (m)	tempel (ett)	['tɛmpəlʲ]
catedral (f)	katedral (en)	[katɛ'dralʲ]
gótico (adj)	gotisk	['gʊtisk]
sinagoga (f)	synagoga (en)	['synaˌgɔga]
mesquita (f)	moské (en)	[mʊs'keː]

capela (f)	kapell (ett)	[ka'pɛlʲ]
abadia (f)	abbedi (ett)	['abədiː]
convento (m)	kloster (ett)	['klʲɔstər]
monastério (m)	kloster (ett)	['klʲɔstər]

sino (m)	klocka (en)	['klʲɔka]
campanário (m)	klocktorn (ett)	['klʲɔkˌtʊːn]
repicar (vi)	att ringa	[at 'riŋa]

cruz (f)	kors (ett)	['kɔːʂ]
cúpula (f)	kupol (en)	[kʉ'pɔːlʲ]
ícone (m)	ikon (en)	[i'kon]

alma (f)	själ (en)	['ɧɛːlʲ]
destino (m)	öde (ett)	['øːdə]
mal (m)	ondska (en)	['ʊnˌska]
bem (m)	godhet (en)	['gʊdˌhet]
vampiro (m)	vampyr (en)	[vam'pyr]

bruxa (f)	häxa (en)	['hɛ:ksa]
demônio (m)	demon (en)	[de'mɔn]
espírito (m)	ande (en)	['andə]
redenção (f)	förlossning (en)	[fœ:'l̩ɔsniŋ]
redimir (vt)	att sona	[at 'sʊna]
missa (f)	gudstjänst (en)	['gu:d̩ɕɛnst]
celebrar a missa	att hålla gudstjänst	[at 'ho:l̩a 'gu:d̩ɕɛnst]
confissão (f)	bikt, bekännelse (en)	[bikt], [be'ɕɛ:ŋəl̩sə]
confessar-se (vr)	att skrifta	[at 'skrifta]
santo (m)	helgon (ett)	['hɛl̩gɔn]
sagrado (adj)	helig	['hɛlig]
água (f) benta	vigvatten (ett)	['vig̩vatən]
ritual (m)	ritual (en)	[ritu'al̩]
ritual (adj)	rituell	[ritu'ɛl̩]
sacrifício (m)	blot (ett)	['bl̩ʊt]
superstição (f)	vidskepelse (en)	['vid̩ɧɛpəl̩sə]
supersticioso (adj)	vidskeplig	['vid̩ɧɛplig]
vida (f) após a morte	livet efter detta	['livet ˌɛftə 'deta]
vida (f) eterna	det eviga livet	[dɛ 'eviga ˌlivet]

TEMAS DIVERSOS

249. Várias palavras úteis

ajuda (f)	hjälp (en)	['jɛlʲp]
barreira (f)	hinder (ett)	['hindər]
base (f)	bas (en)	['bas]
categoria (f)	kategori (en)	[kategɔ'ri:]
causa (f)	orsak (en)	['ʊ:ʂak]

coincidência (f)	sammanfall (ett)	['sam‚anfalʲ]
coisa (f)	sak (en), ting (ett)	['sak], ['tiŋ]
começo, início (m)	början (en)	['bœrjan]
cômodo (ex. poltrona ~a)	bekväm	[bɛk'vɛ:m]
comparação (f)	jämförelse (en)	['jɛm‚førəlʲsə]

compensação (f)	kompensation (en)	[kɔmpɛnsa'ɧʊn]
crescimento (m)	växt (en)	['vɛkst]
desenvolvimento (m)	utveckling (en)	['ʉt‚vɛkliŋ]
diferença (f)	skillnad (en)	['ɧilʲnad]
efeito (m)	effekt (en)	[ɛ'fɛkt]

elemento (m)	element (ett)	[ɛlʲe'mɛnt]
equilíbrio (m)	balans (en)	[ba'lʲans]
erro (m)	fel (ett)	['felʲ]
esforço (m)	ansträngning (en)	['an‚strɛŋniŋ]
estilo (m)	stil (en)	['stilʲ]

exemplo (m)	exempel (ett)	[ɛk'sɛmpəlʲ]
fato (m)	faktum (ett)	['faktum]
fim (m)	slut (ett)	['slʉ:t]
forma (f)	form (en)	['form]

frequente (adj)	frekvent	[frɛ'kvɛnt]
fundo (ex. ~ verde)	bakgrund (en)	['bak‚grʉnd]
gênero (tipo)	slag (ett), sort (en)	['slʲag], ['sɔ:t]
grau (m)	grad (en)	['grad]
ideal (m)	ideal (ett)	[ide'alʲ]

labirinto (m)	labyrint (en)	[lʲaby'rint]
modo (m)	sätt (ett)	['sæt]
momento (m)	moment (ett)	[mʊ'mɛnt]
objeto (m)	objekt, ting (ett)	[ɔb'jɛkt], ['tiŋ]
obstáculo (m)	hinder (ett)	['hindər]

original (m)	original (ett)	[ɔrigi'nalʲ]
padrão (adj)	standard-	['standa:ɖ-]
padrão (m)	standard (en)	['standa:ɖ]
paragem (pausa)	uppehåll (ett), vila (en)	['upə'ho:lʲ], ['vilʲa]
parte (f)	del (en)	['delʲ]

partícula (f)	partikel (en)	[pa:'ti:kəlʲ]
pausa (f)	paus (en)	['paus]
posição (f)	position (en)	[pʊsi'ɧʊn]
princípio (m)	princip (en)	[prin'sip]

problema (m)	problem (ett)	[prɔ'blʲem]
processo (m)	process (en)	[prʊ'sɛs]
progresso (m)	framsteg (ett)	['fram‚steg]
propriedade (qualidade)	egenskap (en)	['ɛgɛn‚skap]

reação (f)	reaktion (en)	[reak'ɧʊn]
risco (m)	risk (en)	['risk]
ritmo (m)	tempo (ett)	['tɛmpʊ]
segredo (m)	hemlighet (en)	['hɛmlig‚het]
série (f)	serie (en)	['seriə]

sistema (m)	system (ett)	[sʏ'stem]
situação (f)	situation (en)	[sitɵa'ɧʊn]
solução (f)	lösning (en)	['lʲœsniŋ]
tabela (f)	tabell (en)	[ta'bɛlʲ]
termo (ex. ~ técnico)	term (en)	['tɛrm]

tipo (m)	typ (en)	['typ]
urgente (adj)	brådskande	['brɔ‚skandə]
urgentemente	brådskande	['brɔ‚skandə]
utilidade (f)	nytta (en)	['nʏta]

variante (f)	variant (en)	[vari'ant]
variedade (f)	val (ett)	['valʲ]
verdade (f)	sanning (en)	['saniŋ]
vez (f)	tur (en)	['tɵ:r]
zona (f)	zon (en)	['sʊn]

250. Modificadores. Adjetivos. Parte 1

aberto (adj)	öppen	['øpən]
afetuoso (adj)	öm	['ø:m]
afiado (adj)	skarp	['skarp]
agradável (adj)	trevlig	['trɛvlig]
agradecido (adj)	tacksam, tacknämlig	['taksam], ['tak'nɛmlig]

alegre (adj)	glad, munter	['glʲad], ['muntər]
alto (ex. voz ~a)	hög	['hø:g]
amargo (adj)	bitter	['bitər]
amplo (adj)	rymlig	['rʏmlig]
antigo (adj)	forntida, antikens	['fʊ:ŋ‚tida], [an'tikəns]

apertado (sapatos ~s)	snäv, trång	['snɛv], ['trɔŋ]
apropriado (adj)	lämplig	['lʲɛmplig]
arriscado (adj)	riskabel	[ris'kabəlʲ]
artificial (adj)	konstgjord	['kɔnstjʊ:d]

| azedo (adj) | syr | ['syr] |
| baixo (voz ~a) | låg, lågmäld | ['lʲo:g], ['lʲo:gmɛlʲd] |

227

barato (adj)	billig	['bilig]
belo (adj)	vacker	['vakər]
bom (adj)	bra	['brɔ:]
bondoso (adj)	god	['gʊd]
bonito (adj)	vacker	['vakər]
bronzeado (adj)	solbränd	['sʊlʲˌbrɛnd]
burro, estúpido (adj)	dum	['dum]
calmo (adj)	lugn	['lʉgn]
cansado (adj)	trött	['trœt]
cansativo (adj)	tröttande	['trœtandə]
carinhoso (adj)	omtänksam	['ɔmˌtɛŋksam]
caro (adj)	dyr	['dyr]
cego (adj)	blind	['blind]
central (adj)	central	[sɛn'tralʲ]
cerrado (ex. nevoeiro ~)	tjock	['ɕøk]
cheio (xícara ~a)	full	['fulʲ]
civil (adj)	civil	[si'vilʲ]
clandestino (adj)	hemlig	['hɛmlig]
claro (explicação ~a)	klar	['klʲar]
claro (pálido)	ljus	['jʉ:s]
compatível (adj)	förenlig	[fø'rɛnlig]
comum, normal (adj)	vanlig	['vanlig]
congelado (adj)	fryst	['frʏst]
conjunto (adj)	gemensam	[je'mɛnsam]
considerável (adj)	betydande	[be'tydandə]
contente (adj)	nöjd, tillfreds	['nœjd], ['tilʲˈfrɛds]
contínuo (adj)	långvarig	['lʲɔŋˌvarig]
contrário (ex. o efeito ~)	motsatt	['mʊtˌsat]
correto (resposta ~a)	riktig	['riktig]
cru (não cozinhado)	rå	['ro:]
curto (adj)	kort	['kɔ:ʈ]
de curta duração	kortvarig	['kɔ:ʈˌvarig]
de sol, ensolarado	solig	['sʊlig]
de trás	bak-, bakre	[bak-], ['bakrə]
denso (fumaça ~a)	tät	['tɛt]
desanuviado (adj)	molnfri	['mɔlʲnˌfri:]
descuidado (adj)	slarvig	['slʲarvig]
diferente (adj)	olik	[ʊ:'lik]
difícil (decisão)	svår	['svo:r]
difícil, complexo (adj)	komplicerad	[kɔmpli'serad]
direito (lado ~)	höger	['hø:gər]
distante (adj)	fjärran	['fʲæ:ran]
diverso (adj)	olika	[ʊ:'lika]
doce (açucarado)	söt	['sø:t]
doce (água)	söt-, färsk-	['sø:t-], ['fæ:ʂk-]
doente (adj)	sjuk	['ɧʉ:k]
duro (material ~)	hård	['ho:ɖ]

| educado (adj) | hövlig, artig | ['hœvlig], ['a:ʈig] |
| encantador (agradável) | snäll | ['snɛlʲ] |

enigmático (adj)	mystisk	['mystisk]
enorme (adj)	enorm	[ɛ'nɔrm]
escuro (quarto ~)	mörk	['mœ:rk]
especial (adj)	speciell	[spesi'ɛlʲ]
esquerdo (lado ~)	vänster	['vɛnstər]

estrangeiro (adj)	utländsk	['ʉtˌlʲɛŋsk]
estreito (adj)	smal	['smalʲ]
exato (montante ~)	precis, exakt	[prɛ'sis], [ɛk'sakt]
excelente (adj)	utmärkt	['ʉtˌmæ:rkt]
excessivo (adj)	överdriven	['ø:vəˌdrivən]

externo (adj)	yttre	['ytrə]
fácil (adj)	lätt, enkel	['lʲæt], ['ɛŋkəlʲ]
faminto (adj)	hungrig	['huŋrig]
fechado (adj)	stängd	['stɛŋd]
feliz (adj)	lycklig	['lʲyklig]

fértil (terreno ~)	fruktbar	['frʉktˌbar]
forte (pessoa ~)	stark	['stark]
fraco (luz ~a)	svag	['svag]
frágil (adj)	skör, bräcklig	['ɧø:r], ['brɛklig]
fresco (pão ~)	färsk	['fæ:ʂk]

fresco (tempo ~)	kylig	['ɕylig]
frio (adj)	kall	['kalʲ]
gordo (alimentos ~s)	fet	['fet]
gostoso, saboroso (adj)	läcker	['lʲɛkər]

grande (adj)	stor	['stʊr]
gratuito, grátis (adj)	gratis	['gratis]
grosso (camada ~a)	tjock	['ɕøk]
hostil (adj)	fientlig	['fjɛntlig]

251. Modificadores. Adjetivos. Parte 2

igual (adj)	samma, lika	['sama], ['lika]
imóvel (adj)	orörlig	[ʊ'rø:ɭig]
importante (adj)	viktig	['viktig]
impossível (adj)	omöjlig	[ʊ'mœjlig]
incompreensível (adj)	obegriplig	['ʊbeˌgripling]

indigente (muito pobre)	utfattig	['ʉtˌfatig]
indispensável (adj)	nödvändig	['nø:dˌvɛndig]
inexperiente (adj)	oerfaren	['ʊerˌfarən]
infantil (adj)	barnslig	['ba:nʃlig]

ininterrupto (adj)	oavbruten	[ʊ'avˌbrʉ:tən]
insignificante (adj)	obetydlig	['ʊbeˌtydlig]
inteiro (completo)	hel	['helʲ]
inteligente (adj)	klok	['klʲʊk]

interno (adj)	inre	['inrə]
jovem (adj)	ung	['uŋ]
largo (caminho ~)	bred	['bred]
legal (adj)	laglig	['lʲaglig]
leve (adj)	lätt	['lʲæt]

limitado (adj)	begränsad	[be'grɛnsad]
limpo (adj)	ren	['ren]
líquido (adj)	flytande	['flʲytandə]
liso (adj)	glatt	['glʲat]
liso (superfície ~a)	jämn	['jɛmn]

livre (adj)	fri	['fri:]
longo (ex. cabelo ~)	lång	['lʲɔŋ]
maduro (ex. fruto ~)	mogen	['mʊgən]
magro (adj)	mager	['magər]
mais próximo (adj)	närmast	['næ:rmast]

mais recente (adj)	förra	['fœ:ra]
mate (adj)	matt	['mat]
mau (adj)	dålig	['do:lig]
meticuloso (adj)	noggrann	['nʊgran]
míope (adj)	närsynt	['næ:ˌsʏnt]

mole (adj)	mjuk	['mjʉ:k]
molhado (adj)	våt	['vo:t]
moreno (adj)	mörkhyad	['mœ:rkˌhyad]
morto (adj)	död	['dø:d]
muito magro (adj)	benig, mager	['benig], ['magər]

não difícil (adj)	lätt	['lʲæt]
não é clara (adj)	oklar	[uː'klʲar]
não muito grande (adj)	liten, inte stor	['litən], [ˌintə 'stʊr]
natal (país ~)	hem-, födelse-	['hɛm-], ['fødəlʲsə-]
necessário (adj)	nödvändig	['nø:dˌvɛndig]

negativo (resposta ~a)	negativ	['negaˌtiv]
nervoso (adj)	nervös	[nɛr'vø:s]
normal (adj)	normal	[nɔr'malʲ]
novo (adj)	ny	['ny]
o mais importante (adj)	viktigaste	['viktigastə]

obrigatório (adj)	obligatorisk	[ɔbliga'tʊrisk]
original (incomum)	original	[ɔrigi'nalʲ]
passado (adj)	förra	['fœ:ra]
pequeno (adj)	liten, små	['litən], ['smo:]
perigoso (adj)	farlig	['fa:ɭig]

permanente (adj)	fast, permanent	['fast], [pɛrma'nɛnt]
perto (adj)	nära	['næ:ra]
pesado (adj)	tung	['tuŋ]
pessoal (adj)	personlig	[pɛ'ʂʊnlig]
plano (ex. ecrã ~ a)	flat	['flʲat]

pobre (adj)	fattig	['fatig]
pontual (adj)	punktlig	['puŋktlig]

possível (adj)	möjlig	['mœjlig]
pouco fundo (adj)	grund	['grʉnd]
presente (ex. momento ~)	nuvarande	['nʉːˌvarandə]
prévio (adj)	föregående	['førəˌgoːəndə]
primeiro (principal)	huvud-	['hʉːvʉd-]
principal (adj)	huvud-	['hʉːvʉd-]
privado (adj)	privat	[pri'vat]
provável (adj)	sannolik	[sanʊ'lik]
próximo (adj)	nära	['næːra]
público (adj)	offentlig	[ɔ'fɛntlig]
quente (cálido)	het, varm	['het], ['varm]
quente (morno)	varm	['varm]
rápido (adj)	snabb	['snab]
raro (adj)	sällsynt	['sɛlʲsʏnt]
remoto, longínquo (adj)	fjärran	['fʲæːran]
reto (linha ~a)	rak, rakt	['rak], ['rakt]
salgado (adj)	salt	['salʲt]
satisfeito (adj)	belåten	[be'lʲoːtən]
seco (roupa ~a)	torr	['tɔr]
seguinte (adj)	nästa	['nɛsta]
seguro (não perigoso)	säker	['sɛːkər]
similar (adj)	lik	['lik]
simples (fácil)	enkel	['ɛŋkəlʲ]
soberbo, perfeito (adj)	utmärkt	['ʉtˌmæːrkt]
sólido (parede ~a)	solid, hållbar	[so'lid], ['hoːlʲˌbar]
sombrio (adj)	mörk	['mœːrk]
sujo (adj)	smutsig	['smutsig]
superior (adj)	högst	['hœgst]
suplementar (adj)	ytterligare	['ytəˌligarə]
tranquilo (adj)	lugn	['lʉgn]
transparente (adj)	genomskinlig	['jenɔmˌfʲinlig]
triste (pessoa)	sorgmodig	['sɔrjˌmʊdig]
triste (um ar ~)	trist	['trist]
último (adj)	sista	['sista]
úmido (adj)	fuktig	['fuːktig]
único (adj)	unik	[u'nik]
usado (adj)	begagnad, secondhand	['beˌgagnad], ['sekondˌhɛnd]
vazio (meio ~)	tom	['tɔm]
velho (adj)	gammal	['gamalʲ]
vizinho (adj)	grann-	['gran-]

500 VERBOS PRINCIPAIS

252. Verbos A-B

abraçar (vt)	att omfamna	[at 'ɔmˌfamna]
abrir (vt)	att öppna	[at 'øpna]
acalmar (vt)	att lugna	[at 'lʉgna]
acariciar (vt)	att stryka	[at 'stryka]
acenar (com a mão)	att vinka	[at 'viŋka]
acender (~ uma fogueira)	att tända	[at 'tɛnda]
achar (vt)	att tro	[at 'trʊ]
acompanhar (vt)	att följa	[at 'følja]
aconselhar (vt)	att råda	[at 'roːda]
acordar, despertar (vt)	att väcka	[at 'vɛka]
acrescentar (vt)	att tillfoga	[at 'tilˌfoga]
acusar (vt)	att anklaga	[at 'aŋˌklʲaga]
adestrar (vt)	att dressera	[at drɛ'sera]
adivinhar (vt)	att gissa	[at 'jisa]
admirar (vt)	att beundra	[at be'undra]
adorar (~ fazer)	att tycka om	[at 'tyka ɔm]
advertir (vt)	att varna	[at 'vaːɳa]
afirmar (vt)	att påstå	[at 'poˌstoː]
afogar-se (vr)	att drunkna	[at 'drʉŋkna]
afugentar (vt)	att jaga bort	[at 'jaga boːt]
agir (vi)	att handla	[at 'handlʲa]
agitar, sacudir (vt)	att rista	[at 'rista]
agradecer (vt)	att tacka	[at 'taka]
ajudar (vt)	att hjälpa	[at 'jɛlʲpa]
alcançar (objetivos)	att uppnå	[at 'upnoː]
alimentar (dar comida)	att mata	[at 'mata]
almoçar (vi)	att äta lunch	[at 'ɛːta ˌlʉnɕ]
alugar (~ o barco, etc.)	att hyra	[at 'hyra]
alugar (~ um apartamento)	att hyra	[at 'hyra]
amar (pessoa)	att älska	[at 'ɛlʲska]
amarrar (vt)	att binda	[at 'binda]
ameaçar (vt)	att hota	[at 'hʊta]
amputar (vt)	att amputera	[at ampʉ'tera]
anotar (escrever)	att notera	[at nʊ'tera]
anotar (escrever)	att skriva ner	[at 'skriva ner]
anular, cancelar (vt)	att inställa, att annullera	[at in'stɛlʲa], [at anʉ'lʲera]
apagar (com apagador, etc.)	att radera ut	[at ra'dera ʉt]
apagar (um incêndio)	att släcka	[at 'slʲɛka]

apaixonar-se ...	att förälska sig	[at fø'rɛlˈska sɛj]
aparecer (vi)	att dyka upp	[at 'dyka up]
aplaudir (vi)	att applådera	[at aplʲoːˈdera]

apoiar (vt)	att stödja	[at 'stœdja]
apontar para ...	att sikta på ...	[at 'sikta pɔ ...]
apresentar (alguém a alguém)	att presentera	[at presənˈtera]
apresentar (Gostaria de ~)	att presentera	[at presənˈtera]

apressar (vt)	att skynda	[at 'ɧʏnda]
apressar-se (vr)	att skynda sig	[at 'ɧʏnda sɛj]
aproximar-se (vr)	att närma sig	[at 'næːrma sɛj]
aquecer (vt)	att värma	[at 'væːrma]

arrancar (vt)	att riva av	[at 'riva av]
arranhar (vt)	att klösa	[at 'klʲøːsa]
arrepender-se (vr)	att beklaga	[at be'klʲaga]
arriscar (vt)	att riskera	[at ris'kera]

arrumar, limpar (vt)	att städa	[at 'stɛda]
aspirar a ...	att aspirera	[at aspi'rera]
assinar (vt)	att underteckna	[at 'undəˌtɛkna]
assistir (vt)	att assistera	[at asi'stera]
atacar (vt)	att angripa	[at 'anˌgripa]

atar (vt)	att binda fast	[at 'binda fast]
atracar (vi)	att förtöja	[at fœ:'tœːja]
aumentar (vi)	att öka	[at 'øːka]
aumentar (vt)	att öka	[at 'øːka]

avançar (vi)	att gå framåt	[at 'go: 'framoːt]
avistar (vt)	att märka	[at 'mæːrka]
baixar (guindaste, etc.)	att sänka	[at 'sɛŋka]
barbear-se (vr)	att raka sig	[at 'raka sɛj]
basear-se (vr)	att vara baserat på ...	[at 'vara ba'serat pɔ ...]

bastar (vi)	att vara nog	[at 'vara ˌnoːg]
bater (à porta)	att knacka	[at 'knaka]
bater (espancar)	att slå	[at 'slʲoː]
bater-se (vr)	att slåss	[at 'slʲɔs]

beber, tomar (vt)	att dricka	[at 'drika]
brilhar (vi)	att skina	[at 'ɧina]
brincar, jogar (vi, vt)	att leka	[at 'lʲeka]
buscar (vt)	att söka ...	[at 'søːka ...]

253. Verbos C-D

caçar (vi)	att jaga	[at 'jaga]
calar-se (parar de falar)	att tystna	[at 'tʏsna]
calcular (vt)	att räkna	[at 'rɛkna]
carregar (o caminhão, etc.)	att lasta	[at 'lʲasta]
carregar (uma arma)	att ladda	[at 'lʲada]

casar-se (vr)	att gifta sig	[at 'jifta sɛj]
causar (vt)	att vara orsak	[at 'vara 'ʊ:ʂak]
cavar (vt)	att gräva	[at 'grɛ:va]
ceder (não resistir)	att ge efter	[at je: 'ɛftər]
cegar, ofuscar (vt)	att blända	[at 'blˡɛnda]
censurar (vt)	att förebrå	[at 'førəbro:]
chamar (~ por socorro)	att tillkalla	[at 'tilˌkalˡa]
chamar (alguém para …)	att kalla	[at 'kalˡa]
chegar (a algum lugar)	att nå	[at 'no:]
chegar (vi)	att ankomma	[at 'aŋˌkoma]
cheirar (~ uma flor)	att lukta	[at 'lʉkta]
cheirar (tem o cheiro)	att lukta	[at 'lʉkta]
chorar (vi)	att gråta	[at 'gro:ta]
citar (vt)	att citera	[at si'tera]
colher (flores)	att plocka	[at 'plˡoka]
colocar (vt)	att lägga	[at 'lˡɛga]
combater (vi, vt)	att kämpa	[at 'ɕɛmpa]
começar (vt)	att börja	[at 'bœrja]
comer (vt)	att äta	[at 'ɛ:ta]
comparar (vt)	att jämföra	[at 'jɛmˌføra]
compensar (vt)	att kompensera	[at kompen'sera]
competir (vi)	att konkurrera	[at koŋku'rera]
complicar (vt)	att komplicera	[at komplˡi'sera]
compor (~ música)	att komponera	[at kompʊ'nera]
comportar-se (vr)	att uppföra sig	[at 'upˌføra sɛj]
comprar (vt)	att köpa	[at 'ɕø:pa]
comprometer (vt)	att komprommettera	[at komprʊme'tera]
concentrar-se (vr)	att koncentrera sig	[at konsən'trera sɛj]
concordar (dizer "sim")	att samtycka	[at 'samˌtʏka]
condecorar (dar medalha)	att belöna	[at be'lˡø:na]
confessar-se (vr)	att erkänna	[at ɛ:'ɕɛna]
confiar (vt)	att lita på	[at 'lita po]
confundir (equivocar-se)	att förväxla	[at før'vɛkslˡa]
conhecer (vt)	att känna	[at 'ɕɛna]
conhecer-se (vr)	att göra bekantskap med	[at 'jø:ra be'kantˌskap me]
consertar (vt)	att bringa ordning	[at 'briŋa 'ɔ:dɳiŋ]
consultar …	att konsultera	[at konsulˡ'tera]
contagiar-se com …	att bli smittad	[at bli 'smitad]
contar (vt)	att berätta	[at be'rɛta]
contar com …	att räkna med …	[at 'rɛkna me …]
continuar (vt)	att fortsätta	[at 'fʊtˌsɛta]
contratar (vt)	att anställa	[at 'anˌstɛlˡa]
controlar (vt)	att kontrollera	[at kontrɔ'lˡera]
convencer (vt)	att överbevisa	[at 'ø:vəˌbe'visa]
convidar (vt)	att inbjuda, att invitera	[at in'bjʉ:da], [at invi'tera]
cooperar (vi)	att samarbeta	[at 'samarˌbeta]

coordenar (vt)	att koordinera	[at kʊɔɖi'nera]
corar (vi)	att rodna	[at 'rɔdna]
correr (vi)	att löpa, att springa	[at 'lʲøːpa], [at 'spriŋa]
corrigir (~ um erro)	att rätta	[at 'ræta]

cortar (com um machado)	att hugga av	[at 'huga av]
cortar (com uma faca)	att skära av	[at 'ɧæːra av]
cozinhar (vt)	att laga	[at 'lʲaga]
crer (pensar)	att tro	[at 'trʊ]

criar (vt)	att skapa	[at 'skapa]
cultivar (~ plantas)	att odla	[at 'ʊdlʲa]
cuspir (vi)	att spotta	[at 'spɔta]
custar (vt)	att kosta	[at 'kɔsta]
dar (vt)	att ge	[at jeː]

dar banho, lavar (vt)	att bada	[at 'bada]
datar (vi)	att datera sig	[at da'tera sɛj]
decidir (vt)	att besluta	[at be'slʉːta]
decorar (enfeitar)	att pryda	[at 'pryda]

dedicar (vt)	att tillägna	[at 'tilʲˌɛgna]
defender (vt)	att försvara	[at fœ:'ʂvara]
defender-se (vr)	att försvara sig	[at fœ:'ʂvara sɛj]
deixar (~ a mulher)	att efterlämna	[at 'ɛftəˌlʲɛmna]

deixar (esquecer)	att lämna	[at 'lʲɛmna]
deixar (permitir)	att tillåta	[at 'tilʲoːta]
deixar cair (vt)	att tappa	[at 'tapa]
denominar (vt)	att kalla	[at 'kalʲa]

denunciar (vt)	att ange	[at 'aŋnə]
depender de ...	att bero på ...	[at be'rʊ pɔ ...]
derramar (~ líquido)	att spilla	[at 'spilʲa]
derramar-se (vr)	att spillas ut	[at 'spilʲas ʉt]

desaparecer (vi)	att försvinna	[at fœ:'ʂvina]
desatar (vt)	att lösa upp	[at 'lʲøːsa up]
desatracar (vi)	att kasta loss	[at 'kasta 'lʲɔs]
descansar (um pouco)	att vila	[at 'vilʲa]
descer (para baixo)	att gå ned	[at 'go: ˌned]

descobrir (novas terras)	att upptäcka	[at 'upˌtɛka]
descolar (avião)	att lyfta	[at 'lʲyfta]
desculpar (vt)	att ursäkta	[at 'ʉːˌʂɛkta]
desculpar-se (vr)	att ursäkta sig	[at 'ʉːˌʂɛkta sɛj]

desejar (vt)	att önska	[at 'ønska]
desempenhar (papel)	att spela	[at 'spelʲa]
desligar (vt)	att släcka	[at 'slʲɛka]
desprezar (vt)	att förakta	[at fø'rakta]

destruir (documentos, etc.)	att förstöra	[at 'fœ:ˌʂtøːra]
dever (vi)	att måste	[at 'mo:stə]
devolver (vt)	att skicka tillbaka	[at 'ɧika tilʲ'baka]
direcionar (vt)	att visa vägen	[at 'visa 'vɛːgən]

dirigir (~ um carro)	att köra bil	[at 'çø:ra ˌbilʲ]
dirigir (~ uma empresa)	att styra, att leda	[at 'styra], [at 'lʲeda]
dirigir-se	att tilltala	[at 'tilʲˌtalʲa]
(a um auditório, etc.)		
discutir (notícias, etc.)	att diskutera	[at diskʉ'tera]

disparar, atirar (vi)	att skjuta	[at 'ɦʉ:ta]
distribuir (folhetos, etc.)	att dela ut	[at 'delʲa ʉt]
distribuir (vt)	att dela ut	[at 'delʲa ʉt]
divertir (vt)	att underhålla	[at 'undəˌho:lʲa]

divertir-se (vr)	att ha roligt	[at ha 'rʊlit]
dividir (mat.)	att dividera	[at divi'dera]
dizer (vt)	att säga	[at 'sɛ:ja]
dobrar (vt)	att fördubbla	[at fœ:'dubblʲa]
duvidar (vt)	att tvivla	[at 'tvivlʲa]

254. Verbos E-J

elaborar (uma lista)	att sammanställa	[at 'samanˌstɛlʲa]
elevar-se acima de ...	att höja sig	[at 'hø:ja sɛj]
eliminar (um obstáculo)	att undanröja	[at 'undanˌrø:ja]
embrulhar (com papel)	att packa in	[at 'paka in]

emergir (submarino)	att dyka upp	[at 'dyka up]
emitir (~ cheiro)	att sprida	[at 'sprida]
empreender (vt)	att företa	[at 'føreˌta]
empurrar (vt)	att knuffa, att skjuta	[at 'knufa], [at 'ɦʉ:ta]

encabeçar (vt)	att leda	[at 'lʲeda]
encher (~ a garrafa, etc.)	att fylla	[at 'fylʲa]
encontrar (achar)	att finna	[at 'fina]
enganar (vt)	att fuska	[at 'fʉska]

ensinar (vt)	att undervisa	[at 'undəˌvisa]
entediar-se (vr)	att ha tråkigt	[at ha 'tro:kit]
entender (vt)	att förstå	[at fœ:'ʂto:]
entrar (na sala, etc.)	att komma in	[at 'kɔma 'in]

enviar (uma carta)	att skicka	[at 'ɦika]
equipar (vt)	att utrusta	[at 'ʉtˌrusta]
errar (enganar-se)	att göra fel	[at 'jø:ra ˌfelʲ]
escolher (vt)	att välja	[at 'vɛlja]

esconder (vt)	att gömma	[at 'jœma]
escrever (vt)	att skriva	[at 'skriva]
escutar (vt)	att lyssna	[at 'lʲysna]
escutar atrás da porta	att tjuvlyssna	[at 'çʉ:vˌlʲysna]
esmagar (um inseto, etc.)	att krossa	[at 'krɔsa]

esperar (aguardar)	att vänta	[at 'vɛnta]
esperar (contar com)	att förvänta	[at før'vɛnta]
esperar (ter esperança)	att hoppas	[at 'hɔpas]
espreitar (vi)	att kika, att titta	[at 'çika], [at 'tita]

esquecer (vt)	att glömma	[at 'glˡœma]
estar	att ligga	[at 'liga]
estar convencido	att vara övertygad	[at 'vara 'ø:vəˌtygad]

estar deitado	att ligga	[at 'liga]
estar perplexo	att vara förvirrad	[at 'vara før'virad]
estar preocupado	att bekymra sig	[at be'çymra sɛj]
estar sentado	att sitta	[at 'sita]

estremecer (vi)	att rysa	[at 'rysa]
estudar (vt)	att studera	[at stu'dera]
evitar (~ o perigo)	att undgå	[at 'undˌgo:]
examinar (~ uma proposta)	att undersöka	[at 'undəˌsø:ka]

exigir (vt)	att kräva	[at 'krɛ:va]
existir (vi)	att existera	[at ɛksi'stera]
explicar (vt)	att förklara	[at før'klˡara]
expressar (vt)	att uttrycka	[at 'ʉtˌtryka]

expulsar (~ da escola, etc.)	att utesluta	[at 'ʉtəˌslʉ:ta]
facilitar (vt)	att lätta	[at 'lˡæta]
falar com ...	att tala med ...	[at 'talˡa me ...]
faltar (a la escuela, etc.)	att missa	[at 'misa]

fascinar (vt)	att charmera	[at 'ʃarˌmera]
fatigar (vt)	att trötta	[at 'trœta]
fazer (vt)	att göra	[at 'jø:ra]
fazer lembrar	att påminna	[at 'poˌmina]
fazer piadas	att skämta, att skoja	[at 'ɧɛmta], [at 'skɔja]

fazer publicidade	att reklamera	[at rɛklˡa'mera]
fazer uma tentativa	att försöka	[at fœ:'ʂø:ka]
fechar (vt)	att stänga	[at 'stɛŋa]
felicitar (vt)	att gratulera	[at gratʉ'lˡera]

ficar cansado	att bli trött	[at bli 'trœt]
ficar em silêncio	att tiga	[at 'tiga]
ficar pensativo	att grubbla	[at 'grublˡa]
forçar (vt)	att tvinga	[at 'tviŋa]
formar (vt)	att bilda, att forma	[at 'bilˡda], [at 'forma]

gabar-se (vr)	att skryta	[at 'skryta]
garantir (vt)	att garantera	[at garan'tera]
gostar (apreciar)	att gilla	[at 'jilˡa]
gritar (vi)	att skrika	[at 'skrika]

guardar (fotos, etc.)	att behålla	[at be'ho:lˡa]
guardar (no armário, etc.)	att lägga undan	[at 'lˡɛga 'undan]
guerrear (vt)	att vara i krig	[at 'vara i ˌkrig]
herdar (vt)	att ärva	[at 'æ:rva]
iluminar (vt)	att belysa	[at be'lˡysa]

imaginar (vt)	att föreställa sig	[at 'førəˌstɛlˡa sɛj]
imitar (vt)	att imitera	[at imi'tera]
implorar (vt)	att bönfalla	[at 'bønˌfalˡa]
importar (vt)	att importera	[at impɔ:'tera]

indicar (~ o caminho)	att peka	[at 'peka]
indignar-se (vr)	att bli indignerad	[at bli indi'nʲerad]
infetar, contagiar (vt)	att smitta	[at 'smita]
influenciar (vt)	att påverka	[at 'poˌvɛrka]
informar (~ a policia)	att meddela	[at 'meˌdelʲa]
informar (vt)	att informera	[at infor'mera]
informar-se (~ sobre)	att få veta	[at fo: 'veta]
inscrever (na lista)	att skriva in	[at 'skriva in]
inserir (vt)	att sätta in	[at 'sæta in]
insinuar (vt)	att insinuera	[at insinɵ'era]
insistir (vi)	att insistera	[at insi'stera]
inspirar (vt)	att inspirera	[at inspi'rera]
instruir (ensinar)	att instruera	[at instrɵ'era]
insultar (vt)	att förolämpa	[at 'førɵˌlʲɛmpa]
interessar (vt)	att intressera	[at intrɛ'sera]
interessar-se (vr)	att intressera sig	[at intrɛ'sera sɛj]
intervir (vi)	att intervenera	[at intərve'nera]
invejar (vt)	att avundas	[at 'avundas]
inventar (vt)	att uppfinna	[at 'upˌfina]
ir (a pé)	att gå	[at 'go:]
ir (de carro, etc.)	att åka	[at 'o:ka]
ir nadar	att bada	[at 'bada]
ir para a cama	att gå till sängs	[at 'go: tilʲ 'sɛŋs]
irritar (vt)	att irritera	[at iri'tera]
irritar-se (vr)	att bli irriterad	[at bli iri'terad]
isolar (vt)	att isolera	[at isʊ'lʲera]
jantar (vi)	att äta kvällsmat	[at 'ɛ:ta 'kvɛlʲsˌmat]
jogar, atirar (vt)	att kasta	[at 'kasta]
juntar, unir (vt)	att förena	[at 'førena]
juntar-se a ...	att ansluta sig till ...	[at 'anˌslɵ:ta sɛj tilʲ ...]

255. Verbos L-P

lançar (novo projeto, etc.)	att starta	[at sta:ta]
lavar (vt)	att tvätta	[at 'tvæta]
lavar a roupa	att tvätta	[at 'tvæta]
lavar-se (vr)	att tvätta sig	[at 'tvæta sɛj]
lembrar (vt)	att minnas	[at 'minas]
ler (vt)	att läsa	[at 'lʲɛ:sa]
levantar-se (vr)	att gå upp	[at 'go: 'up]
levar (ex. leva isso daqui)	att ta bort	[at ta 'bɔ:t]
libertar (cidade, etc.)	att befria	[at be'fria]
ligar (~ o radio, etc.)	att slå på	[at 'slʲo: pɔ]
limitar (vt)	att begränsa	[at be'grɛnsa]
limpar (eliminar sujeira)	att rensa	[at 'rɛnsa]
limpar (tirar o calcário, etc.)	att rengöra	[at rɛn'jø:ra]

lisonjear (vt)	att smickra	[at 'smikra]
livrar-se de …	att bli kvitt …	[at bli 'kvit …]
lutar (combater)	att kämpa	[at 'cɛmpa]
lutar (esporte)	att brottas	[at 'brɔtas]

marcar (com lápis, etc.)	att markera	[at mar'kera]
matar (vt)	att döda, att mörda	[at 'dø:da], [at 'mø:ɖa]
memorizar (vt)	att memorera	[at memɔ'rera]
mencionar (vt)	att omnämna	[at 'ɔm‚nɛmna]

mentir (vi)	att ljuga	[at 'jʉ:ga]
merecer (vt)	att förtjäna	[at fœ:'ɕɛ:na]
mergulhar (vi)	att dyka	[at 'dyka]
misturar (vt)	att blanda	[at 'blʲanda]

morar (vt)	att bo	[at 'bʊ:]
mostrar (vt)	att visa	[at 'visa]
mover (vt)	att flytta	[at 'flʲyta]
mudar (modificar)	att ändra	[at 'ɛndra]

multiplicar (mat.)	att multiplicera	[at mulʲtipli'sera]
nadar (vi)	att simma	[at 'sima]
negar (vt)	att förneka	[at fœ:'ŋeka]
negociar (vi)	att förhandla	[at før'handlʲa]

nomear (função)	att utnämna	[at 'ʉt‚nɛmna]
obedecer (vt)	att underordna sig	[at 'underˌɔ:ɖna sɛj]
objetar (vt)	att invända	[at 'in‚vɛnda]
observar (vt)	att observera	[at ɔbsɛr'vera]

ofender (vt)	att förnärma	[at fœ:'ŋæ:rma]
olhar (vt)	att se	[at 'se:]
omitir (vt)	att utelämna	[at 'ʉteˌlʲɛmna]
ordenar (mil.)	att beordra	[at be'o:ɖra]

organizar (evento, etc.)	att arrangera	[at aran'ʃera]
ousar (vt)	att våga	[at 'vo:ga]
ouvir (vt)	att höra	[at 'hø:ra]
pagar (vt)	att betala	[at be'talʲa]

parar (para descansar)	att stanna	[at 'stana]
parar, cessar (vt)	att sluta	[at 'slʉ:ta]
parecer-se (vr)	att likna	[at 'likna]
participar (vi)	att delta	[at 'dɛlʲta]
partir (~ para o estrangeiro)	att avresa	[at 'av‚resa]

passar (vt)	att passera	[at pa'sera]
passar a ferro	att stryka	[at 'stryka]
pecar (vi)	att synda	[at 'synda]
pedir (comida)	att beställa	[at be'stɛlʲa]

pedir (um favor, etc.)	att be	[at 'be:]
pegar (tomar com a mão)	att fånga	[at 'fɔŋa]
pegar (tomar)	att ta	[at ta]
pendurar (cortinas, etc.)	att hänga	[at 'hɛŋa]
penetrar (vt)	att tränga in	[at 'trɛŋa in]

pensar (vi, vt)	att tänka	[at 'tɛŋka]
pentear-se (vr)	att kamma	[at 'kama]
perceber (ver)	att märka	[at 'mæːrka]
perder (o guarda-chuva, etc.)	att mista	[at 'mista]

perdoar (vt)	att förlåta	[at 'fœːˌlʲoːta]
permitir (vt)	att tillåta	[at 'tilʲoːta]
pertencer a ...	att tillhöra ...	[at 'tilʲˌhøːra ...]
perturbar (vt)	att störa	[at 'støːra]

pesar (ter o peso)	att väga	[at 'vɛːga]
pescar (vt)	att fiska	[at 'fiska]
planejar (vt)	att planera	[at plʲa'nera]
poder (~ fazer algo)	att kunna	[at 'kuna]

pôr (posicionar)	att placera	[at plʲa'sera]
possuir (uma casa, etc.)	att besitta, att äga	[at be'sita], [at 'ɛːga]
predominar (vi, vt)	att dominera	[at domi'nera]
preferir (vt)	att föredra	[at 'førədra]

preocupar (vt)	att bekymra, att oroa	[at be'ɕymra], [at 'uːrua]
preocupar-se (vr)	att vara orolig	[at 'vara uː'rulig]
preparar (vt)	att förbereda	[at 'førbəˌreda]
preservar (ex. ~ a paz)	att bevara	[at be'vara]

prever (vt)	att förutse	[at 'førɵtˌsə]
privar (vt)	att beröva	[at be'røːva]
proibir (vt)	att förbjuda	[at før'bjɵːda]
projetar, criar (vt)	att projektera	[at prʊfjɛk'tera]
prometer (vt)	att lova	[at 'lʲova]

pronunciar (vt)	att uttala	[at 'ɵtˌtalʲa]
propor (vt)	att föreslå	[at 'førəˌslʲoː]
proteger (a natureza)	att skydda	[at 'ɧyda]
protestar (vi)	att protestera	[at prʊtə'stera]

provar (~ a teoria, etc.)	att bevisa	[at be'visa]
provocar (vt)	att provocera	[at prʊvʊ'sera]
punir, castigar (vt)	att straffa	[at 'strafa]
puxar (vt)	att dra	[at 'dra]

256. Verbos Q-Z

quebrar (vt)	att bryta	[at 'bryta]
queimar (vt)	att bränna	[at 'brɛna]
queixar-se (vr)	att klaga	[at 'klʲaga]
querer (desejar)	att vilja	[at 'vilja]

rachar-se (vr)	att spricka	[at 'sprika]
ralhar, repreender (vt)	att skälla	[at 'ɧɛlʲa]
realizar (vt)	att realisera	[at reali'sera]
recomendar (vt)	att rekommendera	[at rekɔmən'dera]
reconhecer (identificar)	att känna igen	[at 'ɕɛna 'ijɛn]
reconhecer (o erro)	att erkänna	[at ɛː'ɕɛna]

recordar, lembrar (vt)	att minnas	[at 'minas]
recuperar-se (vr)	att återhämta sig	[at 'o:ter,hɛmta sɛj]
recusar (~ alguém)	att avslå	[at 'av,slʲo:]

reduzir (vt)	att minska	[at 'minska]
refazer (vt)	att göra om	[at 'jø:ra ɔm]
reforçar (vt)	att stärka	[at 'stærka]
refrear (vt)	att avhålla	[at 'av,ho:lʲa]

regar (plantas)	att vattna	[at 'vatna]
remover (~ uma mancha)	att ta bort	[at ta 'bɔ:t]
reparar (vt)	at reparere	[at repa'rera]
repetir (dizer outra vez)	att upprepa	[at 'uprepa]

reportar (vt)	att rapportera	[at rapo'tera]
reservar (~ um quarto)	att reservera	[at resɛr'vera]
resolver (o conflito)	att lösa	[at 'lʲø:sa]
resolver (um problema)	att lösa	[at 'lʲø:sa]

respirar (vi)	att andas	[at 'andas]
responder (vt)	att svara	[at 'svara]
rezar, orar (vi)	att be	[at 'be:]
rir (vi)	att skratta	[at 'skrata]
romper-se (corda, etc.)	att gå sönder	[at 'go: 'sœndər]

roubar (vt)	att stjäla	[at 'ɧɛ:lʲa]
saber (vt)	att veta	[at 'veta]
sair (~ de casa)	att gå ut	[at 'go: ʉt]
sair (ser publicado)	att komma ut	[at 'kɔma ʉt]

salvar (resgatar)	att rädda	[at 'rɛda]
satisfazer (vt)	att tillfredsställa	[at 'tilʲfred,stɛlʲa]
saudar (vt)	att hälsa	[at 'hɛlʲsa]
secar (vt)	att torka	[at 'tɔrka]
seguir (~ alguém)	att följa efter ...	[at 'følja 'ɛftər ...]

selecionar (vt)	att välja ut	[at 'vɛlja ʉt]
semear (vt)	att så	[at so:]
sentar-se (vr)	att sätta sig	[at 'sæta sɛj]
sentenciar (vt)	att döma	[at 'dø:ma]
sentir (vt)	att känna	[at 'ɕɛna]

ser diferente	att skilja sig från ...	[at 'ɧilja sɛj frɔn ...]
ser indispensável	att vara nödvändig	[at 'vara 'nø:d,vɛndig]
ser necessário	att vara behövd	[at 'vara be'hø:vd]

ser preservado	att bevaras	[at be'varas]
ser, estar	att vara	[at 'vara]
servir (restaurant, etc.)	att betjäna	[at be'ɕɛ:na]
servir (roupa, caber)	att passa	[at 'pasa]

significar (palavra, etc.)	att betyda	[at be'tyda]
significar (vt)	att betyda	[at be'tyda]
simplificar (vt)	att förenkla	[at fø'rɛŋklʲa]
sofrer (vt)	att lida	[at 'lida]
sonhar (~ com)	att drömma	[at 'drœma]

sonhar (ver sonhos)	att drömma	[at 'drœma]
soprar (vi)	att blåsa	[at 'blʲo:sa]
sorrir (vi)	att småle	[at 'smo:lʲe]

subestimar (vt)	att underskatta	[at 'undəˌskata]
sublinhar (vt)	att understryka	[at 'undəˌstryka]
sujar-se (vr)	att smutsa ned sig	[at 'smutsa ned sɛj]
superestimar (vt)	att övervärdera	[at 'ø:vvæˌdera]

supor (vt)	att anta, att förmoda	[at 'anta], [at før'muda]
suportar (as dores)	att tåla	[at 'to:lʲa]
surpreender (vt)	att förvåna	[at før'vo:na]
surpreender-se (vr)	att bli förvånad	[at bli før'vo:nad]

suspeitar (vt)	att misstänka	[at 'misˌtɛŋka]
suspirar (vi)	att sucka	[at 'suka]
tentar (~ fazer)	att pröva	[at 'prø:va]
ter (vt)	att ha	[at 'ha]

ter medo	att frukta	[at 'frʉkta]
terminar (vt)	att sluta	[at 'slʉ:ta]
tirar (vt)	att ta ned	[at ta ned]
tirar cópias	att kopiera	[at kɔ'pjera]

tirar fotos, fotografar	att fotografera	[at fʉtʉgra'fera]
tirar uma conclusão	att dra en slutsats	[at 'dra en 'slʉ:tsats]
tocar (com as mãos)	att röra	[at 'rø:ra]
tomar café da manhã	att äta frukost	[at 'ɛ:ta 'frʉ:kɔst]

tomar emprestado	att låna	[at 'lʲo:na]
tornar-se (ex. ~ conhecido)	att bli	[at 'bli]
trabalhar (vi)	att arbeta	[at 'arˌbeta]
traduzir (vt)	att översätta	[at 'ø:vəˌsæta]
transformar (vt)	att transformera	[at trasfɔr'mera]

tratar (a doença)	att behandla	[at be'handlʲa]
trazer (vt)	att föra med sig	[at 'føra me sɛj]
treinar (vt)	att träna	[at 'trɛ:na]
treinar-se (vr)	att träna	[at 'trɛ:na]
tremer (de frio)	att skälva	[at 'ɧɛlʲva]

trocar (vt)	att utväxla	[at 'ʉtˌvɛksla]
trocar, mudar (vt)	att växla	[at 'vɛkslʲa]
usar (uma palavra, etc.)	att använda	[at 'anˌvɛnda]
utilizar (vt)	att använda	[at 'anˌvɛnda]

vacinar (vt)	att vaksinera	[at vaksi'nera]
vender (vt)	att sälja	[at 'sɛlja]
verter (encher)	att hälla upp	[at 'hɛlʲa up]
vingar (vt)	att hämnas	[at 'hɛmnas]
virar (~ para a direita)	att svänga	[at 'svɛŋa]

virar (pedra, etc.)	att vända	[at 'vɛnda]
virar as costas	att vända sig bort	[at 'vɛnda sɛj 'bɔ:t]
viver (vi)	att leva	[at 'lʲeva]
voar (vi)	att flyga	[at 'flʲyga]

voltar (vi)	att komma tillbaka	[at 'kɔma til'baka]
votar (vi)	att rösta	[at 'rœsta]
zangar (vt)	att göra arg	[at 'jøːra arj]
zangar-se com ...	att vara vred på ...	[at 'vara vred pɔ ...]
zombar (vt)	att håna	[at 'hoːna]